Die Corona-Zumutung

Ricardo Gómez Pomeri

Die Corona-Zumutung

Politik und Gesellschaft in Zeiten der Pandemie

Ricardo Gómez Pomeri
Bad Soden am Taunus, Deutschland

ISBN 978-3-658-38434-0   ISBN 978-3-658-38435-7 (eBook)
https://doi.org/10.1007/978-3-658-38435-7

Die Deutsche Nationalbibliothek verzeichnet diese Publikation in der Deutschen Nationalbibliografie; detaillierte bibliografische Daten sind im Internet über http://dnb.d-nb.de abrufbar.

© Der/die Herausgeber bzw. der/die Autor(en), exklusiv lizenziert an Springer Fachmedien Wiesbaden GmbH, ein Teil von Springer Nature 2022
Das Werk einschließlich aller seiner Teile ist urheberrechtlich geschützt. Jede Verwertung, die nicht ausdrücklich vom Urheberrechtsgesetz zugelassen ist, bedarf der vorherigen Zustimmung des Verlags. Das gilt insbesondere für Vervielfältigungen, Bearbeitungen, Übersetzungen, Mikroverfilmungen und die Einspeicherung und Verarbeitung in elektronischen Systemen.
Die Wiedergabe von allgemein beschreibenden Bezeichnungen, Marken, Unternehmensnamen etc. in diesem Werk bedeutet nicht, dass diese frei durch jedermann benutzt werden dürfen. Die Berechtigung zur Benutzung unterliegt, auch ohne gesonderten Hinweis hierzu, den Regeln des Markenrechts. Die Rechte des jeweiligen Zeicheninhabers sind zu beachten.
Der Verlag, die Autoren und die Herausgeber gehen davon aus, dass die Angaben und Informationen in diesem Werk zum Zeitpunkt der Veröffentlichung vollständig und korrekt sind. Weder der Verlag, noch die Autoren oder die Herausgeber übernehmen, ausdrücklich oder implizit, Gewähr für den Inhalt des Werkes, etwaige Fehler oder Äußerungen. Der Verlag bleibt im Hinblick auf geografische Zuordnungen und Gebietsbezeichnungen in veröffentlichten Karten und Institutionsadressen neutral.

Einbandabbildung: Deblik, Abbildung https://www.lstockphoto.com/de/foto/atemschutzmaske-desinfektionsmittel-flasche-und-einmalhandschuhe-gm1225318036-360610173.

Planung/Lektorat: Jan Treibel
Springer ist ein Imprint der eingetragenen Gesellschaft Springer Fachmedien Wiesbaden GmbH und ist ein Teil von Springer Nature.
Die Anschrift der Gesellschaft ist: Abraham-Lincoln-Str. 46, 65189 Wiesbaden, Germany

*Gewidmet meiner Frau Petra
für ihre beherzte Unterstützung,
ihre wertvollen Ratschläge und ihre
wundervolle Nähe in Zeiten von Social Distancing*

Inhaltsverzeichnis

Die Corona-Zumutung: Eine Einleitung   1

Corona: Eine epochale Herausforderung   9
Komplexes Problem trifft auf komplexe
Gesellschaft   11
Worauf es vor allem ankam   18
Lernen, Ambiguität zu tolerieren   24

Der Mensch in der Corona-Manege   33
„Herdenverhalten" und Risikovermeidung   37
Peer Group-Effekt und Risikoverhalten   44
Selbstverantwortliches Handeln und seine
Voraussetzungen   56
Solidarität: die vergessene Ressource   74

Fallstricke politischer Pandemiesteuerung   83
Entscheiden unter den Coronabedingungen   87
Die Datengrundlage für die Pandemiesteuerung   105
Das Fehlen einer vorausschauenden Coronapolitik   119
Die Lockdowns und ihre Wirksamkeit   133

Das Wirrwarr der politischen Kommunikation 144
Der Staat weiß, was Sie wollen müssen! 158
Die Undifferenziertheit der Coronapolitik 168

Mit weniger Demokratie gegen das Virus? 173
Die demokratische Legitimation der Coronapolitik 174
Politik macht nur die Politik 181
Staatliche versus gemeinsame Ziele 193
Abwägen oder: Die Kunst exklusiver Politik 197
Politik und Wissenschaft: Expertokratie versus Demokratie 210

Coronabekämpfung im real existierenden Föderalismus 229
Der föderale Kampf um die Pandemiehoheit 231
Der Bund: das 17. Bundesland 239
War der Föderalismus wirklich überfordert? 244

Staats- und Politikversagen in der Coronakrise? 253
Ein differenzierter Blick auf politischen Fehler 255
Zum demokratischen Umgang mit politischen Fehlern 261
Die Übernahme politischer Verantwortung 267

Unsere Lernkurve: Ein Nachwort 273
Krisenmanagement im Ausnahmezustand 275
Was unterscheidet die Klima von der Coronakrise? 289
Welches Land hätte Sie nun gerne? 291

Literatur 297

Die Corona-Zumutung: Eine Einleitung

Schlüsselwörter Coronaursprung · Superspreading Events · Superspreders · Postsozialität · Corona-Zeitenwende

Es fühlt sich wie eine Ewigkeit an, unvergänglich und verstörend: die Zeit der Coronapandemie in Deutschland. Ihr Ursprung war aller Wahrscheinlichkeit nach Wuhan, die Hauptstadt der zentralchinesischen Provinz Hubei.[1] Dort soll sich der erste Mensch Mitte November 2019 mit einem neuartigen Coronavirus infiziert haben, als er auf einem Fischmarkt mit Wildtieren hantierte. Und auch dort gab es vier Wochen später den weltweit ersten größeren lokalen Infektionsausbruch. Das Unheil-

---

[1] Der genaue Ursprung des neuartigen Coronavirus steht final nicht fest. Neuere Forschungsergebnisse deuten darauf hin, dass er von Fledermäusen auf den Mensch übersprang. Der US-amerikanische Präsident Donald Trump hat lange Zeit die Theorie verbreitet, dass er aus einem Labor in Wuhan entweicht sei. Dafür gibt es bislang keine Belege. Auch wann der Patient Null auftauchte, ist nicht abschließend geklärt. Anfang 2020 hat unter anderem die Zeitung *South China Morning Post* darüber berichtet, dass es in Wuhan bereits Mitte November eine erste nachgewiesene Infektion gegeben hat, so die ARD-tagesschau.de vom 23. August. Dennoch kann als gesichert gelten, dass der weltweit erste Ausbruch Mitte Dezember in Wuhan stattfand.

© Der/die Autor(en), exklusiv lizenziert an Springer Fachmedien Wiesbaden GmbH, ein Teil von Springer Nature 2022
R. Gómez Pomeri, *Die Corona-Zumutung*,
https://doi.org/10.1007/978-3-658-38435-7_1

bringende wurde von der Weltgesundheitsorganisation (WHO) gleich doppelt getauft: Sars-CoV-2 und Covid-19. Die Namen stehen für ein neuartiges Coronavirus und die von ihm ausgelöste Infektionskrankheit. Von Wuhan aus hat der internationale Reiseverkehr das Virus zunächst in einige Regionen Asiens und Europas sowie in einige Bundesstaaten der USA mit transportiert.[2] Den Rest besorgten sogenannte *Superspreading Events* und *Superspreaders*.[3] Sie haben letztendlich dafür gesorgt, dass das,

---

[2] Erst am 23. Januar 2020 – kurz vor Beginn des chinesischen Neujahrsfests, während dessen Millionen Chinesen quer durchs Land verreisen – haben die chinesischen Behörden Wuhan unter Quarantäne gestellt und vorsorglich alle größeren Neujahrsfeiern abgesagt. Die Abriegelung der Metropole mit ihren elf Millionen Einwohner kam allerdings zu spät. Kurz davor hatten schätzungsweise rund fünf Millionen Menschen die Stadt bereits verlassen. Sie haben das neuartige Coronavirus in andere Regionen Chinas gebracht. Mitte Januar bestätigte die Weltgesundheitsorganisation (WHO) zudem die ersten Corona-Fälle außerhalb Chinas: Eine Frau in Thailand (am 13. Januar) und ein Mann in Japan (am 16. Januar) waren positiv getestet. Das Besondere dabei: Beide waren jeweils aus Wuhan eingereist. Am 25. Januar folgte die Isolierung weiterer Großstädte.

[3] Mit *Superspreading Events* sind einzelne, in unserem normalen Alltag gewöhnliche Ereignisse, die zu Beginn der Pandemie die Ausbreitung des Virus massiv beschleunigten. Bei diesen Events kamen Menschen aus unterschiedlichen Regionen und Ländern zusammen, saßen oder standen mehrere Stunden lang dicht an dicht, sangen und tanzten zusammen, pflegten regen Körperkontakt durch Küssen, Umarmen, Nahsprechen und Händeabklatschen, teilten miteinander Trinkgläser und Zigaretten. Solche Ereignisse haben epidemiologisch verheerende Wirkungen gehabt: in kürzester Zeit haben sich viele Menschen gleichzeitig angesteckt, sie nahmen das Virus bei ihrer Rückkehr in ihre Heimatregionen mit und steckten dort weitere Personen an. Ein solcher Virusträger oder *Superspreader* konnte im Fall des neuartigen Coronavirus im Schnitt zehn oder mehr Personen anstecken, während ein Normalinfizierter das Virus im Schnitt lediglich an drei Personen weitergab, so die Schätzungen der Virologen zu Beginn der Pandemie. Der österreichische Skiort Ischgl war ein solches *Superspreading Event*, das unzählige *Superspreaders* produziert und wohl in der Anfangsphase eine zentrale Rolle in der Verbreitung des Virus in ganz Europa gespielt hat. Auch Fußballspielen wird eine unrühmliche Rolle bei der Ausbreitung von Covid-19 zugewiesen. Im Mittelpunkt der Kritik standen in Europa das in Mailand ausgetragene Hinspiel der *Champions League* Atalanta Bergamo gegen den FC Valencia – wie SPIEGEL ONLINE am 25. März berichtete, hat der Bürgermeister von Bergamo das Spiel als „biologische Bombe" bezeichnet – und das Bundesligaspiel Borussia Mönchen-

Die Corona-Zumutung: Eine Einleitung 3

was als eine lokale Epidemie begann, sich binnen weniger Wochen in eine Pandemie – eine Epidemie, die sich weltweit verbreitet – verwandelte. Mehr als zwei Jahre lang hat Sars-CoV-2 Angst und Schrecken über die ganze Welt verbreitet, und es tut es zum Teil immer noch.[4]

Die Coronapandemie war eine Grenzerfahrung. Es war eine Zeit, in der wir alle mit einer Zumutung leben mussten: eine für die Demokratie, wie die ehemalige Bundeskanzlerin Angela Merkel die Coronapandemie bezeichnet hat, und eine für unsere Sozialität. Sie war ein Anschlag auf unsere Art zu leben und auf das soziale Wesen des Menschen. Sie hat uns im Eiltempo und selbstlernend in die „Postsozialität"[5] hinein katapultiert, indem sie uns dazu zwang, unsere sozialen Beziehungen von der realen in die virtuelle Welt zu verlagern, auch weil wir genötigt waren, unsere Mitmenschen als Gefahr für unsere eigene Gesundheit zu sehen. Für uns alle, Politik, Wissenschaft, Wirtschaft und Gesellschaft, war

---

gladbach gegen Borussia Dortmund. Beide Spiele gelten als *Superspreading Events*, auch wenn ihre Rolle bei der Ausbreitung des Coronavirus bislang nicht systematisch untersucht worden ist. Neben solchen Massenveranstaltungen gab es auch Beispiele von Messen, Karnevalssitzungen, Gottesdiensten und Privatpartys, die zu einer massenhaften Ausbreitung des Sars-CoV-2 beitrugen.

[4] Offiziell waren Ende März 2022, als der vorliegende Text abschlossen wurde, rund 500 Mio. Menschen weltweit auf Corona positiv getestet. Dabei muss man berücksichtigen, dass die registrierten Infektionszahlen nicht die ganze Wahrheit wiedergeben. Auf der Grundlage serologischer Studien aus den USA und Europa schätzten Experten Anfang 2021, dass die Dunkelziffer weltweit um den Faktor vier bis sechs höher als die Zahl der offiziell positiv Getesteten lag. Im schlimmsten Fall könnte also die Anzahl der tatsächlich mit dem Virus infizierten Menschen Ende September 2021 weltweit bei mehr als eine Milliarde gelegen haben. Die offiziell registrierte Anzahl der an Covid-19 gestorbenen Menschen belief sich zum gleichen Zeitpunkt weltweit auf mehr als sechs Millionen. Auch bei dieser Zahl müssen wir von einer tendenziellen Unterschätzung ausgehen, da in vielen Ländern die Erfassung der Corona-Toten sehr unvollständig erfolgte – nicht selten absichtlich, um das Ausmaß der Katastrophe und des politischen Versagens zu verschleiern.

[5] Zum Begriff der „Postsozialität" siehe Knorr Cetina (2007).

die Coronapandemie eine Zeit voller Ungewissheiten und Überraschungen, eine Zeit, in der alle Erkenntnisse und Erklärungen vorläufig waren, in der es fast genauso viele Ansichten wie Akteure, fast genauso viele Deutungen wie Perspektiven gab, in der Demut vor alldem, was die Experten nicht oder nur vorläufig wussten, angeraten war. Es war aber auch eine kurze historische Zeit, in der sich das individuelle und gesellschaftliche Lernen verdichtete und beschleunigte zugleich. Wir alle haben in kürzester Zeit lernen müssen, mit einer neuen, einer unberechenbaren Herausforderung fertig zu werden. Und wir haben lernen müssen, uns inmitten einer hoch dynamischen gesellschaftlichen Disruption[6] an stets neuen Umständen agil anzupassen. In etwa so muss man sich das wohl vorstellen, was der Philosoph Hermann Lübbe die „Gegenwartsschrumpfung"[7] genannt hat: „Menschen müssen sich in immer kürzeren Zeiten immer wieder neue Mittel zur Gegenwartsbewältigung aneignen", wie der Historiker Andreas Rödder dieses Phänomen beschrieb.[8]

Die Coronapandemie stellt aber auch eine Zeitenwende dar.[9] Sie hat unsere Welt und unseren Alltag aus den vielen Ankern gehoben, die ihnen Stabilität und Sicherheit gaben, uns von einem Leben, in dem es viele Ungewiss-

---

[6] Das Wort Disruption kommt aus dem Englischen und bedeutet „Unterbrechung" oder „Zerstörung". In der Innovationstheorie spricht man von disruptiven Innovationen, wenn Innovationen als „zerstörerisch" beschrieben werden, weil sie alte Geschäftsmodelle oder Technologien ganz ersetzen. In Analogie dazu wird hier von gesellschaftlicher Disruption gesprochen, um die zerstörerische Kraft der Coronakrise plastisch darzustellen.
[7] Siehe Lübbe (1977).
[8] Andreas Rödder (2015).
[9] Diesen Satz hat der Autor bereits vor mehr als einem Jahr geschrieben. Bundeskanzler Olaf Scholz hat nach dem Einmarsch Russlands in die Ukraine den Begriff „Zeitenwende" populär gemacht. Wir können folglich konstatieren, dass wir zurzeit eine doppelte Zeitenwende erleben.

heiten gab, in ein neues Leben hineinkatapultiert, in dem das Ganze ungewiss ist und bleibt. Sie hat viele Gewissheiten entzaubert, die wir für Selbstverständlichkeiten unseres Gemeinwesens erachteten, Gewissheiten, die wir wohl kaum hinterfragt hätten, wenn das Coronavirus es nicht getan hätte: dass unsere Gesellschaft mit Hilfe von Expertenwissen und wissenschaftlichen Analysenmethoden immer eindeutige Problemlösungen finden und auf der Grundlage von guten Praktiken (Englisch: *„good practices"*) handeln könne; dass unser Staat – vor allem unser Gesundheits- und unser Bildungssystem – effizient und technologisch auf der Höhe der Zeit sei; dass er vorsorglich handele und für Innovation und Kreativität offen sei, dass unser Föderalismus auch unter den schwierigsten Bedingungen krisentauglich und handlungsfähig sei; dass wir Selbstverantwortung und Solidarität in unserer Gesellschaft selbstredend voraussetzen können; dass der Staat in der Lage sei, Problemlösungskapazitäten in der Gesellschaft zu aktivieren und die Menschen als mündige Bürger zu behandeln; dass der moderne Mensch und die moderne pluralistische Gesellschaft resilient seien. Die Coronapandemie hat unserem Gemeinwesen auch hohe Bürden für die Zukunft auferlegt. Sie hat die Wirtschaftskraft Deutschlands und die zukünftige Handlungsfähigkeit des Staates geschwächt, die soziale Ungleichheit verschärft und die sozio-kulturellen Gräben vertieft. Und sie könnte unsere Gesellschaft, die Demokratie und die soziale Marktwirtschaft, nachhaltig verändern, wenn wir uns kollektiv an die stattgefundenen Veränderungen in unserem politischen System gewöhnen: die teilweise autoritäre Art und Weise, wie wir während der Pandemie regiert wurden,[10] die Verschiebung der Machtverhältnisse zugunsten des Staates und zu Lasten der Gesellschaft sowie die Freiheitseinschränkungen als „Gegenleistung" für den allgegenwärtigen Schutz des Staates.

Trotz aller Unsicherheiten, trotz aller Informations- und Wissensdefizite konnten sich die politisch Verantwortlichen nicht leisten, in einem aporetischen Zustand zu verharren. Sie mussten entscheiden und handeln, und eine der schwierigsten Herausforderung meistern, die es in der Politik gibt: In *kürzester* Zeit das Verhalten der Menschen effektiv zu steuern – weil es letztendlich auf das Verhalten jeder und jedes Einzelnen ankam. Und die naheliegende Erwartung an uns alle bestand darin, dass wir im Sinne der Pandemiebekämpfung verantwortlich handeln, uns selbst und unseren Mitmenschen gegenüber, dass wir uns selbst verpflichten, den staatlichen Vorgaben und Appellen zu folgen, und dass wir genügend Ausdauer aufbringen, um die Zumutung über eine schlussendlich lange Strecke halbwegs zu ertragen.

Wie gut ist all das der Politik und uns gelungen? Warum hat eine „Winzigkeit" eine derart allumfassende Krise ausgelöst? Welchen Weg hat Deutschland eingeschlagen, um der Coronapandemie Herr zu werden? Waren die Erwartungen an uns alle gerechtfertigt? Wem oder was sind Erfolg und Misserfolg zuzuschreiben? Waren das Ausmaß und die Tiefe der Einschränkungen notwendig und standen sie im Einklang mit unseren Werten und unserer institutionellen Verfasstheit? Gab es plausible Alternativen zur praktizierten Coronapolitik?

---

[10] Um Missverständnisse von Anfang an vorzubeugen: „autoritär" wird hier keineswegs mit „diktatorisch" oder „autokratisch" gleichgesetzt. Es meint nur die temporäre und partielle Aussetzung einiger in Deutschland traditionell geltender demokratischer Spielregeln des Regierens, um die Pandemie zu bekämpfen.

Die Corona-Zumutung: Eine Einleitung

Liegt tatsächlich ein „Staats- und Politikversagen" vor? Hat der Föderalismus das Krisenmanagement erschwert, und wenn ja, warum? Wo haben wir als Gesellschaft und Individuen versagt? Was können Politik und Gesellschaft für die Zukunft lernen? Diese Fragen sind Gegenstand dieses Buches. Es geht hier allerdings nicht darum, vermeintlich Richtiges von vermeintlich Falschem zu unterscheiden, und auch nicht darum, scheinbar endgültige und eindeutige Antworten auf Fragen zu geben, die sich viele Menschen angesichts der dramatischen Umbrüche stellen. Dieses Buch ist vielmehr der Versuch, facettenreiches Handeln vielfältiger politischer und gesellschaftlicher Akteure[11] vor dem Hintergrund einer komplexen gesellschaftlichen Disruption begreifbar zu machen und nachvollziehbar einzuordnen, wohl wissend, dass es mehr Fragezeichen und Rätsel als triftige Antworten gibt. In diesem Sinne will es politische Prozesse durchleuchten, die erklären können, wie und warum etwas erreicht oder nicht erreicht, anstelle bloß zu fragen, was konkret erreicht oder nicht erreicht worden ist. Es will keine definitiven Erklärungen, sondern vielmehr plausible Erklärungsmuster anbieten.

Für diejenigen, die meinen, es schon immer gewusst zu haben oder für diejenigen, die endgültige Antworten suchen, hat dieses Buch folglich eine ernüchternde Nachricht: es gibt nicht die eine Wahrheit. Die Menschen, auch die Politiker und Experten, nahmen die Coronapandemie und deren Bekämpfung so verschieden wahr, wie sie selbst und ihre sozialen, kulturellen und formativen Lebenswirklichkeiten verschieden sind. Und vieles werden wir, wenn

---

[11] Mit dem Begriff „gesellschaftliche Akteure" sind hier jene Akteure gemeint, die in der einschlägigen Literatur oft als „nicht-staatliche Akteure" bezeichnet werden. Der Begriff wird hier auch als Sammelbegriff für „privatwirtschaftliche und zivilgesellschaftliche Akteure" verwendet.

überhaupt, nur im Laufe der Zeit und durch iterative Annäherung an die „wirkliche Wirklichkeit" abschließend bewerten können. Solange müssen alle Deutungen als vorläufig gelten.

Da das Buch eine zeitgenössische Beobachtung wiedergibt, deren empirischen Grundlagen noch oberflächig, vorläufig und zum Teil feuilletonistisch sind, ist es letztendlich ein Angebot, über die hier aufgeworfenen Fragen weiter zu erforschen. Je mehr unterschiedliche Perspektiven theoretisch und empirisch fundiert offen gelegt werden, umso höher ist die Chance, dass sie allmählich zu einem Konsens konvergieren. Es ist zudem eine Analyse, die bewusst auf Vollständigkeit der Themen und Argumente sowie auf Detailgenauigkeit verzichtet, weil sie vor allem die großen Linien des politischen und gesellschaftlichen Handelns in der Coronakrise in den Mittelpunkt stellt. Mut zur Lücke war daher von Anfang an einer der leitenden Schreibvorsätze.

Corona: Eine epochale Herausforderung

> *Wir leben in einer Zeit, die uns beständig*
> *mit Unerwartetem konfrontiert*
> Frank-Walter Steinmeier

> *Es ist aber auch nicht einfach, einen Zustand*
> *der Ambiguität aufrechtzuerhalten, weil Menschen*
> *ihrer Natur nach nur beschränkt ambiguitätstolerant sind*
> *und eher danach streben, einen Zustand der Eindeutigkeit*
> *herzustellen, als Vieldeutigkeit auf Dauer zu ertragen*
> Thomas Bauer

Schlüsselwörter Eindämmungsmaßnahmen · Multi-Akteuren-Gesellschaft · Selbststeuerung · Coronamanagement · Lockdown

Wie konnte ein winziges Virus eine derartige gesellschaftliche Disruption auslösen, wie wir sie in der Nachkriegszeit nicht mehr erlebt hatten? Die allgemeine Annäherungsantwort, die in den nächsten Kapiteln auszubuchstabieren sein wird, lautet in vier Teilen wie folgt: Erstens, ein komplexes Problem – die Coronapandemie – traf urplötzlich und mit voller Wucht auf eine komplexe Gesellschaft, die der Ausbreitung des neuartigen Coronavirus wenige immunologische, pharmazeutische und strukturelle Barrieren entgegenstellen konnte. Zweitens, jeder Mensch ist anders, reagiert anders auf Risiken, empfindet denselben Zustand unterschiedlich, interpretiert die Welt um sich herum anders, geht anders mit Betroffenheit um; der Mensch ist aber auch ein soziales Wesen, das Verhalten eines jeden Menschen wird vom Verhalten ihrer Mitmenschen beeinflusst, jeder Mensch orientiert sich am Verhalten Anderer, insbesondere von „Gleichgesinnten", als soziales Wesen ist jeder Mensch auf Kontakte und Beziehungen zu anderen Menschen sowie Gruppenbindungen angewiesen. Drittens, Politik und Gesellschaft haben einschneidende Eindämmungsmaßnahmen ergreifen müssen, um unkalkulierbare dramatische Folgen einer ungebremsten Durchseuchung soweit wie möglich zu verhindern. Diese Maßnahmen kollidierten stark mit der Natur des Menschen und der institutionellen Verfasstheit der deutschen Gesellschaft. Viertens, aufgrund der tückischen Eigenschaften des neuartigen Coronavirus und der institutionellen Verfasstheit unserer Gesellschaft standen ihnen allerdings nur Eindämmungsmaßnahmen zur Verfügung, die bedingt wirksam waren und gravierende Nebenwirkungen hatten.

Komplexes Problem trifft auf komplexe Gesellschaft

Aufgrund seiner Neuartigkeit und nicht zuletzt der restriktiven und vertuschenden Informationspolitik der chinesischen Regierung, dauerte es mehrere Wochen, gar Monate, bis die Virologen und Virologinnen die tückischen Eigenschaften des Virus vollends erkannten: Es übertrug sich von Mensch zu Mensch, war hoch ansteckend und noch asymptomisch Infizierte konnten andere Menschen anstecken; die Infektion konnte zu Lungenentzündungen, Atemnot und Multiorganversagen mit tödlichem Ausgang führen. Und diese Gefahrenliste ist bis heute noch nicht abgeschlossen, weil die Erforschung der Langzeitwirkungen von Covid-19 – das sogenannte *Long Covid* – noch in den Kinderschuhen steckt.[1] Entscheidend für seine Gefährlichkeit waren auch zwei weitere Gegebenheiten. Zum einen waren die Menschen bis zum Ausbruch der Pandemie in Wuhan nirgendwo auf der Welt in Berührung mit dem Virus gekommen. Sie hatten somit keine Möglichkeit gehabt, Immunität dagegen zu entwickeln, sie waren also „immunologisch naiv", wie Virologen und Virologinnen zu sagen pflegen. Zum anderen stand zum Zeitpunkt des Ausbruchs der Pandemie weder ein Medikament noch eine Impfung gegen Covid-19 zur Verfügung.

Weil anfangs solche pharmazeutischen Ausbreitungsbarrieren nicht zur Verfügung standen, stiegen die täglichen Zahlen der Neuinfizierten – die sogenannten Fallzahlen – exponentiell an. Und zeitlich versetzt nahm ebenso rasant die Zahl der Schwererkrankten,

---

[1] Omikron hat das Bild verändert, weil er zwar noch ansteckender als ältere Varianten ist, dafür verläuft die Erkrankung meistens milder.

der Intensivpflichtigen und dann der Todesfälle zu. In kürzester Zeit hat das Virus seine volle disruptive Kraft auf die Menschen und die Gesellschaft losgelassen. Mangels pharmazeutischer Ausbreitungsbarrieren waren Staat und Gesellschaft bei der Eindämmung der Virusausbreitung notgedrungen auf nicht-pharmazeutische Maßnahmen angewiesen: Kontaktvermeidung durch Selbstbeschränkung und staatlichen Zwang. Ohne diese Maßnahmen hätte sich das Virus ungebremst ausgebreitet und unser Gesundheitssystem höchst wahrscheinlich kollabieren lassen.

Von Anfang an „(hat) das Virus getan, was Viren zu tun pflegen: Es hat uns überrascht", so Anthony Fauci, Corona-Berater des US-Präsidenten, in einem SPIEGEL-Interview von 14. Januar 2022. Diese Überraschungen versetzten uns alle, Politik und Gesellschaft, in einen Zustand von hoher Ungewissheit und Nichtwissen. Sogar die Experten wussten zu Beginn der Pandemie wenig bis gar nichts über das Virus, seine Ausbreitungswege, die Krankheitsverläufe und seine zerstörerische Kraft. Die ständigen Überraschungen des Virus machten stets gerade neu gewonnenes Wissen schnell zur Makulatur. Und die Wissenschaft lief und läuft seinen gefährlichen Mutationen hechelnd hinterher. Die Dinge veränderten sich oft just in dem Moment, in dem man glaubte, man habe alles in Griff – oder auch umgekehrt, wenn man glaubte, man habe die Kontrolle über die Pandemie verloren. Die Ereignisse, auf die Politik und Gesellschaft reagieren mussten, überschlugen sich rasend schnell. Politiker und Wissenschaftler mussten damit klarkommen, dass ihre Lageeinschätzungen und ihre Entscheidungen eine sehr kurze Halbwertzeit hatten. Gefühlt haben politisch Verantwortliche Entscheidungen im Minutentakt treffen, revidieren, verschärfen und neu justieren müssen. Sie haben urplötzlich und situativ lernen müssen, mit der hohen Dynamik realer politischer und gesellschaftlicher Prozesse umzugehen.

In einem derartigen Zustand von Ungewissheit und Nichtwissen navigierten die politischen Entscheidungsträger weitgehend blind. Zum Zeitpunkt der Entscheidungen war vieles unbekannt, und die jeweils verfügbaren Informationen waren nicht nur begrenzt, unvollkommen und veränderten sich von Tag zu Tag, sie spiegelten auch eine Realität wider, die bereits Vergangenheit war. Sie sagten wenig über die Gegenwart und gar nichts über die Zukunft aus, obwohl die Politik beide zu beeinflussen suchte. Wenn die politisch Verantwortlichen die jeweils aktuellste Information zum Infektionsgeschehen lasen, war die Welle schon seit rund zwei Wochen unterwegs. Auch für die Auswahl und das Design der Eindämmungsmaßnahmen lagen weder erfahrungsgesicherte Drehbücher noch theoretisch und empirisch abgesicherte gute Praktiken (Englisch: „*good practices*") vor, die für eine moderne komplexe Gesellschaft wie die deutsche passend gewesen wären. Kontaktbeschränkungen waren zwar die Mittel der Wahl. Mit welchen konkreten Maßnahmen und in welchem Ausmaß diese erfolgen sollten, war aber weitgehend unklar. Dafür gab es keine empirischen Evidenzen, die ohne weiteres auf die deutsche Gesellschaft übertragbar gewesen wären. Und so waren ihre erwarteten positiven und negativen Wirkungen lediglich unsichere Plausibilitätsüberlegungen – oder auch: Spekulationen.

Zweifelsohne hat sich das Wissen während des Verlaufs der Pandemie in vielen Bereichen enorm vermehrt. Diese Vermehrung hat aber keineswegs die Ungewissheit beseitigt. In Abwandlung eines Zitats des Historikers Andreas Rödder können wir die Lage so beschreiben: Die Corona-Zeit hat stupendes Expertenwissen über alles hervorgebracht – und zumeist auch über das jeweilige

Gegenteil. Wir wissen so viel wie nie zuvor – und verstehen die Corona-Welt dennoch nicht ganz.[2] Unvollkommene, ja sogar nicht vorhandene Information und extreme Zeitknappheit bildeten denkbar ungünstige Voraussetzung für das rechtzeitige Treffen politischer Entscheidungen. Und dennoch konnte die Politik sich nicht leisten, in einem aporetischen Zustand zu verharren. Trotz kognitiver und zeitlicher Beschränkungen hat sie entscheiden müssen – immer in der Hoffnung, ins Schwarze zu treffen.

Weil die Coronapandemie in Deutschland und auch anderswo auf eine komplexe – das heißt: pluralistische und ausdifferenzierte, national und international hoch interdependente und vernetzte – Gesellschaft traf, entwickelte sie sich rasch zu einem multidimensionalen Problem – zu einem Problem, das eine Vielzahl von Themen (ökonomische, technologische, ethische, politische, medizinische, psychologische, rechtsstaatliche) und Sektoren (Industrie, Außenhandel, Tourismus, Handel, Kultur) gleichzeitig einschloss. Diese unterschiedlichen Dimensionen waren stark miteinander verbunden und ließen sich kaum voneinander abgrenzen. Sie beeinflussten sich gegenseitig (Interdependenz) und konnten auch über Raum und Zeit interagieren. Das erklärt, warum die Pandemie und ihre Bekämpfung in kürzester Zeit so hohe soziale, wirtschaftliche, psychosomatische und sonstige Nebenwirkungen – die sogenannten „Kollateralschäden"— erzeugt hat, die uns auch in der Zukunft noch lange beschäftigen werden. Und auch bei den „Kollateralschäden" tappten Politik und Wissenschaft ziemlich im Dunkeln. Nichtsdestotrotz haben sich viele

---

[2] Es handelt sich um eine Abwandlung des Zitats des Historikers Andreas Rödder, das am Anfang des Kapitels 7 dieses Buches wiedergegeben ist.

Experten redlich bemüht, mit gewagten, auf wackeligen Füßen stehenden Prognosen Licht ins Dunkeln zu bringen: über das Ausmaß des Wirtschaftseinbruchs, die befürchtete Zunahmen häuslicher und sexualisierter Gewalt, das Ausmaß zukünftiger Toten aufgrund des möglichen Anstiegs von Depressionen und mangelnder Behandlung herkömmlicher Krankheiten, die Verschärfung der Ungleichheit in der Bildung und der Gesellschaft, die Zunahme psychosomatischer Erkrankungen bei Kindern und Jugendlichen, die Hungertoten in der Dritten Welt wegen der *Lockdowns* in den Industrieländern. All diese Prognosen hatten einen gemeinsamen Nenner: Niemand wusste wirklich, in welchem Ausmaß sie eintreffen würden sowie ob die unterstellten Kausalitäten tatsächlich vorlagen.

Da sich letztendlich die thematische und sektorale Ausdifferenzierung in einer Ausdifferenzierung gesellschaftlicher Akteure widerspiegelt, involvierte die Coronakrise eine Vielzahl kollektiver und individueller, staatlicher, privatwirtschaftlicher und zivilgesellschaftlicher Akteure (Individuen, Gruppen und Organisationen). Es ist ein Wesensmerkmal unserer modernen Gesellschaft, dass die gesellschaftlichen Akteure, die Menschen selbst, einen hohen Grad an Autonomie – das heißt: an Selbststeuerung und Selbstbestimmtheit – in ihrer Beziehung untereinander, aber vor allem zum Staat aufweisen. Trotz widriger Coronabedingungen konnten sie folglich relativ frei entscheiden und handeln, interagierten miteinander, beeinflussten sich in ihrem Verhalten gegenseitig und bestimmten dadurch den Politikprozess und die Politikergebnisse mit. Sie brachten unterschiedliche, oft divergierende Interessen, Perspektiven und Definitionen von Erfolg und Misserfolg in den Politikprozess ein. Und diese änderten sich situativ und kontextabhängig laufend.

Dadurch modifizierten sich auch die von den jeweiligen Akteuren präferierten Lösungsansätze unentwegt.

Nicht nur der Staat, sondern auch die privatwirtschaftlichen und die zivilgesellschaftlichen Akteure sind Träger von Ressourcen und Handlungskompetenzen, die gebraucht wurden, um die Coronapandemie in den Griff zu bekommen: die Bereitschaft mitzumachen, Verantwortung zu übernehmen, Informiertheit, soziale Kompetenz, Vernetzung, Solidarität, aber auch konkrete Ressourcen wie Geld, Infrastruktur, Expertise und Information. Diese Ressourcen und Handlungskompetenzen sind in der deutschen Gesellschaft breit – wenn auch nicht gleich – verteilt. In der Coronakrise wurde zudem eines besonders deutlich: „Dort, wo die Menschen Hand anlegen und den Lauf der Dinge ändern können, sind sie selbst dann Akteure, wenn sie vom Hand-Anlegen Abstand nehmen. Denn das Nicht-Hand-Anlegen, das Unterlassen, ist auch eine Form des Agierens", wie der politische Philosoph Otfried Höffe schrieb.[3] Durch Handeln – im Sinne der Pandemiebekämpfung – war der „aktive Bürger"[4]—sei es individuell oder kollektiv (Vereine, Interessengruppen, Verbände, *Advocacy Groups* u. ä.)— Teil der Lösung, durch Unterlassen war er Teil des Problems. Sowohl Handeln als auch Unterlassen des Einzelnen hatte Auswirkungen auf das Wohlergehen der Allgemeinheit und der Effektivität der Coronapolitik. Wer daran zweifelt, sollte sich die Ohnmacht des Staates bei der Durchsetzung einer hohen Impfquote vor Auge führen. Ungeachtet des hohen Drucks auf die Ungeimpften war die Impfverweigerung

---

[3] Siehe Höffe (2009).
[4] Der britische Philosoph John Stuart Mill hat den mündigen, selbstbestimmten Menschen als „aktiven Staatsbürger" definiert.

in Deutschland sehr hoch – mit enormen Auswirkungen auf das Wohlergehen der geimpften Mehrheit und der Allgemeinheit. Und das war bei weitem nicht das einzige Beispiel während der Coronapandemie.

Da es sich um interdependente Akteure handelt, war letztendlich die Interaktion aller relevanten Akteure in Staat und Gesellschaft der eigentliche Schlüssel für Erfolg oder Misserfolg. Gerade unter den Coronabedingungen sind die erreichten Politikergebnisse stets das Resultat einer gemeinschaftlichen Interaktionsleistung gewesen – das heißt: das Resultat einer komplexen horizontalen und vertikalen Interaktion vielfältiger staatlicher und gesellschaftlicher Akteure auf Bundes-, Landes- und Kommunalebene. Selbstverständlich kam dabei der Politik beziehungsweise dem Staat ihrem Wesen nach und aufgrund ihrer demokratischen Legitimation eine besondere Rolle zu. Es wäre dennoch sach- und realitätsfremd so zu tun, als ob in unserer pluralistischen demokratischen Gesellschaft ausschließlich das Handeln des Staates maßgeblich gewesen war. Auch auf die Menschen kam es entscheidend an. Wenn sie sich verweigerten, war die Politik ziemlich machtlos, auch dann als sie hierarchisch-autoritär gehandelt hat. Die Politik war also ein Akteur unter vielen, zweifelsohne ein entscheidender, der aber allein keinen Erfolg herbeiführen konnte. Sie war auf die aktive Mitwirkung anderer Akteure sowie auf die Verantwortung jedes und jeder Einzelnen sich selbst und anderen Menschen gegenüber angewiesen. Aber auch die gesellschaftlichen Akteure, die Menschen selbst, waren bei der Verantwortungsübernahme darauf angewiesen, dass die Politik Rahmenbedingungen schuf, die diese förderte, ihre Ressourcen und Kompetenzen zu aktivieren.

Alles zusammen genommen hatten wir nicht nur mit einem komplexen Problem, sondern mit einem komplexen

„*system of problems*"[5] zu tun, wir sind nicht nur von einer gewohnten schweren Krise, sondern von einer regelrechten gesellschaftlichen Disruption heimgesucht worden, die die Grundlage unserer vertrauten Lebensform erschütterte – mit noch nicht vollständig absehbaren Folgen für die Zukunft. Mit einer solchen gesellschaftlichen Disruption waren Gesellschaft und Politik in Deutschland seit dem Zweiten Weltkrieg nicht mehr konfrontiert. Das neuartige Coronavirus hat uns über Nacht in eine ungewisse Gegenwart und eine bedrohlich anmutende Zukunft hineinkatapultiert. Wir mussten das Unwiederbringliche feststellen und uns gleichzeitig an das neue Unbekannte herantasten. Wir alle, Politik und Gesellschaft, haben in kürzester Zeit lernen müssen, mit Dynamik, Ungewissheit und Nichtwissen umzugehen.

Worauf es vor allem ankam

Die Ziele der Coronapolitik standen früh fest: Infektionen so weit wie möglich zu vermeiden, möglichst viele Menschenleben zu retten und eine Überlastung des Gesundheitssystems abzuwenden. Diese Ziele sollten durch selbstbestimmte und staatlich verordnete Kontaktreduktion, den Schutz von Risikogruppen und das Management von Krankenhauskapazitäten erreicht werden. Als dann die Impfung zur Verfügung stand, ging es auch darum, eine möglichst hohe Impfquote in der Bevölkerung zu erreichen. Da die Zielerreichung einer gemeinschaftlichen Interaktionsleistung interdependenter Akteure war, kam es dabei auf das Verhalten der Menschen wesentlich an, auf ihre Bereitschaft, sich selbst und der

---

[5] Der Begriff „*system of problems*" geht zurück auf Ackoff (1974).

Gesellschaft gegenüber verantwortlich zu handeln, sich situationsangemessen zu verhalten und sich selbst zu verpflichten, die Vorgaben der Coronapolitik zu befolgen. Wie das in der Coronazeit tatsächlich ausgesehen hat, werden wir im Kap. 2 diskutieren. Dabei stehen unter anderem folgende Fragen im Vordergrund: Wie haben sich die Menschen in der Pandemie verhalten? Welche Einflussfaktoren waren dafür maßgeblich? Sind wir alle unseren eigenen und den in uns gesetzten Erwartungen gerecht geworden? Wie viel Selbststeuerung war den Menschen zuzutrauen und zuzumuten? Wie viel staatlicher Schutz war angemessen und vertretbar?

Zum anderen kam es auch auf die Fähigkeit der Politik an, das Verhalten der Menschen in die richtige Bahnen zu lenken. Wie gut ihr das gelungen ist, werden wir im Kap. 3 und 4 erörtern. Dabei schwingt immer die Frage mit, woran man beurteilen kann, ob die Coronapolitik erfolgreich war oder nicht. Die Frage kann man auch grundsätzlich formulieren: Müssen sich Demokratien bei der Bekämpfung der Coronapandemie an anderen Erfolgsmaßstäben als Autokratien oder gar Diktaturen messen lassen? In einem in *The Atlantik* am 30. März 2020 veröffentlichten Artikel hat der renommierte US-amerikanische Politikwissenschaftler Francis Fukuyama die Diskussion über autokratisches versus demokratisches Management der Coronakrise zu relativieren versucht:[6] Die Trennungslinie – so seine These – verlaufe nicht zwischen Autokratien und Demokratien, sondern zwischen effektiven und ineffektiven Staaten sowie zwischen Staaten, in denen die jeweilige Regierung das Vertrauen ihrer Bürger genießt und jenen, in denen

---

[6] siehe Fukuyama (2020). Das Konzept der staatlichen Kapazität hatte er bereits in Fukuyama (2004) entwickelt.

das nicht der Fall sei. Seine These war vom miserablen Management der Coronakrise in den USA unter Donald Trump inspiriert, ein Beispiel, das ihm in dramatischer Weise Recht zu geben schien. Auch die Tatsache, dass es sowohl in der Gruppe der Demokratien als auch in der der Autokratien Länderbeispiele für gelungene und für misslungene Pandemiebekämpfung gibt, scheint seine These zu unterstützen.

Doch der These von Francis Fukuyama liegt ein reines Managementverständnis von Effektivität zugrunde. Sie blendet die politisch-prozeduralen und ordnungspolitischen Aspekte des politischen Handelns zugunsten der reinen Betrachtung der erreichten Ergebnisse aus. Seine These war eindeutig verfrüht. Heute wissen wir genauer, dass eine wichtige Trennungslinie letztendlich doch zwischen Autokratien und Demokratien verlaufen ist. Es machte nämlich einen Unterschied, ob politische Ergebnisse bei der Bekämpfung der Coronapandemie unter aktiver Beachtung demokratischer Mindeststandards erreicht worden sind oder nicht. Die Frage, ob demokratische oder autoritäre Regime letztendlich erfolgreicher waren, wird man nicht entlang von Zahlen – zum Beispiel Anzahl der Corona-Infizierten und der Corona-Toten pro eine Million Einwohner – auflösen können, so wichtig diese auch sein mögen. Zur Diskussion stehen im Kern vielmehr unterschiedliche ordnungspolitische Werte und Präferenzen. Erst sie fügen den Zahlen Bedeutung zu, und sie lassen diese Zahlen höchstwahrscheinlich unterschiedliche Sprachen sprechen. Der vermeintliche „Systemwettbewerb" entlang von Erfolgszahlen lenkt nur davon ab. Gerade bei einem ideologisch und machtpolitisch motivierten „Systemwettbewerb" sind nicht mal solche Zahlen objektiv. Sie sind immer perspektivische Deutung der Wirklichkeit, die auf unterschiedlichen Werten und Interessen beruhen. Am Ende des Tages wird für eine demokratische Gesellschaft wie die deutsche nicht nur entscheidend sein, wie viele Infektionen und Tote die Pandemiebekämpfung hat vermeiden können. Es wird ebenso wichtig sein, ob dies mit demokratischen Mindeststandards in Einklang stand oder nicht, und wie schnell diese in die Nach-Corona-Zukunft wieder volle Geltung erreichen. Wir haben keinen Anlass, uns auf einen „Systemwettbewerb" einzulassen, der auf die politische und institutionelle *Ent*-Kontextualisierung von Zahlen setzt. Für uns muss auch die Frage entscheidend sein, ob Deutschland seinen eigenen demokratischen Maßstäben und Ansprüchen gerecht geworden ist oder nicht.

Möglicherweise war der erste Eindruck von Francis Fukuyama am Anfang der Coronapandemie verständlich. Damals schien sie vor allem unser technisches und medizinisches Wissen sowie unsere Managementfähigkeit herauszufordern. Es schien auch geraten zu sein, das Politische – das heißt: das gesellschaftliche Ringen um die Durchsetzung von Interessen und die Deutung des Gemeinwohls – bis auf weiteres aus unserem Alltag zu verbannen. Doch das entpuppte sich rasch als Trugschluss. Die Pandemiebekämpfung war höchst politisch. Sie kollidierte mit menschlicher Überzeugungen, Werten und Präferenzen. Sie tangierte widerstreitende Interessen, die intra- und intergenerationale Verteilung von Gewinnen und Verlusten, die gesellschaftliche Re-Priorisierung von momentan Relevantem und Wenigerrelevantem – zum Beispiel: Gesundheitsschutz versus Freiheitsrechte oder Gesundheitsschutz versus Wirtschaftsinteressen. Die Pandemiebekämpfung war letztendlich deswegen politisch, weil es um die Mobilisierung von Ressourcen, Macht und Legitimation ging, um Interessen und Ziele auszuhandeln und durchzusetzen. Und sie war nicht zuletzt deswegen politisch, weil sie die Frage aufwarf, ob und wie weit der Staat Freiheitsrechte zugunsten des Gesundheitsschutzes einschränken muss und darf.

Die Pandemiebekämpfung war also nicht einfach Coronamanagement, sondern in erste Linie *„Democratic Governance"*[7]. Über die Effektivität hinaus ging es auch um ihre demokratische Qualität, darum also, ob die Coronamaßnahmen ausreichend demokratisch legitimiert waren, ob die Eingriffstiefe staatlicher Eindämmungsmaßnahmen notwendig und verhältnismäßig war, ob die Pandemie hierarchisch oder kooperativ, zentral oder dezentral gesteuert werden sollte, ob die politischen Akteure zwischen Selbststeuerung und Fremdsteuerung der Menschen situativ angemessen (verhältnismäßig) austariert haben, ob die Coronapolitik die Potenziale der Menschen und der dezentralen Instanzen aktiviert hat oder nicht. Diese und ähnliche Fragen sind Gegenstand der Kap. 3, 4 und 5.

In einer modernen, demokratisch und rechtsstaatlich verfassten Gesellschaft wie der deutschen, sind die obigen Fragen nicht nur politisch-normative Fragestellungen. Es geht auch um die Frage, wie mit komplexen Krisen und gesellschaftlicher Komplexität umzugehen ist. Die Befürworter eines eher staatlich dominierten, hierarchischen Vorgehens bei der Pandemiebekämpfung mögen sich die Möglichkeit des „Durchregierens" versprochen haben. Es war der womöglich verständliche Wunsch nach Komplexitätsreduktion, nach der Vereinfachung politischer Entscheidungs- und Umsetzungsprozesse durch eine vorübergehende Ausschaltung der

---

[7] Im deutschen Sprachgebrauch wird *„Democratic Governance"* oft als „demokratische Regierungsführung" übersetzt. Der deutsche Begriff ist aber missverständlich. Er suggeriert, dass es nur um das Handeln des Staates geht. Dagegen stellt der englische Begriff auf die Interaktion zwischen staatlichen und nichtstaatlichen Akteuren ab.

Komplexität und Schwerfälligkeit unserer pluralistischen Gesellschaft und unseres politischen Multi-Akteure-Systems. Sie übersahen aber, dass in unserer Gesellschaft – weil sie so verfasst ist, wie sie ist – die Durchsetzungsmacht des Staates begrenzt ist und dass die Menschen die Macht haben, auch staatlichen Zwang ins Leere laufen zu lassen. Sie übersahen auch, dass die Menschen und die dezentralen politischen Instanzen nur dann selbstbestimmt handeln, sich selbst verpflichten, wenn sie das Gefühl haben, dass sie den Lauf der Dinge um sich herum beeinflussen können, dass ihr Schicksal ein Stück weit in den eigenen Händen liegt. Hingegen wirkt sich hemmend aus, dass zentrale politische Instanzen über die Köpfe der Menschen und der dezentralen politischen Akteure hinweg entscheiden. Sie verhalten sich dann abwartend und delegieren bewusst oder unbewusst einen Teil ihrer Selbstbestimmtheit und ihrer Verantwortung an den Staat beziehungsweise nach oben zurück, insbesondere während einer von Ungewissheit, Nichtwissen und Orientierungslosigkeit geprägten gesellschaftlichen Disruption wie die Coronapandemie. Die mögliche Alternative bestand darin, die Komplexität unserer pluralistischen Gesellschaft und unseres politischen Systems anzunehmen und effizient zu managen – insbesondere durch Selbststeuerung (Kap. 2) und kooperative politische Steuerung (Kap. 3 und 4). Wenn es funktionierte, hat Selbststeuerung das politische Handeln ergänzt und für eine geringere Eingriffstiefe der Coronamaßnahmen gesorgt. Kooperative politische Steuerung schaffte – beziehungsweise hätte schaffen können – die Bedingungen für die Möglichkeit einer Coronapolitik, die für alle relevante Akteure zufriedenstellender gewesen wäre.

Lernen, Ambiguität zu tolerieren

„Der Unterschied zwischen Gott und den Historikern besteht hauptsächlich darin, dass Gott die Vergangenheit nicht mehr ändern kann". Dieses Zitat wird dem 1902 verstorbenen britischen Schriftsteller Samuel Butler zugeschrieben. Es ist eine Warnung davor, dem sogenannten „Historikerfehler" (Englisch: „*Story Bias*") auf den Leim zu gehen. Historiker, aber auch politische Analysten, sind nämlich immer bestrebt, die Geschichte als eine Abfolge eindeutiger Ereignissen und Kausalzusammenhängen zu erzählen, als hätte A eindeutig zu B geführt, als hätten die handelnden Akteure in Politik und Gesellschaft immer rational im Sinne der *Rational Choice Theory* entscheiden können. Das Gegenteil war in der Coronazeit der Fall. Aufgrund der hohen Dynamik, Unsicherheit und Nichtwissen war diese eine Zeit voller Überraschungen, eine Zeit, die nicht selten aus einem Chaos überraschender Einzelereignisse bestand, die nicht erkennbar und nicht unmittelbar miteinander zusammenhingen. Aus diesem Chaos eine widerspruchsfreie Geschichte zu zwirnen, dem Chaos im Nachhinein einen Sinn zu geben, kommt dem Versuch gleich, aus nicht zusammengehörenden Puzzleteilen ein nachvollziehbares Bild zusammenzustellen. Das Bild vermittelt womöglich eine Wirklichkeit der Pandemiebekämpfung, die doch nicht wirklich ist. Wer sich an die Analyse der Bekämpfung der Coronapandemie wagt, muss folglich die außergewöhnlichen Coronabedingungen für das Handeln politischer und gesellschaftlicher Akteure mitdenken, sich bewusst machen, dass unter solchen Bedingungen mehr als sonst überall kognitive Fallstricke lauern, Schein- und Halbwissen oft unbewusst gesichertes Wissen ersetzen. Solange die empirische Sozialforschung keine bessere evidenzbasierte Grundlage geschaffen hat, müssen wir lernen, Ambiguität zu tolerieren. Das heißt zuallererst: Demut vor alldem zu haben, was auch die Experten heute immer noch nicht oder nur *vorläufig* wissen.

Butlers Zitat ist daher auch ein Hinweis dafür, dass geschichtliche Narrative vor allem in einem Zustand hoher Unsicherheit und Nichtwissen, in einem Zustand „normativer Orientierungslosigkeit"[8], nicht objektiv und nicht *ein*-deutig sind beziehungsweise sein können. Der gleiche Sachverhalt lässt mehrere Interpretationen zu. Wie eine Entscheidung oder eine Handlung interpretiert wird, ist oft „eine Frage der gewählten Perspektive"[9], der Bedeutung, die jeder von uns einer Situation oder einem Sachverhalt zuschreibt. Und weil die Coronakrise eine große Anzahl von Akteuren involvierte, waren die Perspektiven „so verschieden wie Schneekristalle"[10]. Auch Zahlen sind nicht *ein*-deutig, „sie fangen erst an zu sprechen, wenn *Sie* zu ihnen sprechen"[11]; das heißt: wenn Sie beziehungsweise politische, wirtschaftliche und gesellschaftliche Akteure diesen Bedeutung zufügen.

Und wie fügen wir einem Sachverhalt oder Zahlen Bedeutung zu? Das machen wir mit Hilfe eines gedanklichen Referenzrahmens, der jedem von uns eigen ist und sich aus unseren jeweiligen Erfahrungen, Werten und Interessen zusammensetzt. Dieser Referenzrahmen organisiert die von uns wahrgenommenen Ereignisse der Außenwelt und setzt uns dadurch in die Lage, eine komplexe Realität zu interpretieren.[12] Er funktioniert wie

---

[8] Siehe Martinsen (2024).
[9] Sprenger (1998, S. 190).
[10] Ebenda, S. 110
[11] Ebenda, S. 111.
[12] Siehe Rein and Schön (1986 und 1996); Schaap and van Twist (1999); Sprenger (1998).

ein Filter bei der Wahrnehmung der uns umgebenden Realität, wie eine Landkarte, die unser persönliches Navigieren durch die Welt der Wahrnehmungen steuert. Wir legen ihn in die Interpretation und Bewertung einer Situation oder einen Sachverhalt hinein. Das Ergebnis ist immer *unsere* Deutung der Wirklichkeit, die Wirklichkeit aus *unserer* Perspektive. Jede Deutung ist individuell unterschiedlich, weil unser Gehirn bei der von uns wahrgenommenen Realität anhand unseres Referenzrahmens aussortiert, was uns weder wichtig noch nützlich ist, und was unseren Überzeugungen widerspricht. Je nachdem, was wir für wichtig, nützlich und für konsistent mit unseren Überzeugungen halten, entwickeln wir ein anderes Bild von der Realität. Keines davon ist falsch oder richtig, höchstens „stimmiger" oder „nützlicher". Urteile über das Handeln und die Leistungen Anderer geben daher vorrangig die Interpretation des Beurteilenden wieder, und diese ist selektiv, weil sie durch seinen eigenen Referenzrahmen gefiltert ist. Dieselbe Situation oder derselbe Sachverhalt aus unterschiedlichen Perspektiven betrachtet lässt folglich eine Vielzahl von erfahrungs-, werte- und interessengebundenen Deutungen zu. Und niemand kann ein „Deutungsmonopol" für sich reklamieren, niemand kann sich Autorität anmaßen, zu entscheiden, welche Interpretation die wahre ist.[13]

Nehmen wir den ersten *Lockdown* als Beispiel. Ende Mai 2020 waren die Infektions- und Todeszahlen viel geringer, als anfänglich befürchtet und auch deutlich niedriger als in vergleichbaren Ländern. Bei der Betrachtung dieser Zahlen erscheint der erste staatlich verordnete *Lockdown* vielen Menschen heute – wohlgemerkt: im Nachhinein – vermeidbar, als es zum

---

[13] Siehe Sprenger (1998, S. 121).

Zeitpunkt der Entscheidung Mitte März 2020 wahrgenommen wurde. Sie sehen es im Nachhinein als „Misserfolg", weil die wirtschaftlichen, sozialen und sonstigen Opportunitätskosten des *Lockdowns* höher als die Kosten der Pandemie selbst gewesen seien – von denen ganz zu schweigen, die den *Lockdown* als unnötig ansehen, weil sie das Coronavirus für nicht gefährlicher als eine saisonale Grippe hielten und halten. Andere, vor allem die politisch Verantwortlichen und ein Großteil der Experten, sehen dagegen in dem ersten *Lockdown* den Schlüssel für den „Erfolg" bei der Bekämpfung der ersten Pandemiewelle – wohl gemerkt bei der Betrachtung der *gleichen* Coronazahlen. Die Kritik an den *Lockdowns* entgegnen sie mit dem sogenannten „Pandemieparadoxon": nicht die Eindämmungsmaßnahmen seien unnötig gewesen, weil das Virus nicht so schlimm gewesen sei, es ist vielmehr nicht so schlimm gekommen, wie anfangs befürchtet, weil die Eindämmungsmaßnahmen Schlimmeres verhindert haben. Aus der erfolgreichen Eindämmung der Pandemie würden die Kritiker also die falsche Schlussfolgerung ziehen. Tatsächlich sei nicht der *Lockdown* überflüssig gewesen, weil die Pandemie am Ende doch weniger dramatisch war als befürchtet. Vielmehr seien die Coronazahlen niedrig, weil der *Lockdown* es bewerkstelligt habe. Es ist leicht zu erkennen, dass das Pandemieparadoxon *eine* Perspektive der Pandemiebekämpfung ausdrückt!

Auch Ländervergleiche anhand der coronabedingten Infektions- und Todeszahlen, die Erkenntnisse über den relativen Erfolg Deutschlands bei der Bekämpfung der Coronapandemie liefern, leiden unter solchen kognitiven Trugschlüssen. Sie bestätigen das subjektive Empfinden vieler Menschen und vor allem den Diskurs vieler Politiker und Politikerinnen, dass Deutschland relativ gut durch die Pandemie gekommen sei – aber auch das Gegenteil. Berücksichtigt man beim Vergleich nur EU-Länder, dann lag Deutschland mit Stichtag Ende September 2021 bei den Infektionszahlen pro eine Million Einwohner auf dem 7., bei den Todeszahlen pro eine Million Einwohner auf dem 6. Platz. Bezieht man in den Vergleich die restlichen nicht-europäischen OECD-Ländern mit ein, dann lag Deutschland bei den Infektionszahlen pro eine Million Einwohner auf dem 14., bei den Todeszahlen pro eine Million Einwohner auf dem 12. Platz. Ist das gut oder nur befriedigend? Auf jedem Fall kann man bei vielen Menschen – und vor allem bei den politisch Verantwortlichen – eine Diskrepanz zwischen gefühlter und gemessener Wirklichkeit feststellen. Diese hatte möglicherweise damit zu tun, dass viele von uns Deutschland aufgrund der Nachrichtenlage bewusst oder unbewusst lediglich mit unseren großen Nachbarländern sowie mit weiteren Ländern, mit denen wir ebenfalls politisch und kulturell am engsten verbunden sind, verglichen haben: Polen, den Niederlanden und Frankreich, Italien, Spanien, Portugal, England und den USA. Bei diesen Vergleichen schnitt Deutschland bei weitem am besten ab. Das hat viele Menschen möglicherweise dazu verleitet, das hiesige Coronamanagement im internationalen Vergleich besser zu empfinden als es tatsächlich war – und die deutsche Politik dazu, Deutschland unentwegt als Erfolgsmodell, als Vorbild bei der Pandemiebekämpfung zu empfehlen.

Narrative der Coronabekämpfung sind also perspektivische Deutungen der Vergangenheit, zumindest bei dem heutigen Kenntnisstand. Zahlen und einzelne Ereignisse – wie einmal ausgeführte Handlungen oder getroffene Entscheidungen – können die Vergangenheitserzähler zwar nicht mehr ändern, sie können diesen unterschiedliche Bedeutung zufügen, unterschiedlich kontextualisieren, durch unterschiedliche Wertekanons, Interessen und Erfahrungshintergründe gefiltert interpretieren. Diese Vielfalt analytischer Möglichkeiten muss zwangsläufig vielfältige und divergierende Narrative der Bekämpfung der Coronapandemie erzeugen. Diejenigen beispielsweise, die den Wert der Freiheit höher bewerten als den Gesundheitsschutz oder die sozioökonomischen Folgen der Coronapolitik für schädlicher als die des Coronavirus halten, werden folgerichtig zu einer anderen Bewertung beispielsweise der *Lockdowns* gelangen, als diejenigen, die sich vor allem um ihre Gesundheit und die ihrer Mitmenschen sorgten. Das Gleiche gilt für die unterschiedlichen Betroffenheiten. Ein Gastronom, für den die *Lockdowns* einem Berufsverbot gleichkamen, wird diese anders beurteilen, als beispielsweise ein relativ wohlhabender Rentner, der oft ohne substantielle Einschränkungen damit umgehen konnte. Klar ist: Es gibt weder Richtiges noch Falsches. Alle Perspektiven haben ihre Berechtigung und ihren eigenen Wahrheitsgehalt, solange sie plausibel sind und einen Evidenzcheck standhalten. Solange die empirischen – und zum Teil auch die theoretischen – Grundlagen für die Bewertung des politischen und gesellschaftlichen Handelns während der Coronapandemie so rudimentär sind, wie sie es zurzeit sind, solange werden wir lernen müssen, mit der Ambiguität des Wissens zu leben.

Ein hoch dynamischer, von extremer Ungewissheit und Nichtwissen bestimmter Zustand – besser gesagt: Vermengung von Zuständen – wie die Coronakrise verlangt den Vergangenheitsanalytikern und -analytikerinnen daher besondere methodische Sorgfalt, Demut und Ambiguitätstoleranz ab. Nur so kann man die Falle umgehen, seine eigene, naturgemäß perspektivische Erzählung der Vergangenheit für die „wahre" und die allgemein gültige zu halten. Politiker, Ökonomen und politische Analysten erweisen sich allerdings oft als besonders anfällig dafür, die Vergangenheit nachträglich so zu rekonstruieren, als wären die Ursachen-Wirkung-Beziehung bekannt und stabil gewesen. Das ist auch im Falle der Coronapolitik so. Und so müssen wir auch heute feststellen, dass viele Narrative der Pandemiebekämpfung politische Vorkommnisse rückblickend als eine einsichtige Abfolge logischer und zwingender Ereignisse darstellen, auch wenn es sich dabei um voneinander unabhängige Ereignisse gehandelt hat, die zufällig parallel oder konsekutiv stattfanden.[14] Solche Narrative sind das Ergebnis kognitiver Wahrnehmungsverzerrungen, denen wir alle mehr oder weniger unterliegen.

Politiker und Politikerinnen müssen qua Beruf daran glauben, dass politische Ergebnisse dem konkreten politischen Handeln unmittelbar zuordenbar sind. Das lässt sie zum Opfer der sogenannten Kontrollillusion werden.[15] Dieses kognitiv-psychologische Phänomen beschreibt die in uns allen innewohnende Tendenz zu glauben, dass wir mehr Kontrolle oder Einfluss über etwas haben, als wir es objektiv haben. Sogar bei Zufallsereignissen haben wir oft das Gefühl, dass wir sie irgendwie beeinflussen können. In der Politik – wie im Privatbereich – erhöht die Kontrollillusion die Gefahr, dass man falsche Entscheidungen trifft oder im Nachhinein undifferenziert

---

[14] Ein oft zitiertes Beispiel ist die internationale Finanzkrise von 2008 und 2009. Die davor gemachten Wirtschaftsprognosen für die Jahre 2008 und 2009 waren durchweg optimistisch. Ganz wenige Experten haben die Implosion der Finanzmarkt 2008 vorhergesagt, und auch nicht deren genauen Verlauf. Dieselben Ökonomen erklären heute rückblickend die Finanzkrise 2008 ganz so, als wäre sie selbstredend gewesen: Immobilienblase in den USA, Ausfall von Kreditrückzahlungen, Bündelung von Kreditrisiken, Spekulationen mit Kreditderivaten, fahrlässige Rating-Agenturen, Ausweitung der Geldmenge, lasche Eigenkapitalvorschriften und so weiter. Die mit diesen Stichworten konstruierten Narrativen erwecken den Eindruck: Ökonomen haben es immer gewusst, ja sogar immer richtig vorhergesagt. Siehe Dobelli (2011, S. 57ff.).

[15] Die Kontrollillusion geht auf die Harvards Psychologin Ellen Langer zurück. Siehe Langer (1975). Eine einfache Darstellung findet sich ebenfalls in Dobelli (2011, S. 65ff.).

konstruierte Narrative propagiert, weil man mit falschen Kausalitäten operiert.[16] Die Geschichte der Giraffen in der vorstehenden Fußnote zeigt es: dass zwei Ereignisse gleichzeitig oder konsekutiv stattfinden, bedeutet nicht, dass das eine die Ursache des anderen ist. Im Kap. 3 werden wir einige Beispiele für die Coronapolitik kennenlernen, bei denen mit einfachen, aber unklaren Kausalitäten operiert wird, obwohl vielfältige Faktoren im Spiel waren. Die sozialpsychologische Forschung über die Kontrollillusion zeigt aber auch, dass der Glaube oder die Empfänglichkeit daran den psychologischen Wunsch befriedigt, unbequeme Unsicherheiten zumindest gefühlsmäßig zu beseitigen. Oder hätten Sie sich wohler gefühlt, wenn sie gewusst hätten, dass die deutsche Politik die Coronapandemie nicht in Griff hatte? Der Gedanke, die Coronakrise sei politisch nicht beherrschbar, wäre für uns alle mit Sicherheit sehr beunruhigend gewesen, wie das in manchen Phasen der Pandemie tatsächlich der Fall gewesen ist – und deswegen

---

[16] Wie bereits erwähnt, ist dieses Phänomen in den letzten Jahrzehnten im Zusammenhang mit der Wirtschaftspolitik ausführlich diskutiert worden, vor allem nach der internationalen Finanzkrise, als die Notenbanken mit der Überflutung der Finanzmärkte mit billigem Geld glaubten, die Weltwirtschaft stabilisieren zu könne. Für manche Experten und Beobachter ist ein klassischer Fall von Kontrollillusion, dass die Notenbanker glauben, ein hochkomplexes System wie die Weltwirtschaft unter Kontrolle zu haben, indem sie mit einigen wenigen „Placebo-Knöpfen" hantieren. Auch wenn sich die Weltwirtschaft nach der internationalen Finanzkrise relativ rasch wieder erholte, muss das nicht heißen, dass sie es wegen der Notenbankpolitik getan hat. Siehe beispielsweise Christopher Mayer (2001). Mayer verdeutlicht die Bedeutung der Kontrollillusion mit folgender Geschichte, die mit Varianten immer wieder erzählt wird: „Every day at noon a man shows up at a street corner with a green flag and a bugle. Every day he waves the flag and blows a few notes on the bugle. Then he goes away. A police officer notices this man's behavior and after several days is finally overwhelmed with curiosity. He approaches the man and asks, ‚What the heck are you doing?' The man replies, ‚Keeping away the giraffes'. ‚But there are no giraffes around here', the officer answers back. "Then I'm doin' a good job, ain't I?"

gönnen wir der Politik, dass sie sich mit falschen Kausalitäten schmückt, wenn es passt.

Vieles wissen wir noch nicht, und wir müssen die Versuchung widerstehen, schnell *ein*-deutige, kausal-logische und definitive Antworten auf Fragen zu geben, die erst im iterativen „*Trial and Error*"-Verfahren zu klären sein werden. Wir müssen akzeptieren, dass die empirische sozialwissenschaftliche Forschung noch lange Zeit brauchen wird, um die Grundlagen für einen stärkeren evidenzbasierten Diskurs zu verbessern. Man kann aber die Prognose wagen: das wird an der Mehrdeutigkeit der Erfolgs- und Misserfolgsbewertung nicht viel ändern. Wir müssen daher lernen, mit dieser Ambiguität zu leben und hoffen, dass neue Erkenntnisse der empirischen Sozialforschung zu einer Konvergenz unterschiedlicher Deutungen der Coronabekämpfung führen werden. Es wird aber lange Zeit mehrere konkurrierenden Narrativen der Corona-Vergangenheit geben, die den politischen und gesellschaftlichen Diskurs prägen werden. Eine Chance auf Verständigung gibt es nur, wenn alle auf der Grundlage geteilter Grundwerte bereit sind, andere Auffassungen zu respektieren, einen Sachverhalt aus unterschiedlichen Blickwinkeln zu betrachten, gemeinsam und – im Sinne von Edward de Bono— „lateral" zu denken[17] und dadurch neue Perspektiven zu entdecken.

---

[17] Siehe Bono (1996).

Der Mensch in der Corona-Manege

*Jetzt zu dem, was mir heute das Dringendste ist:
Alle staatlichen Maßnahmen gingen ins Leere,
wenn wir nicht das wirksamste Mittel gegen die
zu schnelle Ausbreitung des Virus einsetzen würden.
Und das sind wir selbst (…). Niemand ist verzichtbar*
Angela Merkel

*Wir sind nicht nur verantwortlich für das,
was wir tun, sondern auch für das, was wir nicht tun*
Molière

Schlüsselwörter Herdenverhalten · Peer Group-Effekt · Risikoaversion · Selbstverantwortung · Solidarität

Auf das Verhalten der Menschen kam es in der Coronapandemie wesentlich an. Das machte die damalige Bundeskanzlerin Angela Merkel bereits in ihrer ersten Corona-Rede an die Nation am 18. März 2020 klar. Daraus stammte das obige Zitat von ihr. In der Tat: die Menschen – als „aktive Bürger", als Akteure – sind Träger von Ressourcen und Handlungskompetenzen, die für die Bewältigung der Coronakrise entscheidend waren: die Bereitschaft mitzumachen, Verantwortung zu übernehmen, Informiertheit, soziale Kompetenz, Vernetzung, Solidarität, aber auch Geld, Infrastruktur, Expertise und Information. Dort, wo sie einen aktiven Beitrag zur Eindämmung der Coronapandemie leisteten, waren sie Teil der Lösung, dort, wo sie sich verweigerten, waren sie Teil des Corona-Problems. Sowohl ihr Handeln als auch ihr Unterlassen hatte Auswirkungen auf das Wohlergehen Aller und auf die Effektivität der Coronapolitik. Wenn die Menschen im Sinne der Pandemiebekämpfung aktiv mitmachten, haben sie staatliches Handeln vorweg genommen, ausgebliebenes staatliches Handeln kompensiert oder für eine geringere Eingriffstiefe staatlicher Maßnahmen gesorgt. Kurzum: sie haben dafür gesorgt, dass die Coronapolitik relativ wirksamer und verhältnismäßiger war. Als sie sich verweigerten oder gar die Pandemie leugneten, war die Politik ziemlich machtlos und sah sich oft zu Zwangsmaßnahmen mit einer in ihrer Breite und Tiefe fragwürdigen Verhältnismäßigkeit genötigt.

Was veranlasste aber die Menschen zum Handeln in Anbetracht der unbekannten und tödlichen Bedrohung „Corona"? Aus der Verhaltensforschung[1] wissen wir, dass

---

[1] Damit befasst sich die Verhaltensökonomie, die auf Erkenntnisse der Verhaltensforschung zurückgreift. Siehe unter anderem Beck (2014); von Holle (2019); Huettel (2014); Thaler and Sunstein (2008).

die jeweiligen Präferenzen der Menschen, aus denen die Entscheidung für eine bestimmte Handlungsoption folgt, von ihrer empfundenen momentanen Situation und ihrer Erwartungen an dieselbe maßgeblich bestimmt werden. Klaffen beide auseinander, entsteht eine sogenannte „Handlungslücke" (Englisch: *„Action Gap"*). Diese wirkt sich auf die Präferenzen und löst dadurch eine starke Handlungsmotivation aus, die fast allen Menschen eigen ist: Das Streben danach, ihre empfundene momentane Situation – ihr Wohlbefinden, ihr Sicherheitsempfinden u. ä. – zu verbessern.[2] Werden die Erwartungen (das, was wir wollen) gesteigert und die gegebene Situation (das, was subjektiv ist) bleibt unverändert, vergrößert sich die Handlungslücke: Die Dringlichkeit und die Notwendigkeit zum Handeln wird für den Menschen größer.

Die Sozialwissenschaften vertraten lange Zeit die Auffassung, dass unsere Präferenzen intrinsischer Bestandteil unseres Wesens sind. So wenig wie sich über Geschmack streiten lässt, so wenig lasse sich über Präferenzen streiten, und es mache keinen Sinn, verstehen zu wollen, was den Präferenzen zugrunde liege.[3] Sie seien „keine Launen oder Fehler oder Reaktionen auf sozialen Druck, sondern persönliche Urteile, die Aufschluss darüber geben, was uns wert-

---

[2] Siehe von Holle (2019).
[3] Diese Auffassung vertraten die Gründer der Chicagoer Schule um Gary Becker und George Stigler (beide Nobelpreisträger für Wirtschaftswissenschaft) in einem 1977 veröffentlichten Artikel mit dem Titel „De Gustibus Non Est Disputandum" (Deutsch: „Über Geschmack lässt sich nicht streiten"). Dieser Artikel hat einen großen Einfluss auf die wirtschaftstheoretische Diskussion über die Bildung von Präferenzen. Abhijit V. Banerjee und Esther Duflo, die 2019 den Wirtschaftsnobelpreis erhielten, haben sich in ihren Büchern „Poor Economics" (2015) und „Gute Ökonomie für harte Zeiten" (2020) ausführlich und kritisch mit den Thesen von Becker und Stigler auseinandergesetzt.

voll scheint"⁴. Darauf fußte auch die Annahme, dass die Erwartungen stabil seien, dass sie also von den Vorgängen in unserem Umfeld nicht beeinflusst werden. Doch die Verhaltensforschung hat diese Auffassung widerlegt. Sie hat gezeigt, dass die Präferenzen der Menschen – und somit auch ihre Handlungsmotivation – entscheidend von den Einflüssen aus ihrem Umfeld mitbestimmt werden, indem sie sowohl auf die subjektive Wahrnehmung der momentanen Situation als auch auf die Erwartungen auf dieselben einwirken. Schließlich hat die Verhaltensforschung gezeigt, dass manche Handlungen der Menschen auch das Ergebnis von evolutionsbedingten Veranlagungen sind, denen wir alle mehr oder weniger unterliegen. Dazu gehören „Denkmuster", die uns dazu bringen, systematisch von „rationalen", „optimalen", „logischen", „vernünftigen" Verhalten abzuweichen.⁵ Zusammenfassend können wir also festhalten: Die jeweiligen Präferenzen der Menschen, aus denen die Entscheidung für eine bestimmte Handlungsoption folgt, sind das Ergebnis des Zusammenwirkens von evolutionsbedingten Veranlagungen, ihrer momentanen Situation und den Erwartungen an dieselbe sowie den Einflüssen aus ihrem Umfeld.⁶

---

⁴ Banerjee und Duflo (2020, S. 156).

⁵ Siehe Dobelli (2011, S. 2). Hier wird der Begriff „Denkmuster" anstelle des von Dobelli verwendeten Begriffs „Denkfehler" benutzt, weil letzterer suggeriert, dass die darauf folgende Entscheidungen der Menschen automatisch „falsch" seien, was grundsätzlich nicht zutreffend ist.

⁶ Die drei Faktoren bündeln eigentlich eine Vielfalt von Faktoren, die das menschliche Verhalten beeinflussen: genetische, psychologische, kulturelle, ethische, philosophische, juristische, religiöse, geschichtliche, anthropologische, biologische usw. Manche dieser Faktoren sind gleichlaufend, manche aber gegenläufig, so dass sie das Verhalten der Menschen in konträre Richtungen zerren können. Man müsste eine ganzheitliche (holistische) Sicht einnehmen, um allen diesen Determinanten menschlichen Verhaltens Rechnung zu tragen. Eine ganzheitliche Analyse würde aber den Rahmen dieses Buches bei weitem sprengen, die Kompetenzen des Autors überstrapazieren und für Sie, liebe Leserinnen und Leser, die Komplexität zu sehr und unnötig erhöhen. Ohne eine nützliche Selektion wäre auch die Politik gänzlich überfordert.

Diese Erkenntnisse helfen uns, das Verhalten der Menschen unter den Coronabedingungen zu verstehen. Sie dienen uns dazu, zu begreifen, wie sich die Menschen auf neue soziale Normen angepasst, wie sie auf das Verhalten anderer Menschen und *Peer Groups* sowie auf die Coronamaßnahmen und die Veränderung anderer Umfeldfaktoren reagiert haben. Und sie sind auch dafür nützlich, sich bewusst zu werden, warum die Präferenzen der Menschen in dem besonders volatilen Umfeld, das die Coronapandemie erzeugt hat, besonders instabil waren. Wie sah nun die Praxis menschlichen Verhaltens unter den Bedingungen der Coronapandemie aus? In diesem Kapitel wollen uns die wesentlichen Verhaltensmuster und ihre Einflussfaktoren näher anschauen und anschließend die Frage diskutieren, ob wir Menschen den an uns gerichteten Erwartung in Zeiten von Corona gerecht geworden sind.

„Herdenverhalten" und Risikovermeidung

In der Coronapandemie hat sich die Bedeutung von Umfeldeinflüssen für das Verhalten der Menschen deutlich gezeigt. Man kann es am Beispiel des ersten *Lockdown* verdeutlichen. Es ist oft darauf hingewiesen worden, dass die Reproduktionszahl in der ersten Pandemiewelle bereits vor der staatlichen Verhängung des *Lockdown* deutlich zurückgegangen war. Das lässt darauf schließen, dass die Menschen ihre Kontakte und ihre Mobilität massiv reduziert haben, und zwar bevor sie von der Politik dazu aufgefordert oder gar gezwungen worden sind. Es war eine autonome, von externen Einflussfaktoren induzierte Handlung. Dadurch haben sie staatliches Handeln vorweggenommen beziehungsweise staatliches Nicht-Handeln frühzeitig kompensiert und der Politik den Weg zur Bekämpfung der Pandemie vorgezeichnet. Neben dem staatlich verordneten *Lockdown* und dem Zusammenbruch der Lieferketten hat dieser selbstverordnete *Lockdown* – das heißt: die drastische Kontaktreduktion, die sich die Bevölkerung selbst auferlegt hat – vermutlich einen entscheidenden Beitrag zur Eindämmung der ersten Pandemiewelle geleistet.

Was geschah, lässt sich mit dem gut erklären, was in der Massenpsychologie und der Verhaltensforschung als „Herdenverhalten" (Englisch: „*herd behavior*") oder *Social Proof* bekannt ist. Angesichts der unsicheren Situation und der dramatischen Bedrohung für Leib und Leben, in einer Situation, in der die Menschen auf eigene Erfahrungen nicht zurückgreifen konnten, haben sich viele an den Verhalten anderer orientiert und sich sozusagen mit der Masse bewegt, um mehr Sicherheit zu gewinnen. Aufgrund mangelnder Information und fehlenden Wissens waren sie nicht in der Lage, sinnvolle und vernünftige Entscheidungen individuell zu treffen. Daher folgten sie dem Verhalten anderer Menschen aus ihrem Umfeld, weil sie davon ausgingen, dass die anderen über bessere Information verfügten als sie selbst. Das Ergebnis war ein aufeinander abgestimmtes beziehungsweise gleichgerichtetes Verhalten verschiedener Individuen, welche sich individuell anders als ohne Berücksichtigung des Verhaltens anderer Menschen verhalten hätten. Ein realer sozialer Druck beeinflusste die Erwartungen beziehungsweise die Präferenzen eines jeden Menschen und löste dadurch eine starke Handlungsmotivation aus, dem Verhalten der Massen zu folgen.

Auslöser des „Herdenverhaltens"
Die besorgniserregenden Informationen aus Wuhan und vor allem die dramatischen Bilder aus Norditalien haben bei gut vernetzten Menschen zu einer intuitiven Ver-

haltensanpassung geführt, die in einer eng vernetzten Gesellschaft wie der deutschen rasend schnell Nachahmer gefunden hat. In der Verhaltens- und der Netzwerktheorie ist dieses Phänomen als „Informationskaskade" (Englisch: *„information cascades"*) bekannt:[7] Die von einigen Menschen aufgegriffene externe Information verwenden sie, um ihr Verhalten anzupassen. Im Falle des neuartigen Coronavirus hieß das: freiwillige Einschränkung der sozialen Kontakte. Das hat dazu geführt, dass weitere Menschen, die diese Verhaltensanpassung beobachtet oder mitbekommen haben, die gleiche Entscheidung sequentiell trafen. Anpassungswillige Menschen beeinflussten somit nach und nach das Verhalten und die Entscheidungen vieler anderer. Das Ergebnis war das oben erwähnte gleichgerichtete kollektive Verhalten: Die Menschen taten das, was andere auch taten, anstelle ihre eigenen Informationen zu verwenden oder individuelle Entscheidungen zu treffen. Je mehr Menschen ein bestimmtes Verhalten an den Tag legten, umso richtiger erschien es für andere Menschen. Dieses Verhalten ist Ausdruck der Tatsache, dass wir soziale Wesen sind, die miteinander interagieren, miteinander kommunizieren und in einer dicht vernetzten Welt leben. Unsere eigene Wahrnehmung der Außenwelt wird somit durch die Wahrnehmung anderer mehr oder weniger stark beeinflusst. Durch soziale Interaktion – untereinander, aber auch mit den Medien und der Politik – bilden wir „eine intersubjektiv geteilte kollektive Welt"[8], in der „das, was wir für wahr halten (…) auch hochgradig abhängig von der Wahrnehmung anderer"[9] ist.

---

[7] Für eine ausführliche Darstellung des Konzeptes siehe u. a. Easley and Kleinberg (2010), insbesondere Chapter 16.
[8] Siehe Renate Martinsen (2014).
[9] Sprenger (1998, S. 111).

Warum waren die Bilder und Informationen aus Wuhan, Bergamo und New York so durchschlagend? Warum haben die Menschen sich nicht zurückgelehnt und so gedacht, was sie in solchen Situationen oft denken: es wird uns doch nicht so schlimm treffen? Hier kommen die Politik und die Medien ins Spiel. Zwar trat der staatlich verordnete Lockdown zu Beginn der Pandemie erst am 22. März in Kraft – zu spät angesichts der Entwicklung des Reproduktionswertes und der Fallzahlen–, aber die Bundesregierung hatte bereits am 12. März erste relativ milde Eindämmungsmaßnahmen beschlossen und die damalige Bundeskanzlerin Angela Merkel hatte in ihrer Rede an die Nation am 13. März weitergehende Maßnahmen angekündigt. Und im Vorfeld hatten auch Experten davor gewarnt, was auf uns möglicherweise zukommen könnte. Es war für die Menschen also insgesamt nicht schwer, zu erraten, dass die ersten Maßnahmen und Appelle der Politik nur der Anfang waren. Weil die Menschen härtere Maßnahmen für wahrscheinlich und erwartbar hielten, und die Politik und die öffentliche Diskussion sie in ihrer intuitiven risikovermeidenden Reaktion bestätigt haben, passten sie ihr Verhalten antizipativ an. Ähnliches lässt sich bei den „*Lockdowns light*" in Herbst 2020, bei der „Bundesnotbremse" im Frühjahr 2021 und bei dem „*Lockdown* für Ungeimpfte" im Herbst 2021 beobachten.

Angst als Treiber des „Heldensverhaltens"
Die Handlungsmotivation der Menschen stammte in erster Linie von der Angst vor dem unbekannten Bösen. Die Menschen haben eigenaktiv auf eine externe Bedrohung für Leib und Leben reagiert, und sie haben intuitiv entschieden, weil sie in einem Zustand von Unsicherheit und Nichtwissen das Risiko nicht ein-

schätzen konnten. Zu Beginn der ersten Pandemiewelle prasselten die von der Coronapandemie ausgelösten Informationen und Bilder aus anderen Teilen der Welt in Deutschland auf Menschen ein, die kognitiv und emotional zunehmend verunsichert waren. Konfrontiert mit der Entscheidung, das unbekannte Risiko zu ignorieren oder doch in Deckung zu gehen, haben sich wohl sehr viele dafür entschieden, den Vorsichtigen zu folgen. In einer unsicheren und unüberschaubaren Lage dachten sie, dem Verhalten der Vorsichtigen zu folgen, sei sicherer, weil diese womöglich andere und bessere Information als sie selbst zur Verfügung hatten. Den Vorsichtigen zu folgen, schützt einen daher davor, irgendwann ein falsches Verhalten bedauern zu müssen – auch dieses kognitive Phänomen ist in der Verhaltensforschung bekannt, und zwar als Risikoaversion (Englisch: *„regret aversion"*). Es stellt eine der wesentlichen Ursachen für das Herdenverhalten beziehungsweise die Informationskaskade dar.

Auch Anfang Dezember 2020, als Deutschland ziemlich durchwurschtelnd versuchte, die zweite Pandemiewelle in den Griff zu bekommen, tauchte die Angst wieder auf, diesmal in Gestalt der britischen Virusmutante Alpha, die später durch Delta überlagert wurde. Nach den damals vorläufigen Erkenntnissen war sie sogar um ein Vielfaches ansteckender und gefährlicher als das bereits bekannte Coronavirus. Es war wiederum eine neue, ebenso unsichtbarere Gefahr, eine Gefahr, die kurz vor Weihnachten auftauchte und über die kaum oder gar kein Wissen vorlag. Die Angst fungierte bei den Menschen – wie im Frühling 2020 – wiederum als Treiber risikovermeidenden Verhaltens. Die damaligen Mobilitätsdaten legen die Vermutung nahe, dass weniger die Verschärfung des Mitte Dezember geltenden *„Lockdown light"*, sondern vor allem die Angst vor der britischen Mutante für das Verhalten der

Menschen ab diesen Zeitpunkt determinierend war. Bis 12. Dezember 2020 lag die Mobilität im Normalbereich, bis dahin hatten also die *„Lockdowns light"* und ihre Verschärfungen wenig bewirkt. Sie ging erst dann stark zurück, als die Medien die ersten Nachrichten über die britische Mutante verbreitet haben: Am 29. Dezember lag der Mittelwert der Mobilität über sieben Tage um 33 % unterhalb des Normalniveaus. Die Geschichte wiederholte sich im Dezember 2021. Die Mutante hieß diesmal Omikron. Auch sie war ansteckender als ihre Vorgängerin. Und da sie sich zunächst in unseren Nachbarländern ausbreitete, hatten wir die Möglichkeit, die Zukunft vorab zu sehen: England, Holland und andere Länder führten uns vor Augen, wie es wahrscheinlich hierzulande in zwei oder drei Wochen später aussehen würde. Und alles deutet darauf hin, dass diese Information und die Warnungen der Politik zu der damals erneut beobachteten autonomen Einschränkung der Kontakte und dem *Run* der Menschen auf die Boosterimpfungen geführt hat. Auch hier wirkte die Angst, als die Menschen das Gefühl bekamen, dass die neue Bedrohung immer näher kam.

Experten haben wiederholt darauf hingewiesen, dass sich „die Deutschen" während der Pandemie „zu ängstlich" verhalten hätten, so beispielsweise der Virologe Hendrik Streeck in einem ntv-Interview am 28. September 2020. Das lässt sich mit zahlreichen Beispielen durchaus belegen. Das Herdenverhalten während der ersten Coronawelle, das die ganz große Mehrheit der Bevölkerung erfasste, ist eines davon. Auch in den Phasen nachlassender Bedrohung und Lockerungen blieb ein Großteil der Bevölkerung übervorsichtig. In der Folge hat ein Großteil der Menschen Schutz vom Staat gesucht, er war bereit, Verantwortung an den Staat zu delegieren und einschneidende Freiheitseinschränkung in Kauf zu nehmen, um ihre Gesundheit zu schützen. Im Laufe der

Pandemie nahm die Übervorsicht ab, wie Umfragen belegen. Aber im Großen und Ganzen überwog durch die gesamte Pandemie hinweg das vorsichtige, ja sogar übervorsichtige Verhalten. Worauf ist das zurückzuführen? Überraschend ist das nicht. Bereits vor Corona waren sich die Experten einig, dass „die Deutschen" traditionellerweise risikoavers sind – das heißt: bei ihren Handlungen versuchen sie meistens, Risiken zu vermeiden beziehungsweise möglichst weitgehend zu verringern. Das war der Nährboden für das „übervorsichtige" Verhalten während der Pandemie: Eine unbekannte Bedrohung traf auf Menschen, die traditionellerweise überwiegend risikoavers sind. Auch jene Menschen, die in der Regel eine etwas differenzierte Risikohaltung an den Tag legen, haben sich von der allgemeinen Verunsicherung erfassen lassen.

Hinzu kam zum einen, dass die Coronapolitik die Menschen in ihrer Risikoaversion bestätigte und bestärkte. Darauf werden wir im Abschn. 2.3 eingehen. Zum anderen muss man – zu einer gewissen Entlastung der Menschen – feststellen, dass die normalen Menschen – ebenso wie die Politiker und die Experten – nicht in der Lage waren, unter der gegebenen Unsicherheit und dem Nichtwissen das jeweilige individuelle Infektionsrisiko zuverlässig zu bewerten. Sie konnten weder unvorhergesehene zwischenmenschliche Interaktion – beispielsweise durch städte- beziehungsweise ortsübergreifende Mobilität – noch Interaktionen mit Menschen mit gefälschten Impfausweisen, Attests u. ä. ausschließen. Sie waren auch nicht in der Lage, die Dunkelziffer bei den Infektionszahlen ins Kalkül zu ziehen oder zuverlässig einzuschätzen, wie groß das zusätzliche Infektionsrisiko aufgrund der laschen Kontrollen oder der Nicht-Einhaltung von Quarantäneregeln war. Unter solchen Umständen neigen die Menschen entweder dazu, die persönlichen Risiken massiv zu unterschätzen – nach dem Motto:

warum soll es gerade mich treffen – oder sich übervorsichtig zu verhalten. Insgesamt überwog wohl Letzteres.

Peer Group-Effekt und Risikoverhalten

Das Herdenverhalten als Risikoaversion funktionierte, solange die Angst um die eigene Sicherheit als kollektiven Verhaltenstreiber wirkte. Mit dem wachsenden Gefühl nachlassender Bedrohung, das sich nach jeder Pandemiewelle rasch einstellte, und dem Gefühl von Sicherheit, das das Impfen hervorrief, zerbröselte auch die risikovermeidende Disziplin der Menschen. Entscheidend dazu beigetragen haben auch die Pandemiemüdigkeit und die „normative Orientierungslosigkeit" in der Bevölkerung. Diese waren vor allem auf die zunehmende Widersprüchlichkeit und Vielstimmigkeit der Politik nach der ersten Pandemiewelle zurückzuführen. Darauf werden wir im nächsten Kapitel zurückkommen. Vor diesem Hintergrund konkurrierte der individuelle und kollektive Bedarf nach Gesundheitsschutz mit dem immer stärker werdenden Wunsch nach „Normalität", mit dem Wunsch, die Corona-Manege zu entfliehen, sich von den Ängsten und Restriktionen abzulösen. Fortan wirkten andere Mechanismen der *„Sozialisation in eigener Regie"*[10] – das heißt: der Entkoppelung aus der Coronawelt und des Zurechtfindens in der „neuen Normalität".

Wir können diese Mechanismen in Anlehnung an die Theorie der *Peer Groups* in der Jugendsozialisation[11] als

---

[10] Den Begriff prägte der deutsche Soziologe Friedrich H. Tenbruck (1962) vor nunmehr 50 Jahren.

[11] Köhler et.al. (2016).

Peer Group-ähnlichen Effekt bezeichnen: viele Menschen suchten ihre neue Rolle in der Coronapandemie durch die Interaktion mit „gleichgesinnten", „gesinnungshomogenen" Mitmenschen in realen oder virtuellen sozialen Gruppen. Daran orientierten sie sich, sie machten sich solche Mitmenschen und sozialen Gruppen zum Vorbild, weil sie ihnen ähnliche Interessen und Bedürfnisse attestierten. Solche informellen, amorphen Gruppen verwandelten sich in „sozial-normative Suchbewegungen"[12] und ersetzten dadurch die „große Gruppe", die „Mehrheitsgesellschaft", die vor allem während der ersten Pandemiewelle durch das Herdenverhalten Orientierung gab. Allerdings musste nicht jeder und jede Orientierungssuchende Mitglied einer *Peer Group* sein. Es reichte aus, eine solche als Bezugsgruppe zu haben, sich diese als Vorbild zu nehmen und sich vorgenommen zu haben, so zu handeln, wie sie handelten. Die *„Peers"* halfen den Orientierungssuchenden „die notwendigen Ablösungs- und Selbstfindungsprobleme"[13] auf dem Weg in die „neue Normalität" zu bewältigen. *Peer*-ähnliche Gruppen bildeten sich durch ähnliche Ziele, Interessen und Bedürfnisse, ihre Regeln waren allen *Peers* intuitiv klar, und sie wurden in „gemeinsamen" Aktivitäten gefestigt: Familienfesten, Urlaubsreisen, Familienbesuchen im Ausland, virtuellem Chatten, Protestdemonstrationen, „Spaziergängen". Dadurch entstanden emotionale Bindungen und eine gewisse Gruppenidentität – und auch halbwegs formale Strukturen insbesondere bei den Gruppen, die sich bereits vor Corona „anti-systemisch" artikuliert hatten (rechtsradikale Gruppen in Ostdeutschland, Querdenker, Esoteriker).

---

[12] Der Begriff stammt von Giese (2016, S. 55–73).
[13] Ebenda.

Den sozialen Medien im Internet kam die Funktion zu, im virtuellen Raum „*Peer Groups* bereitzustellen"[14] und die Gruppenidentitäten zu festigen. Und weil sich diese Gruppen abgekapselt und nur unidirektional kommuniziert haben, entstanden *Social Media*-Blasen, in denen intern, jedoch nicht extern interagiert wurde. Das übertrug sich auf die reale Welt. Und weil sich solche *Peer Groups* in Zeiten von Corona schneller als sonst verselbstständigten und gegenüber anderen Gruppen abgrenzten, haben sie die gesellschaftliche Antwort auf die Coronapandemie fragmentiert, diese *ent*-solidarisiert und die Bündelung gesellschaftlicher Anstrengungen erschwert, ja sogar unmöglich gemacht.

Je größer die soziale und kognitive Abschottung solcher Gruppen war, umso größer war das Potenzial für Fragmentierung und Erschwernis der Pandemiebekämpfung. Soziale Abschottung fand statt, wenn *Peer Groups* die Interaktion mit anderen *Peer Groups* verweigerten oder die Mitglieder einer solchen Gruppe keinen Wert auf eine Interaktion mit nicht-gleichgesinnten Akteuren lagen oder den Beitrag anderer Akteure als irrelevant ansahen. Kognitive Abschottung lag dann vor, wenn die Mitglieder einer Gruppe nicht willig oder nicht fähig waren, die Corona-Situation aus unterschiedlichen Perspektiven zu betrachten. Sie betrachteten die Corona-Welt mit ihrem eigenen Referenzrahmen und sie waren nicht offen dafür, über ihre Werte und Interessen in Dialog zu treten.[15]

Selbstverständlich lebten viele Mitglieder solcher Gruppen in einer schizophrenen Welt. Das zeigte wiederum,

---

[14] Ebenda.

[15] Zu den Begriffen „kognitive Abschottung" („cognitive closedness") und „soziale Abschottung" (social closedness") siehe Schaap and van Twist (1999).

dass das menschliche Verhalten von der Situation, dem Umfeld und den zwischenmenschlichen Interaktionen abhängig ist. Deshalb konnten sich Menschen ganz anders verhalten, je nachdem in welcher Situation sie sich befanden, welche Umwelteinflüsse sie ausgesetzt waren sowie mit welchen Personen sie interagierten und ob sie dabei individuell handelten oder einem selbstgewählten oder einem erzwungenen Gruppenzwang unterlagen. Und so konnten sich Menschen coronakonform in der Familie, den Freundeskreisen oder der Arbeit benehmen, aber dem diametral entgegengesetzt in Urlaub, in Fußballstadien, Tanzbars oder Protesten.

Ausdifferenzierung des Risikoverhaltens
Die Ablösung des Herdenverhaltens durch ein von *Peer Group*-ähnlichen Effekten getriebenes Verhalten begann unmittelbar nach dem Ende des ersten *Lockdown*. Der Hauptgrund dafür war das wachsende Gefühl nachlassender Bedrohung, das sich durch die grundlegende Änderung der Rahmenbedingungen eingestellt hat. Nach dem ersten *Lockdown* gab es eine relativ lange Phase niedriger Infektionszahlen und Lockerungen, die Gesellschaft hatte gelernt, besser mit dem Virus umzugehen, und die Offensichtlichkeit der großen „Kollateralschäden" des *Lockdowns* änderten die Prioritätswahrnehmung sowohl in der Politik als auch in der Gesellschaft. Und vor allem: Eine zunehmende Anzahl politischer, wirtschaftlicher und gesellschaftlicher Akteure – Parlamente, Opposition, Interessengruppen, *Advocacy Groups*–, die während des *Lockdowns* in Deckung gegangen waren, erhoben immer lauter ihre Stimmen und reklamierten Mitwirkungsmöglichkeiten. Es war die Wiedergeburt des Politischen als gesellschaftliches Ringen um die Durchsetzung von Interessen und die Deutung des Gemeinwohls. Der

Gesundheitsschutz war nicht mehr das allein einende Ziel der Pandemiebekämpfung. Er konkurrierte nunmehr mit anderen Zielen, die von mächtigen und weniger mächtigen Interessengruppen vorangetrieben und von manchen ernsthaft oder vorgeschoben in öffentlichen Protesten lautstark reklamiert wurden. Die erdrückende Dominanz der Politik gegenüber der Gesellschaft schwächte sich zunehmend ab. Andere Akteure mit unterschiedlichen, oft konfligierenden Rationalitäten und Interessen brachten neue, oft divergierende Ziele und Strategien in den Politikprozess ein.

Das Gefühl nachlassender Bedrohung wurde auch von den zunehmenden Dissonanzen und der neuen Vielstimmigkeit in der Politik befeuert. Dort, wo die Politik schnelle Lockerung vorangetrieben, die Kontrolle nahezu auf null heruntergefahren und das Leben in einer Scheinnormalität gefördert hat, wirkte sie als Brandbeschleuniger des lockeren Umgangs vieler Menschen mit der Pandemie. Die Wiedergeburt des Politischen und die „Lockerungsdiskussionsorgien" (Bundeskanzlerin Angela Merkel) in der Politik und den Medien haben zudem die natürliche Sehnsucht vieler Menschen geweckt, nach Wochen der Entbehrung zu „mehr Normalität" zurückzukehren. Auch manche Virologen haben mit undurchdachten, die Pandemie verharmlosenden, zumindest die Gefährlichkeit von Covid-19 relativierenden Äußerungen die nachlassende Disziplin in einem Teil der Bevölkerung begünstigt.

Das Ergebnis von alldem war eine zunehmende Verhaltensausdifferenzierung in der Bevölkerung. Es bildeten sich Cluster unterschiedlicher Strategien des Umgangs mit der Pandemie. Eine Gruppe bestand aus der großen Mehrheit der Bevölkerung, die laut Umfragen aus der damaligen Zeit entweder für vorsichtige Lockerungen oder die Beibehaltung der geltenden Beschränkungen plädierte.

Für diese Gruppe – insbesondere für die „60 plus" – war die Coronapolitik zunehmend dysfunktional geworden, weil sie ihre Erwartungen nicht mehr befriedigte. Sie verhielt sich weiterhin vorsichtig und den Präventionsregeln entsprechend, sie tat es aber weniger, weil sie der Politik folgte, sondern viel mehr aus innerer Überzeugung und individueller Risikoaversion sowie aus einem akzeptierten Gruppenzwang heraus, den Vorsichtigen zu folgen. Daneben gewann eine zweite Gruppe zunehmend an Relevanz: Die Risikobereiten. Jüngere Bevölkerungsgruppen, die sich nicht mehr bedroht fühlten. Paradoxerweise wurde diese Haltung auch vom zunehmenden Wissen über das neuartige Coronavirus befördert. Kontraproduktiv in diesem Zusammenhang waren insbesondere die wissenschaftlichen Erkenntnisse, dass jüngere Menschen medizinisch nicht zur Risikogruppe gehörten, weil sie mit gar keinen Symptomen oder höchstens nur mit einem milden Krankheitsverlauf zu rechnen hatten. Bei dieser Bevölkerungsgruppe funktionierte Angst als Treiber risikoabwehrenden Verhaltens nicht mehr. Sie haben sich dadurch ermächtigt gefühlt, den Regeln lasch zu folgen oder sie ganz zu ignorieren und weitgehend „normal" zu leben, zumal die geltenden Restriktionen kaum überwacht wurden. Auch die Aufforderung, sich solidarisch mit den Risikogruppen zu verhalten, verfingen nicht mehr. Die Sehnsucht nach Normalität, nach Vor-Corona-Normalität inmitten von Corona, war stärker.

Die dritte nennenswerte Gruppe stand zwischen den beiden vorangegangenen: die Gruppe der beruflich und unternehmerisch Notleidenden. Vor allem Solo-Selbstständige und Kleinunternehmen mussten das Coronavirus ernst nehmen, weil ein Großteil ihrer Kunden es forderte. Sie hatten aber die Erfahrung gemacht, dass sie durch angemessene Hygienekonzepte und -investitionen Risiken minimieren konnten – zumal die Menschen gelernt hatten, sich coronakonform zu verhalten. Diese Erfahrung und ihre existentiellen Interessen haben ihr Verhalten ebenso spezifisch vom Rest der Gesellschaft ausdifferenziert. Schließlich war die vierte – eigentlich eine sehr heterogene, in sich selbst sehr ausdifferenzierte – Gruppe die der Protestierenden, eine bunte Mischung aus ernsthaft kritischen Bürgern, Esoterikern, Verschwörungstheoretikern und opportunistischen Rechtsradikalen. Sie einte die Ablehnung der Maßnahmen zur Pandemiebekämpfung, weil sie diese für unverhältnismäßig hielten oder weil sie den neuartigen Coronavirus leugneten oder weil sie schon damals gegen die Coronaimpfung ankämpften oder weil sie einfach den Staat bekämpfen wollten.

Vieles spricht dafür, dass es in den Sommermonaten 2020 wenig zwischenmenschliche Interaktionen zwischen diesen Gruppen gegeben hat. Wie in der virtuellen Welt, in der die Menschen sich in eigenen, abgegrenzten *Social Media*-Blasen bewegen, bildeten diese Gruppen jeweils eigene Blasen in der realen Corona-Welt. Darüber hinaus haben diese Blasen wie *Peer Groups* funktioniert. Für diejenigen, die sich diesen jeweils zugehörig fühlten, waren die anderen „Mitglieder" – reelle oder virtuelle – Bezugspersonen. Sie setzten Verhaltensstandards, die von allen „Gruppenmitgliedern" gefolgt wurden. Neben dem guten Sommerwetter sind solche, voneinander relativ isolierte *Peer Groups*-Blasen möglicherweise eine Erklärung für die niedrigen und relativ stabilen Fallzahlen bis zum Spätsommer 2020. Die Verhältnisse änderten sich ab Oktober und vor allem zu Weihnachten und Neujahr, als sich diese Cluster stärker vermischten. Es ist daher umgekehrt auch plausibel, anzunehmen, dass die rasch zunehmenden Fallzahlen im Winter 2020/21 (2. Welle) die Folge der intensivierten zwischenmenschlichen Kontakte zwischen „Blasen" unterschiedlichen Risikoverhaltens waren, die während der Sommermonate wenig miteinander interagiert hatten. Die Infektionszahlen nach Altersgruppen scheinen diese Vermutung zu bestätigen, da sie die oben erwähnte zweite Gruppe als Haupttreiber des Infektionsgeschehens ausmachten. Darüber hinaus zeigen die laufende Befragungsergebnisse des Gemeinschaftsprojekts „COSMO"[16], dass die zunehmende Ausdifferenzierung des Risikoverhaltens in der Bevölkerung nachhaltig war – ungeachtet davon, dass die Risikowahrnehmung mit dem (erwarteten) Infektionsgeschehen gleichgerichtet schwankte. Das erklärt, warum das Risikoverhalten in der zweiten und dritten Welle bei weitem nicht mehr so einheitlich wie in der ersten war. Und bei der vierten Welle kam die psychologische Schutzwirkung der Impfung hinzu. Das veränderte das Risikoverhalten der Menschen noch grundlegender und sorgte dafür, dass neue Clusterungen in der Gesellschaft entstanden.

Politisch-kultureller Einfluss von Peer Groups
Während der Coronapandemie ist offenkundig geworden, dass (quasi) *Peer Groups* einen großen politisch-kulturellen Einfluss auf ihre Mitglieder beziehungsweise *Follower* ausüben, der für sie verhaltensbestimmend ist. Man kann es mit drei Beispielen verdeutlichen. Das erste bezieht sich auf den Einfluss der regionalen politischen Kultur auf die Unterschiede in den Corona-Inzidenzverläufen. Einen solchen Zusammenhang haben Experten des Forschungsinstituts Gesellschaftlicher Zusammenhalt (FGZ) – einem Verbund

---

[16] Es handelt sich um ein Gemeinschaftsprojekt von der Universität Erfurt, dem Robert-Koch-Institut (RKI), der Bundeszentrale für gesundheitliche Aufklärung, dem Leibniz-Institut für Psychologie, dem Science Media Center, dem Bernhard-Nocht-Institut für Tropenmedizin und dem Yale Institute for Global Health. Die Ergebnisse stammten aus dem wiederholten querschnittlichen Monitoring von Wissen, Risikowahrnehmung, Schutzverhalten und Vertrauen während des COVID-19-Ausbruchsgeschehens.

von elf Hochschulen und Forschungseinrichtungen, der in zehn verschiedenen Bundesländern angesiedelt ist – unter Mitarbeit eines Epidemiologen des Münchener Helmholtz-Zentrums untersucht. Die Untersuchung[17] umfasste die beiden ersten Expansionsphasen der Pandemie im Frühjahr und im Herbst/Winter 2020 – also die Expansionsphasen der ersten und der zweiten Pandemiewelle. Ausgangspunkt der Untersuchung war die oft gemachte Beobachtung, dass Städte im Osten und Westen der Republik, die als AfD-Hochburgen galten, gleichzeitig ein besonders starkes Infektionsgeschehen aufwiesen. Zufall? Die vorgelegte Studie verneinte diese Frage, sie zeigte einen Zusammenhang zwischen den Wahlergebnissen der AfD und dem Anstieg der Corona-Infektionszahlen. Und dieser Zusammenhang war nach den Ergebnissen der Studie „statisch signifikant" sowohl für die erste als auch für die zweite Pandemiewelle. In AfD-Hochburgen stiegen die Fallzahlen also schneller als in den Kreisen, in denen die Partei wenig Wähler hat. „Ein Anstieg des AfD-Wahlergebnisses um einen Prozentpunkt erhöht die durchschnittliche Infektionshöhe in der Anstiegsphase der ersten Welle um 2,2 Prozentpunkte", erklärte der Soziologe Christoph Richter vom Jenaer Institut für Demokratie und Zivilgesellschaft am 19. November 2021 gegenüber *„euronews"*. Richter weiter: „Damit liegt statistisch die Infektionshöhe in einem Kreis mit 20 % AfD-Zweitstimmenanteil ca. 22 Prozentpunkte über einem Kreis mit einem Stimmenanteil von lediglich 10 %". Die Forscher konnten ähnliche Zusammenhänge mit anderen, im Bundestag vertretenen Parteien nicht finden. Auch 48 weitere Faktoren wie Altersstruktur, Mobili-

---

[17] Siehe Richter et. al. (2021). Die Studie ist im Rahmen des Forschungsinstituts Gesellschaftlicher Zusammenhalt (FGZ) unter Zusammenarbeit eines Epidemiologen vom Helmholtz-Zentrum München entstanden.

tät oder wirtschaftliche Situation konnte das Forscherteam als Erklärung für die gefundenen Zusammenhänge ausschließen. Eine Übertragung der Ergebnisse auf andere, aber ähnlich gelagerte Sachverhalten schien den Forscher plausibel: „…ausgehend von diesen Ergebnissen ist die Annahme naheliegend, dass auch in der aktuellen vierten Welle und bei der mangelnden Impfbereitschaft rechte Einstellungen als Verstärker der Pandemie wirken könnte", sagte Matthias Quent, Direktor desselbigen Instituts, gegenüber „*euronews*" ebenfalls am 19. November 2021.

Es wäre allerdings missverständlich, die Ergebnisse allein als Beleg für den Einfluss der AfD auf das Corona-Verhalten ihrer Anhänger zu interpretieren. Die AfD steht in der Studie stellvertretend für eine „politische Raumkultur", die sich durch eine höhere Skepsis gegenüber demokratischen Institutionen bis hin zu ihrer offenen Ablehnung kennzeichnet. Diese politische Kultur bildet den Nährboden für die damit einhergehende geringe Akzeptanz der und den offenen Widerstand gegen die Corona-Maßnahmen. Die antidemokratische Einstellung äußert sich auf der Handlungsebene – so die Forscher – zumindest teilweise in der Wahl radikal rechter Parteien wie die AfD und rechtsextremer Kleinparteien sowie in erhöhter Wahlenthaltung. Es geht also letztendlich um einen *Peer Group*-ähnlichen Effekt, der von der AfD und anderen radikal rechten Parteien und Vereinen ausgeht.

Das zweite Beispiel betrifft die Ungeimpften. Sie stellen zwar eine sehr heterogene Gruppe, deren Motive vielfältig sind. Eine relevante Anzahl von ihnen unterliegt aber auch diversen politisch-kulturellen Einflüssen, die sie zu prinzipiellen, ja sogar ideologischen Gegner des Impfens machen. Ein solcher Einfluss haben wir bereits im vorangegangenen Beispiel kennengelernt: das Misstrauen in die demokratischen Institutionen bis hin zu ihrer offenen Ablehnung. Darüber hinaus ist vor allem in Baden-Württemberg und Bayern beobachtet worden, dass Gruppen von Querdenkern, Reichsbürgern und Esoterikern für viele Impfverweigerer und -gegner leitend sind. Bei Reichsbürgern und manchen Querdenkern spielt der Widerstand gegen die demokratische Staatsgewalt wiederum die zentrale Rolle. Bei den Esoterikern liegt ihre Motivation vor allem in ihren radikalen Bezug zur Individualität, Selbstbestimmung und Naturverbundenheit. Ihre Lebensweise und spirituelle Anschauung, die darauf gründen, bringt sie tendenziell dazu, sich von der Außenwelt abheben zu wollen. Ob Anthroposophen, Theosophosen oder Alltagsesoteriker – allen einigt der Glaube daran, Zugang zu einem „Überwissen, das nur Erleuchteten, sensitiven und sensiblen Menschen zugänglich ist", wie der Beauftragte für Sekten- und Weltanschauungsfragen der evangelisch-lutherischen Kirche in Bayern, Matthias Pöhlmann, gegenüber dem BR24 am 2. Dezember 2021 es formuliert hat. Darin begründet ist auch ihre ausgeprägte Skepsis gegenüber der Wissenschaft und ihre Neigung, in ihrer Ablehnung des technischen Fortschritts – dazu gehört auch die Impfung – auf Verschwörungserzählungen zurückzugreifen. Zum Beispiel: „Es wird gewarnt, dass man sich keine unbekannten Stoffe zuführen lassen sollte, weil sich das auf die Identität auswirken könnte... Und es gibt die Verschwörungserzählung, dass man durch das Impfen als Untertan gefügig gemacht werden soll", so Pöhlmann.

Bei vielen Impfverweigerern spielt der Einfluss einer politischen Raumkultur, die weniger weltanschaulich aber ebenso bindend ist, ebenfalls eine wichtige Rolle. Es hat sich beispielsweise herausgestellt, dass es in Kleinstädten oder Dörfern in ländlichen Gegenden in Bayern und Tirol der Einfluss von *Peers* bei der Impfentscheidung groß ist. In solchen Wohnorten war die Impfquote niedrig, weil eine relativ sichtbare, meinungsführende Gruppe der

Auffassung war, dass die Impfung für die Dorfbewohner unverhältnismäßig sei. Sie schätzte das Infektionsrisiko als gering ein, weil ihrer Meinung nach die Dorfbewohner keine nennenswerten Kontakte zur Außenwelt hätten und somit keinem Risiko ausgesetzt seien, an Corona zu erkranken. In diese Risikoeinschätzung vermischt sich auch eine gewisse Ferne zum Zentralstaat – sei es die Landes- oder die Bundesregierung – und eine starke Selbstbestimmungslust. Diese meinungsführende Gruppe schaffte es, dass die restlichen Dorfbewohner ihr folgten. Das gesamte Dorf funktionierte daher wie eine *Peer Group*, zumal die soziale Kontrolle in einem solchen überschaubaren Wohnort sehr effektiv war: kaum jemand hätte verheimlichen können, sich impfen gelassen zu haben.

Schließlich bezieht sich das vierte Beispiel auf den Einfluss von (quasi) *Peer Groups* auf das Corona-Verhalten von Menschen mit Migrationshintergrund. Weil sie in die Gesellschaft wenig integriert sind und sich selbst als gleichberechtigte Mitglieder nicht akzeptiert fühlen, orientieren sie sich weniger an gesellschaftlich akzeptierten, sondern primär an internen Regeln und Werten von *Peer Groups*: Familie, Clans, Clubs, Religionsgemeinschaften u. ä. Und diese Gruppen weisen ob ihrer geringen Integration eine andere kulturelle Prägung als die „deutsche" Gesellschaft auf. Solche *Peer Groups* haben auch nicht den Anspruch, in die Gesellschaft hinein zu wirken und das Verhalten ihrer Mitglieder gegenüber der Gesellschaft integrativ zu beeinflussen. Im Gegenteil, ihr Hauptzweck besteht meistens darin, den Menschen mit Migrationshintergrund eine Gruppenidentität außerhalb der deutschen Gesellschaft zu verschaffen und zu festigen. Sie tragen folglich ebenfalls dazu bei, die Gesellschaft zu fragmentieren und zu *ent*-solidarisieren, so auch in Zeiten von Corona. Das verstärkte das Aufkommen unterschiedlicher, gruppenbezogener Strategien, um mit der Pandemie umzugehen.

In der Folge konnte man beobachten, dass Bevölkerungsgruppen mit Migrationshintergrund in Zeiten von Corona des Öfteren ein von der „Mehrheitsgesellschaft" abweichendes Verhalten an den Tag gelegt haben. Öffentlich hat man in diesem Zusammenhang große Familien- und Hochzeitsfeiern oder die Risiken, die von Rückkehrern von Familienbesuchen aus der Türkei oder dem Kosovo ausgingen, oder die hohe Inzidenz in Städten oder Stadtteilen mit einem hohen Migrantenanteil, kritisch thematisiert. Die Verantwortung für das gesellschaftlich unsolidarisches Verhalten wurde allein den Menschen und Gemeinschaften mit Migrationshintergrund angelastet. Die Versäumnisse der Integrationspolitik in der Vergangenheit wurden selten dafür mitverantwortlich gemacht. Dadurch haben Politik und Gesellschaft die Gelegenheit verpasst, daraus nicht nur für die Zukunft, sondern auch für die Corona-Gegenwart zu lernen – insbesondere dafür, wie man solche Bevölkerungsgruppen durch die Überwindung bestehender Integrations- und Kulturbarrieren in Präventions- und Impfprogramme effektiv einbeziehen kann.

Selbstverantwortliches Handeln und seine Voraussetzungen

Das Setzen auf die Selbst- oder Eigenverantwortung der Menschen – das heißt: auf ihre Bereitschaft, die Verantwortung für ihr eigenes Handeln und Unterlassen sowie deren Folgen zu übernehmen – war zumindest diskursiv eine wesentliche Säule der deutschen Strategie zur Eindämmung der Coronapandemie. Und das zu Recht. Selbstverantwortung ist die reinste Form der Selbststeuerung. Für sie gilt also umso mehr das, was für die

Selbststeuerung der Menschen gilt: das Setzen darauf ist nicht nur eine ordnungspolitische Frage oder eine Frage des Menschenbildes, es hat heutzutage auch praktische Bedeutung für das politische Management. In modernen Gesellschaften hilft Selbstverantwortung – und das Vertrauen in die Vernunft der Menschen – nämlich dabei, Komplexität zu bewältigen und komplexe Probleme wie die Coronakrise in den Griff zu bekommen. Sie ergänzt das Handeln des Staates und erhöht somit die Wirksamkeit staatlicher Politik, und sie ermöglicht, die Eingriffstiefe staatlicher Maßnahmen zu mindern beziehungsweise situativ auszutarieren.

Prinzipiell meint Selbstverantwortung ein autonomes und freiwilliges, ein initiatives und engagiertes sowie ein kreatives und schöpferisches Handeln.[18] Sie setzt den aktiven und selbstbestimmten Bürger voraus, der frei von äußeren Zwängen, autonom und freiwillig zwischen Handlungsoptionen wählen kann: zu handeln oder zu unterlassen, mitzumachen oder sich zu verweigern, zu unterstützen oder zu opponieren. Selbstverantwortung kann von dem Staat oder der Gesellschaft weder auferlegt noch erzwungen werden, sie lässt sich auch nicht weg delegieren, nicht ver- oder wegschieben, nicht Anderen oder den Umständen aufbürden.[19] Selbstverantwortung ist ihrem Wesen nach *intrinsisch,* sie ergibt sich allein aus dem persönlichen Willen, gegenüber Appellen, Geboten und Verboten des Staates und der Gesellschaft *sich selbst zu verpflichten.* Sie ist auch nicht teilbar, nicht in dem Sinne, dass jemand anderes meine fehlende Selbstverantwortung kompensieren kann, noch in dem Sinne, dass man sie nur

---

[18] Siehe Sprenger (1977).
[19] Siehe ebenda.

ein bisschen praktizieren darf. Man ist selbstverantwortlich oder man ist es nicht. Graubereiche sind eher entlarvend.

Doch, was theoretisch klar zu sein scheint, ist in der Praxis alles anders als eindeutig. Die Frage, wer in einer bestimmten Situation selbstverantwortlich gehandelt hat und wer nicht, wird man je nach Perspektive unterschiedlich beantworten. In Abwandlung eines bekannten Spruchs eines ceylonesischen Delegierten auf einer internationalen Konferenz kann man Selbstverantwortung nämlich mit einer Giraffe vergleichen: Sie ist schwer zu definieren, aber leicht zu erkennen,[20] und Selbstverantwortung ist besonders leicht zu erkennen, wenn sie offensichtlich nicht vorhanden ist – aus welcher Perspektive auch immer. Das hat die Coronapandemie gelehrt: selbstverantwortliches Handeln ist eine Frage der jeweiligen Perspektive. Auch deswegen ist der Begriff unscharf, und aufgrund dieser Unschärfe „eignet er sich für alles und jedes und trägt eine Vorentscheidung für etwas moralisch Hochstehendes in sich".[21] Doch der moralisierend gehobene Zeigefinger erzeugt meistens Gegenwehr und Trotz. Auch das hat die Coronapandemie gelehrt.

Trotz aller Bekenntnisse der Politik zur Selbstverantwortung sind die Erfahrungen in der Coronapandemie mehr als gemischt. Das Setzen daran wechselte sich mit öffentlich artikulierter Frustration über die „Unvernunft der Menschen" ab. Und die Politik sparte nicht mit Schuldzuweisungen und Belehrungen gegenüber den Bürgern und Bürgerinnen, wenn die Erwartungen, die die Politik in die Menschen gesetzt hatte, nicht in Erfüllung

---

[20] Der ursprüngliche Spruch lautete: „An underdeveloped country is like a Giraffe, an animal difficult to define, but easy to recognize".
[21] Sprenger: ebenda, S. 36.

gegangen sind – selbstverständlich aus ihrer eigenen Perspektive. Nach zwei Jahren Coronapandemie lagen viele kontroverse Fragen auf dem Tisch: hat Selbstverantwortung in der Coronapandemie versagt? Oder waren die Erwartungen, die man in sie gesetzt hat, unrealistisch? Hat die Coronapolitik selbstverantwortliches Handeln ermöglicht oder entmutigt? War Selbstverantwortung allen zuzumuten? Und wem war Selbstverantwortung und unter welchen Bedingungen zuzutrauen?[22]

Hat Selbstverantwortung in der Coronapandemie versagt?
Auch diejenigen, die klagen, von der Selbstverantwortung der Menschen in Zeiten von Corona enttäuscht zu sein, müssten für mildernde Umstände plädieren. Die Coronabedingungen waren nämlich für selbstverantwortliches Handeln nicht gerade förderlich. Ganz im Gegenteil,

---

[22] Die gesellschaftliche Diskussion darüber, wem Selbstverantwortung zuzumuten beziehungsweise zuzutrauen ist, ist so alt wie das Konzept selbst. Die Spannweite der gesellschaftspolitischen Kontrovers haben die beiden Philosophen Theodor W. Adorno und Arnold Gehlen in einem vom Sender Freies Berlin am 3. Februar 1965 gesendeten Streitgespräch abgesteckt: „Gehlen ging mit Aristoteles davon aus, dass immer nur *wenige* Menschen fähig sind, reflektiert und selbstverantwortlich zu handeln, die *vielen* aber unter der Last der Selbstverantwortung zusammenbrächen. Für ihn sind die Krisensymptome der Moderne in einem *Zuviel* an Reflexion begründet. Wir bräuchten daher starke und autoritäre Institutionen, die entlastend, d. h. auch partiell entmündigend wirken. Ganz anders Adorno. (…). Er geht mit Descartes und Kant davon aus, dass die Fähigkeit zum selbstverantwortlichen Handeln ‚die bestverteilte Sache der Welt' ist und das *Pozential* der Reflexionsfähigkeit allen Menschen gleichermaßen zukommt. Man müsse mithin Bedingungen schaffen, die dieses Potenzial zur Entfaltung kommen ließen. Auf Gehlens Frage, ob man Selbstverantwortung wirklich *allen* zumuten sollte, antwortete Adorno: ‚Darauf kann ich nur ganz einfach sagen: Ja!… Ich glaube, dass die Menschen solange, wie man sie entlastet und ihnen nicht die ganze Verantwortung und Selbstbestimmung zumutet, dass so lange auch ihr Glück in dieser Welt ein Schein ist'. Gehlen: ‚Da sind wir nun genau an dem Punkt, wo Sie >Ja< und ich >Nein< sage'". Diese Wiedergabe des Streitgesprächs stammt von Sprenger (1977, S. 243–244), der wiederum sie aus einer Nachzeichnung des Disputs von Hauke Brunkhorst entnahm.

die Coronapandemie hat Bedingungen geschaffen, die eher zur *Ent*-Mündigung der Menschen geführt haben. Insbesondere in Phasen hoher Bedrohung – sprich: in Phasen hoher Inzidenz und Hospitalisierungsraten – war das Verhalten der Menschen eher von erzwungener Anpassung und situativen Unterordnung bestimmt. Zwar haben die Menschen oft eigenaktiv gehandelt und ihr Verhalten scheinbar autonom angepasst, sie haben aber auf eine externe Bedrohung für Leib und Leben reagiert. Unsicherheit und Nichtwissen, und vor allem Angst waren im Spiel. Diese entmachteten die Menschen, sie beraubten ihnen ihre Selbstbestimmtheit. Die Menschen hatten nicht das Gefühl, wählen zu können, sie fühlten sich eher gefangen in einer Situation, in der sie zuallererst ein Verlangen nach Sicherheit, nach Halt, nach Orientierung und Entlastung spürten. In einer solchen Situation ist die Wahrscheinlichkeit groß, dass sich die formativen Langzeitschädigungen durchsetzen, die selbstverantwortliches Handeln blockieren: Deformationen, die die Menschen bei ihrer kulturellen Sozialisierung von autoritären Alltagsinstitutionen – in erster Linie der Familie und der Schule – aufgebürdet bekommen. In einer Situation wie der Coronapandemie trachten sie daher nach Entlastung durch staatliche Institutionen und nehmen notgedrungen Entmündigung in Kauf. Und sie suchen Halt und Orientierung im Verhalten ihrer Mitmenschen und in *Peer Groups*. Anstelle eigene Entscheidungen selbstbestimmt zu treffen, schließen sich den Entscheidungen Anderer an – sei es der großen Masse (Herdenverhalten) oder von *Peers*. Man überfordert die Logik, wenn man solches Verhalten als selbstverantwortliches Handeln interpretiert.

Die Coronapolitik hat ihr Übrigens getan. Zum einen hat die Staatsfixierung der politisch Verantwortlichen, ihr Glauben an der Selbstgenügsamkeit des Staates, ihr Glauben daran, dass der übermächtige Staat allein die Krise in den Griff bekommen konnte, die Menschen zur

Passivität verdonnert. Ihr erwarteter Beitrag bestand lediglich darin, die vom Staat vorgegebenen Regeln einzuhalten. Trotz allen Appellen an die Selbstverantwortung haben die politisch Verantwortlichen den betroffenen Menschen wenig zugetraut. Sie haben die Menschen als reine „Opfer" und „Hilfeberechtigte" behandelt, die sich am besten verhielten, wenn sie zu Hause blieben. Im konkreten Fall haben sie immer austariert, wie viel politische (Fremd)-Steuerung nötig und wie viel Verlass auf Selbstverantwortung möglich war. Ihre Antwort war meistens: sehr viel vom ersten, sehr wenig vom zweiten.

Zum anderen haben die staatlich verordneten *Lockdowns* den Menschen Pflichten und Zwangsmaßnahmen auferlegt, die tief in ihre Freiheitsrechte eingegriffen und die Spielräume für selbstverantwortliches Handeln substantiell eingeschränkt haben. Sie versetzten die Menschen in einen Zustand der Selbst-*Un*bestimmtheit. Auch deswegen hatten die Menschen keine echte Wahlfreiheit. Beim ersten *Lockdown* rief dies kaum politische und gesellschaftliche Konflikte hervor, weil die überwiegende Mehrheit der Menschen extrem verunsichert und verängstigt war. Sicherheit stand für sie automatisch ganz oben auf ihrer Prioritätenliste, zumal die „Kollateralschäden" der *Lockdowns* nur scheibenweise in ihr Bewusstsein eindrangen. Weil die *Lockdown*-Politik auf entmündigungsbereite Bürger traf, war sie nicht sonderlich gezwungen, angemessen zwischen staatlichem Zwang und Selbstbestimmtheit abzuwägen. Und weil die Politik unter hoher Dynamik, Unsicherheit und Nichtwissen schnell handeln musste, war sie auch nicht in der Lage, fair abzuwägen und differenziert vorzugehen. Aus ihrer Sicht waren *Lockdowns* und „Bazooka" die sichersten Optionen. Die Lage hat sich im Verlauf der Pandemie deutlich geändert, weil die Menschen immer mehr Verhaltenssicherheit gewonnen haben – auch dank der Impfung – und weil sie sich über die „Kollateralschäden" der *Lockdowns* immer bewusster wurden. Gesundheitsschutz blieb zwar weiterhin die höchste Priorität für die große Mehrheit der Menschen, viele erwarteten aber vom Staat aus vielfältigen Motiven ein stärker abwägendes Vorgehen. Im Unterschied zum ersten *Lockdown* hatten viel mehr Menschen im dritten und vierten *Lockdown* nun das Gefühl, dass sie eigenaktiv und selbstverantwortlich einen Beitrag leisten und das Infektions- beziehungsweise das Erkrankungsrisiko selbst gut einschätzen konnten. Weil die Coronapolitik sie oft daran hinderte, waren die *Lockdowns* für sie nunmehr nicht nur unverhältnismäßig, sondern auch dysfunktional und ungerecht. Die Coronapolitik büßte an Rückhalt in der Bevölkerung ein, und die politischen und gesellschaftlichen Konflikte zwischen „Vernünftigen" und „Unvernünftigen" nahmen zu.

Zur Verschlechterung der „Bedingungen der Möglichkeit von Selbstverantwortung"[23] hat ferner das subtile Spiel der Politik mit der Angst der Bevölkerung beigetragen – als hätte das Coronavirus nicht von sich aus die Menschen in einen Zustand der Angst versetzt.[24] Bereits die Rede der damaligen Bundeskanzlerin am 18. März 2020, als sie sich zum ersten Mal an die Nation zur Coronapandemie wandte, gab den Duktus

---

[23] Sprenger (1977, S. 136).

[24] Die österreichische Coronapolitik scheint die Vorlage für die deutsche Politik geliefert zu haben. Ende April ist ein Sitzungsprotokoll der österreichischen *Task Force* „Corona" bekannt geworden, das nahelegte, dass die österreichische Regierung die Angst der Bevölkerung von einer Corona-Infektion bewusst bestärken wollte. Medien der Alpenrepublik zufolge fand die fragliche Sitzung am 12. März statt und daran hat auch der damalige Bundeskanzler Sebastian Kurz teilgenommen. Er soll darüber gesprochen haben, dass die Bevölkerung durchaus Angst vor einer Infektion oder dem Tod von Angehörigen haben soll. In der Folge haben sich der Bundeskanzler und seine Minister immer wieder mit drastischen Warnungen an die Bevölkerung gewandt. Ein so krasses Beispiel ist für die deutsche Coronapolitik nicht bekannt. Dennoch hat sie auch mit der Angst gespielt, wenn auch subtiler als im Nachbarland.

vor, der während der gesamten Pandemie vorherrschen sollte. Einerseits appellierte sie an die Verantwortung der Menschen, andererseits hat sie deutlich vor einem Versagen der selbigen gewarnt: „Deutschland hat ein exzellentes Gesundheitssystem (…). Aber auch unsere Krankenhäuser wären völlig überfordert, wenn in kürzester Zeit zu viele Patienten eingeliefert würden, die einen schweren Verlauf der Corona-Infektion erleiden"; das könnte „ein Vater oder Großvater, eine Mutter oder Großmutter, eine Partnerin oder Partner" sein; „…wie hoch werden die Opfer sein? Wie viele geliebte Menschen werden wir verlieren? Wir haben es zu einem großen Teil selbst in der Hand". Und sie drohte auch mit Zwang: „Wir werden als Regierung stets neu prüfen, was sich wieder korrigieren lässt, aber auch: was womöglich noch nötig ist". Durch die Androhung staatlicher Zwangsmaßnahmen hat sie den Menschen die Fähigkeit zum selbstverantwortlichen Handeln just in den Moment abgesprochen, als sie sie eindringlich dazu aufforderte. Ein Widerspruch in sich, weil sie den Menschen das entzog, was das Wesen der Selbstverantwortung ausmacht: Selbstbestimmtheit. Möglicherweise ahnte sie schon, dass Selbstverantwortung in Zeiten von Corona nicht allen zuzumuten und zuzutrauen war. Deswegen sollte bei der Bevölkerung die Angst vor einer Infektion oder dem Tod von Angehörigen geschärft werden.

Das subtile Spiel mit der Angst war im weiteren Verlauf der Pandemie eine Konstante der Coronapolitik. In Erinnerung geblieben sind u. a. die drastischen Warnungen der damaligen Bundeskanzlerin Angela Merkel während der Sommermonate, die sie immer entgegen dem Gefühlstrend in der Bevölkerung gemacht hat. Dazu gehörten beispielsweise die Verurteilung der „Lockerungsdiskussionsorgien" im Mai 2020 oder die „Prognose" von Ende September 2020, als sie vor der

Gefahr warnte, dass Deutschland bis Weihnachten 19.200 Infizierte pro Tag haben könnte, eine Fallzahl, die damals – also in der Vor-Omikron-Zeit – Angst und Schrecken einjagte.[25] Als die Politik im deutschen Herbst 2020 und 2021 vom „Versagen der Selbstverantwortung" frustriert war, weil die staatlichen Maßnahmen zum großen Teil ins Leere liefen und das Gesundheitssystem an den Rand des Kollaps kam, verstärkte sie das Spiel mit der Angst: Sie drohte mit einem langen und harten *Lockdown,* dem Ausfall der Weihnachtsfeier oder der ungebremsten Ausbreitung mutierter Virusvarianten – Delta im Herbst 2020 und Omikron im Herbst 2021. Auch die ständigen Wiederholungen, man wolle erneute *Lockdowns* auf jeden Fall vermeiden, klang in den Ohren vieler eher als eine düstere Prognose dessen an, was ohnehin kommen würde.

Schließlich hat der Wildwuchs an unklaren und widersprüchlichen Vorgaben und Regelungen, der widersprüchlichen und verwirrenden politischen Kommunikation sowie den vielfach geweckten und dann enttäuschten Erwartungen ebenfalls zur Beschneidung der Möglichkeit vom selbstverantwortlichen Handeln beigetragen. Sie versetzte die Menschen in eine Art „normativer Orientierungslosigkeit", die auch die auserkorenen „Verantwortungsträger träger"[26] machte. Nicht selten hat die Coronapolitik dadurch individuelles Handeln zum Nutzen der Allgemeinheit bestraft und das gegenteilige Handeln honoriert – obwohl das ihrem eigenen Selbstverständnis

---

[25] Es ist nicht überraschend, dass gerade die damalige Bundeskanzlerin die *Nudging*-Karte während der Corona-Pandemie gezogen hat. Unter Ihrer „Schirmherrschaft" hat das Bundeskanzleramt ab August 2014 und 2019 eine Projektgruppe „Wirksames Regieren" eingerichtet, die sich unter anderem mit Fragen der *Nudging*-Strategien befasste und das Bundeskanzleramt sowie andere Bundesministerien zu diesen Fragen beraten hat. Das Projekt wurde Ende 2019 eingestellt, es hat aber offensichtlich Spuren hinterlassen.
[26] Sprenger (1999, S. 32).

widersprach. Das zeigte sich beispielsweise am Umgang mit der Testung von Urlaubsrückkehrern aus Risikogebieten im Sommer 2020. Wochenlang haben sich die politisch Verantwortlichen darauf verlassen, dass sich die Betroffenen freiwillig in Quarantäne begehen würden – wohlwissend, dass diese von den Wenigsten eingehalten wurde. Der öffentliche Druck zwang sie dann dazu, eine verpflichtende Testung für Urlaubsrückkehrer aus Risikogebieten einzuführen, auch dann wenn die Betroffenen keine Symptome zeigten. Das Paradoxe dabei: die Allgemeinheit musste für die Kosten aufkommen. Diejenigen, die meinten, in Risikogebieten Urlaub machen zu müssen, wurden dafür belohnt, dass sie ein Risiko für die Gemeinschaft darstellten. Diejenigen, die aus Verantwortung in Deutschland Urlaub machten oder einfach zu Hause blieben, wurden dafür bestraft: wenn sie sich ohne Symptome testen lassen wollten, mussten sie die Kosten selbst tragen. Selbstverantwortung auf den Kopf gestellt! Die Begründung dafür war wahrscheinlich noch aberwitziger: weil die Reiserückkehrer eben ein Risiko für die Gemeinschaft darstellen! Dass sie ihr Selbstbestimmungsrecht zu Lasten der Allgemeinheit ausübten, fiel nicht weiter ins Gewicht – es war eben Lockerungszeit und die nächste Pandemiewelle war ganz weit weg. Ein Gefühl von Ungerechtigkeit machte sich in weiten Teilen der Bevölkerung breit, das den Trend zur Ent-Solidarisierung verstärkte.

Das utilitaristische Verständnis von Selbstverantwortung
Warum nahm die Coronapolitik die Beschneidung der Möglichkeit vom selbstverantwortlichen Handeln in Kauf? Ging sie stillschweigend davon aus, dass eine solche Möglichkeit unter den Coronabedingungen doch ziemlich unrealistisch war? Hat sie aus paradigmatischen Gründen an die Selbstverantwortung appelliert, aber im

praktischen Handeln primär, ja sogar ausschließlich auf den starken Staat gesetzt? Das erste, was für die Bejahung all dieser Fragen spricht, ist, dass die Politik auf Selbstverantwortung vor allem in Phasen niedrigen Infektionsgeschehens eindringlich appelliert und gesetzt hat. In Zeiten hohen Infektionsgeschehens hatte sie hingegen offensichtlich Bedenken, durch ein Zuviel an Verlass auf die Vernunft der Menschen die Kontrolle über die Pandemie zu verlieren. Sie hatte offenkundig Bedenken, sich in ein Gefangenendilemma zu begeben: sich abhängig zu machen vom Wollen des Einzelnen, von seiner intrinsischen Motivation, gegenüber den Erwartungen der Politik sich selbst zu verpflichten. Die Politik war sich wohl bewusst: Wenn die Selbstverpflichtung breit griff, konnte Selbstverantwortung die Coronapolitik erleichtern und zu mehr Effektivität verhelfen; wenn sie es nicht tat, war die Coronapolitik in ihrer Effektivität ausgebremst. Dieses Gefangenendilemma begleitete die politisch Verantwortlichen durch die ganze Coronakrise hinweg und erklärt viele der Dissonanzen und Widersprüche, Frustrationen und Verzweiflungshandlungen der Coronapolitik. Es war eine Gefangenschaft, aus der schwer zu entrinnen war, ohne eine wichtige Säule unserer Gesellschaftsordnung aufzugeben oder ohne ein politisch unkalkulierbares Risiko einzugehen.

Das zweite, was dafür spricht, ist, dass die Coronapolitik das Moralisierende an der (Selbst)Verantwortung stark bemüht hat – und viele von uns ahmten es nach. Sie hat selbstverantwortliches Handeln stets mit einer für die Allgemeinheit positiven Handlung, ja sogar mit einem Dienst an die Allgemeinheit gleichgesetzt: Jeder und jede habe die moralische Pflicht, sich impfen zu lassen, Masken zu tragen, ältere Menschen zu schützen, zu Hause zu bleiben, dafür zu sorgen, dass die Wellen gebrochen werden usw. Und deswegen hat sie – und haben wir – intuitiv abgelehnt, beispielsweise die Entscheidung, sich *nicht* impfen zu lassen, als Ausdruck selbstverantwortlichen Handelns anzusehen – obwohl viele „Verweigerer" von ihrem Recht auf Selbstbestimmung getrieben waren. Jede individuelle Haltung, die vom politisch gesetzten Standard abwich, war nun emotional negativ assoziiert, weil sie eben den Mitmenschen und der Allgemeinheit schadete – aus der Perspektive der Politik und der „Mehrheitsgesellschaft". Am Ende des Tages haben die Politik und viele von uns kollektiv Selbstverantwortung umgedeutet: Es ging letztendlich nur darum, das individuelle Handeln zu Gunsten der Allgemeinheit zu erzwingen, und darum, dass diejenigen, die nicht so handeln, die Folge ihres Handelns – aus der Sicht der Politik eher: Unterlassens – deutlich zu spüren bekommen! In einer solchen Gemengelage bewirkten die ständigen Appelle an die Selbstverantwortung, die stets von einem kritischen Unterton und dem gehobenen Zeigefinger vorgetragen wurden, genau das Gegenteil von dem, was sie beabsichtigten: die Menschen wurden nicht zur Verantwortung animiert, sondern zur Verantwortung gezogen – umso mehr, wenn zur Durchsetzung der staatlichen Vorgaben harte Strafen und scharfe Kontrollen angedroht wurden.

Alles in allem hat die Politik ihrem Handeln ein sehr gesellschaftlich utilitaristisches Verständnis von Selbstverantwortung zugrunde gelegt. Ihr ging es nicht darum, Bedingungen für die Möglichkeit der Ausübung des Selbstbestimmungsrechts zu schaffen, sondern darum, die strenge und disziplinierte Befolgung der staatlichen Vorgaben durchzusetzen: Kontakte reduzieren, AHA-Regel einhalten, zu Hause bleiben, sich impfen lassen usw. Das Gegenteil von alldem galt als eben das Gegenteil von Selbstverantwortung, auch dann, wenn manche Selbstverantwortlichen es möglicherweise als Ausdruck individueller Selbstbestimmung meinten – selbstverständlich aus ihrer eigenen Perspektive. Moralisierend hat die Politik – und mit ihr auch ein Großteil der Bevölkerung – Selbstverantwortung an Verhaltensstandards verknüpft, die die Politik vorgegeben hat, und zwar auch hier aus ihrer eigenen Perspektive interpretierend, was für jeden Einzelnen und die Allgemeinheit gut ist.

Das utilitaristische Verständnis von Selbstverantwortung hatte eine weitere Dimension: die Menschen sollten selbstverantwortlich handeln, um Versäumnisse der Politik auszugleichen. Wenn die Politik nicht weiter wusste oder wenn sie sich nicht traute, harte Maßnahmen auf den Weg zu bringen, oder wenn sie – meistens stillschweigend – gerade andere Ziele als den Gesundheitsschutz verfolgte, dann intensivierte sie die Appelle an – und auch den Druck auf – die Selbstverantwortlichen. Mit anderen Worten: sie instrumentalisierte Selbstverantwortung, um selbstkonstruierte Handlungsblockaden – also die eigene Hilflosigkeit – zu kompensieren. Und sie tat das mit einem moralisierend gehobenen Zeigefinger. Die ständigen Vorwürfe von politisch Verantwortlichen an die Menschen – sie würden sich nicht an die Regeln halten, die meisten Infektionen würden im privaten Bereich stattfinden, sie seien „pandemiemüde" und gestresst, sie würden nicht begreifen, was für eine großartige, zumal deutsche Errungenschaft die Impfung sei usw. – wirkten eher als Geständnis von Hilf- und Ratlosigkeit. Und die Bestätigung dafür kam von höchster Stelle: dem damaligen Chef des Bundeskanzleramts Helge Braun. Am Morgen des 15. Oktobers 2020, erst wenige Stunden, nachdem die Bund-Länder-Konferenz für die Bekämpfung der zweiten Pandemiewelle derart weiche Beschlüsse gefasst hatten, für die nicht einmal die Bezeichnung „*Lockdown light*" bemüht wurde, hat er eindringlich davor gewarnt, dass diese „vermutlich nicht ausreichen" werden: „Und deshalb kommt es jetzt auf die Bevölkerung an. Dass wir nicht nur gucken: was darf ich jetzt? Sondern wir müssen im Grunde genommen alle mehr machen und vorsichtiger sein als das, was die Ministerpräsidenten gestern beschlossen haben", so der damalige Kanzleramtsminister am 15. Oktober 2020 im ARD-Morgenmagazin. Die Liste solcher Äußerungen ließe sich fast beliebig fortsetzen.

Die Bürger und Bürgerinnen sollten die Versäumnisse der Politik kompensieren, wenn möglich sogar überkompensieren. Der Kanzleramtsminister appellierte an die Eigenverantwortung der Menschen, hat aber gleichzeitig die Politik von ihrer eigenen Verantwortung entlastet. Dieses Muster wiederholte sich bei der dritten und vierten Pandemiewelle, weil die Politik eben immer zu spät und zu zögerlich gehandelt hat. Die Bürger und Bürgerinnen sollten die Kastanien aus dem Feuer holen. Solche Versuche, den Staat von seiner Verantwortung zu entlasten, gab es auch in Zeiten der Lockerungen. MP Bodo Ramelow zum Beispiel, einem politischen Spektrum gehörend, aus dem so viel Leidenschaft für Selbstverantwortung kaum zu vermuten war, überraschte am 23. Mai 2020 mit einem Bekenntnis zur Selbstverantwortung, als er auf seiner Internetseite die Aufhebung der Coronamaßnahmen in Thüringen ankündigte: „Das Motto soll lauten: von Ver- zu Geboten, von staatlichen Zwang hin zu selbstverantworteten Maßhalten". Und er hat angekündigt, nicht mehr die Polizei schicken zu wollen, um die Einhaltung der Regeln zu überwachen. Auch er wollte die Politik von ihrer Verantwortung entlasten! Die Bürger sollten es nunmehr richten! In den Sommermonaten 2020 und 2021 war für die Politik die Zeit (wieder) reif, in die Selbstverantwortung der Menschen zu vertrauen. Im Herbst 2020 und 2021, als die zweite, dann die dritte und dann die vierte Pandemiewelle das ganze Land erfasste, war wieder die

Zeit, der Selbstverantwortung zu misstrauen. Experten und Politiker haben dann private Feiern – Familientreffen, Hochzeiten, Coronapartys und ähnliches – als die Haupttreiber des Infektionsgeschehens ausgemacht. Appelle an die Selbstverantwortung hat man dann kaum noch gehört. Im Gegenteil, die neue Musik intonierte MP Michael Kretschmer am 19. Dezember 2020, als er vor der Presse zu Protokoll gab: „Die Zeit der Appelle ist vorbei". Und das wiederholte er im November 2021, als die vierte Welle anrollte.

Zwar soll (Selbst)Verantwortung der Menschen die Politik ergänzen und die politische Eingriffstiefe mildern, wie wir bereits diskutiert haben. Diese Symbiose funktioniert aber nur, wenn auch die Menschen das Gefühl haben, dass auch die Politik ihre Verantwortung übernimmt, kohärent und konsequent handelt und den Menschen Verhaltenssicherheit vermittelt. Den Staat zu entlasten und die Verantwortung an die Bürger zu delegieren, war in der unsicheren Coronalage genau das Gegenteil dessen, was die Menschen von der Politik erwarteten. Mehr noch: Anstelle vom Staat Entlastung zu erfahren, waren sie doppelt belastet: sie sollten ihre eigene und die staatliche (Un)Verantwortung tragen. Von einem intelligenten Austarieren von staatlichem und individuellem Handeln konnte kaum mehr die Rede sein. In der Folge nahm die Bereitschaft eines wachsenden Teils der Menschen, sich an die geltenden Regeln zu halten, merklich und kontinuierlich ab. Es entwickelte sich ein Sankt-Florian-Spiel, mit der Folge, dass sowohl die Politik als auch die Gesellschaft wartete, dass der jeweils andere den ersten Schritt machte. Aus dieser Blockade half immer nur entweder die Angst vor einer neuen Mutante oder ein erneuter *Lockdown*.

Wem war Selbstverantwortung zuzumuten?
Offensichtlich waren viele Menschen mit der aktiven Ausübung von Selbstverantwortung in den allgemeinen Kampf gegen das Coronavirus überfordert, sie erwarteten eher Entlastung vom Staat und orientierten sich in ihrem eigenen Verhalten am Verhalten anderer. Es gab aber viele, denen Selbstverantwortung zuzumuten war und die auch unter Beweis gestellt haben, dass sie fähig waren, selbstverantwortlich zu handeln. Dazu zählen vor allem Soloselbstständige, Restaurant-, Kino-, Kunst- und Sportstättenbetreiber, die in kreative Hygienekonzepte massiv investiert haben, um den Betrieb ihrer Unternehmen aufrechtzuerhalten. Ein Paradebeispiel ist die Erfahrung der Gastronomie. In den Sommermonaten 2020 hat sie – im Gegensatz zu den Schulbehörden – die Gelegenheit genutzt, Hygienekonzepte umzusetzen und zu üben sowie die Restaurants zum Teil durch hohe Investitionen für die Wintermonate vorzubereiten, wohlwissend um die Herausforderungen, die auf sie zukommen würden. Und dennoch hat die Politik im November 2020 bei dem *„Lockdown light"* und im April 2021 bei der „Bundesnotbremse" die Schließung aller Restaurants verfügt. Dass eine solche Entscheidung bei den Betroffenen wie eine „Bestrafung" und eine „Ungerechtigkeit" ankam, verwundert nicht, insbesondere angesichts der widersprüchlichen Begründung der Maßnahme: man wusste nicht, wo die meistens Infektionen geschehen und man musste die Restaurants schließen, damit die Schulen offen bleiben können! Diejenigen, die sich auf die Wintermonate nicht vorbereitet hatten, durften weiter machen, diejenigen, die in Eigenverantwortung hohe Investitionen getätigt hatten, mussten dagegen schließen. Der Vergleich mag als schief empfunden werden, aber aus Engagement ist letztendlich Frustration und aus Frustration Misstrauen entstanden: ein Teufelskreis, das selbstverantwortliches Handeln

lähmte. Die Bemühungen der Betroffenen hätten nicht nur eine bessere Kommunikation, sondern vor allem die Prüfung differenzierteren Vorgehens unter Mitwirkung der Betroffenen selbst verdient – im Sinne eines effizienten Managements unterschiedlicher Perspektiven. Darauf werden wir später ausführlicher eingehen. Ein solches Vorgehen hätte mit Sicherheit „mehr Normalität" ermöglicht, als die Politik tatsächlich gewagt hat. Und auch wenn die Schließung am Ende des Tages doch unvermeidbar gewesen wäre, hätte die Entscheidung höhere Legitimation und Akzeptanz gehabt.

Solche Erfahrungen während der Coronakrise lehren, dass Selbstverantwortung einen für den Einzelnen überschaubaren Gestaltungs- und Handlungsrahmen braucht, damit er oder sie tatsächlich sich selbst verpflichten kann. Mit einem „überschaubaren Gestaltungs- und Handlungsrahmen" ist hier ein Rahmen gemeint, innerhalb dessen der Einzelne die Folgen seines Tuns unmittelbar erleben, er sich selbst unmittelbar glücklich machen kann, indem er seine momentane Situation verbessert. Der „allgemeine Kampf" gegen das Virus brachte dieses persönliche Glücksgefühl nicht mit sich, weil die Politik den Menschen eine eher passive Rolle zugewiesen hat. Zudem waren die Menschen am Anfang damit überfordert, und je länger die Pandemie andauerte, umso mehr führte der Kampf gegen das Virus zur Frustration, „normativen Orientierungslosigkeit" und „Pandemiemüdigkeit". Dagegen hätte die Förderung selbstverantwortlichen Handelns im Hinblick auf konkrete Handlungen des Einzelnen, um aktiv seine momentane Situation zu verbessern, vermutlich erfolgreicher sein können. Sie hätte bei den unmittelbar Beteiligten die Bereitschaft und die Kreativität entfesseln können, die in die Suche nach Lösungen für unmittelbare Coronaprobleme auf allen Ebenen hätten kanalisiert werden können. Wenn unmittelbar beteiligte Menschen beispielsweise Hygienekonzepte für Schulen, Sportvereine, Betriebe, Restaurants, Theater, Familienfeste und so weiter entworfen, umgesetzt und überwacht hätten, hätten sie Selbstverantwortung in einer Art und Weise praktiziert, die widerstandsfähig und zugleich solidarisch gewesen wäre. Sie wäre widerstandsfähig gewesen, weil sie auf Selbstverpflichtung und situativ angepassten Rahmenbedingungen beruht hätte. Und sie wäre solidarisch gewesen, weil sie dazu beigetragen hätte, anderen Menschen das Leben in der Pandemie zu erleichtern. In diesem unmittelbaren Umfeld wäre die Motivation für Selbstverpflichtung am größten gewesen. Sie hätte meistens nur in der Unmittelbarkeit des eigenen Nutzens funktioniert, sie hätte einen gemeinschaftlichen Kontext gebraucht, der sie erlebbar und einen Gestaltungs- und Handlungsrahmen benötigt, der sie praktizierbar gemacht hätte.

Und diese Voraussetzungen hätten vom Staat im Zusammenspiel mit den gesellschaftlichen Akteuren geschaffen werden müssen: klare und kohärente Kommunikation, nachvollziehbare Vorgaben, befähigende beziehungsweise ermöglichende staatliche Unterstützung sowie eine nachvollziehbare Perspektive für die Bereiche, in denen eigenaktiv und präventiv gehandelt werden sollte. Solche ermöglichenden Rahmenbedingungen waren in der Coronakrise notwendiger denn je, weil die Menschen angesichts der Bedrohung von sich aus vorsichtig agiert haben, zumal sie keine Erfahrung darin hatten, mit derartigen Alltagsrisiken umzugehen. Aus diesen Gründen hätten sie die aktivierende Unterstützung des Staates, aber auch von Verbänden und Gremien, gebraucht, um Risiken zu managen, Handlungssicherheit zu erlangen und besseren Zugang zu Schutz- und Hilfsmaterialien (Schnelltests, Masken, Transportmittel, Information usw.) zu haben. Es ist wiederum erstaunlich, wie wenig die politisch Verantwortlichen und die staatlichen Verwaltungen – vor allem auf Landes- und Kommunalebene – in diesem Bereich unternommen haben, wohl weil sie den betroffenen Menschen wenig zugetraut haben. Politik und Verwaltung haben auch sie als reine „Opfer" und „Hilfeberechtigte", nicht als aktive Bürger behandelt. Sie wurden entschädigt, nicht ertüchtigt. Ihren Beitrag zum Krisenmanagement hat die Coronapolitik weder honoriert noch unterstützt.

Solidarität: die vergessene Ressource

Eine Trennung von (Selbst)Verantwortung sich selbst und der Gesellschaft gegenüber war in Zeiten von Corona kaum möglich. In der Coronapandemie waren die gesellschaftlichen Wirkungen individuellen Verhaltens unmittelbar und gravierend. Wenn Menschen sich nicht coronakonform verhielten, gefährdeten sie ihre Mitmenschen, sie setzten ihren individuellen Nutzen zu Lasten Dritter und der Allgemeinheit durch. Ein coronawidriges Verhalten Weniger war unschädlich. Als ihre Anzahl über eine kritische Grenze hinaus zunahm, war das aggregierte Ergebnis gesellschaftlich kontraproduktiv. Und das Ausmaß des gemeinschaftlichen Irrtums wurde zu spät gemerkt oder die Politik hat zu spät und zu zögerlich gehandelt, so dass der gesellschaftliche Schaden nicht mehr zu vermeiden war. Es reichte nicht aus, dass viele – gar eine große Mehrheit – das Problem sahen. Eine Minderheit von einer kritischen Größe war in der Lage, zu verhindern, dass ein gemeinschaftliches Problem gelöst werden konnte. In Anlehnung an die US-amerikanische Politikwissenschaftlerin und Wirtschaftsnobelpreisträgerin Elinor Ostrom kann man das als ein „soziales Dilemma" der Coronapandemie bezeichnen, das immer dann eintrat, wenn egoistische Einzelentscheidungen zu weitaus schlechteren Ergebnissen führten als solidarisches Verhalten.[27] Dieses Phänomen war bei einem pandemierelevanten Teil der Bevölkerung zu beobachten, dem das Gespür für die gegenseitige Bedingtheit zwischen individuellem Verhalten und dessen kollektiven Folgen abhandengekommen ist, sei es aus Pandemiemüdigkeit, normativer Orientierungslosigkeit oder weil bei vielen die Ansicht Oberhand gewann, dass das Infektionsrisiko für jeden Einzelnen und jede Einzelne gering sei.

In der Coronakrise ging es folglich zwangsweise um mehr als die Verantwortung sich selbst gegenüber: Es ging um die persönliche Verantwortung für das Ganze. Es ging altmodisch formuliert um: Solidarität! An dem Punkt hat die Coronakrise große Brüche in der deutschen Gesellschaft offenbart. Die bereits analysierte Verhaltensausdifferenzierung in der Bevölkerung aufgrund unterschiedlicher Risikoeinschätzungen und der *Peer Groups*-Effekte hatte nämlich eine gravierende Folgeerscheinung: die wachsende Ent-Solidarisierung der Gesellschaft. Es deutet vieles darauf hin, dass Solidarität im ersten *Lockdown* groß geschrieben war, weil fast alle das Gefühl hatten, im selben Boot zu sitzen – eine Haltung, die man zu Beginn einschneidender Krisen oft erlebt. Alle sind zunächst davon ausgegangen, dass das neuartige Coronavirus im medizinischen Sinne alle Menschen gleichermaßen traf. Das „bloß persönliche Selbstinteresse", eine eigene Infektion zu vermeiden, stimmte mit der „moralischen Verantwortung für jene Menschen, in deren Pflicht man steht", überein, wie man in Anlehnung an Ottfried Höffe[28] formulieren kann. Wie er richtigerweise betont, stellt das Gefühl, „im

---

[27] Siehe unter anderem Ostrom (1990 und 2005).

[28] Ottfried Höffe (2009, S. 141).

gleichen Boot zu sitzen", einen wichtigen „moralischen Verpflichtungsgrund" gegenüber anderen Menschen dar. Dieses Gefühl ging vielen abhanden, als wissenschaftlich klar wurde, dass medizinisch nicht alle gleichermaßen zur Risikogruppe gehörten, dass jüngere Menschen mit gar keinen Symptomen oder höchsten mit einem milden Krankheitsverlauf zu rechnen hatten. Auch die Menschen, die die „Kollateralschäden" am stärksten spürten oder das Gefühl hatten, im Stich gelassen worden zu sein, hatten wenig Grund, sich als Insassen eines gemeinsamen Bootes zu sehen. Und schon gar keinen Grund dafür hatten diejenigen, die sich gegen den „Corona-Staat" auflehnten. Plötzlich saßen nicht alle in einem Boot und die Bereitschaft vieler Menschen, auf andere Rücksicht zu nehmen, nahm empfindlich ab. Für die einen war nicht das eigene Risiko und das Risiko für die Gemeinschaft, sondern höchstens nur noch die Notwendigkeit, im engen familiären Umfeld auf Risikopersonen Rücksicht zu nehmen, verhaltensbestimmend. Für andere war der Einfluss von *Peer Groups* maßgeblich. Und es gab auch diejenigen, die mit dem recht laschen Kontrollen der Ge- und Verbote haderten: sie bewirkten bei vielen eine zunehmende Erosion des Gerechtigkeitsgefühls, was wiederum ebenfalls die Ent-Solidarisierung verstärkte. Darüber hinaus hat die Politik selbst mit ihren undifferenzierten Verachtungs- und Bestrafungsfeldzügen gegen „Coronaleugner" und „Impfverweigerer" viele, auch viele gut gemeinte Menschen aus dem „gemeinsamen Boot" geworfen: sie verunsicherte die Menschen, sie ließ sie allein mit ihren Sorgen und Ängsten, und sie bestärkte sie in ihrer Verweigerungshaltung.

Die Gesamtheit dieser Rahmenbedingungen hatte zur Folge, dass immer mehr Menschen aus dem gemeinsamen Boot ausstiegen. Wie gesagt: es waren nicht alle, und die Umfragen haben während der Coronakrise stets gezeigt, dass die Mehrheit der Menschen ein eher vorsichtiges Politikmanagement der Coronakrise befürwortete. Aber eine Minderheit in kritischer Größe reichte wohl aus, um die Lage zu destabilisieren. Um gegenzusteuern, wäre unter anderem eine klare Erwartungsformulierung an die Menschen erforderlich gewesen: die Erwartung, dass sich jeder solidarisch verhält. Die gesellschaftliche Wirkung wäre vermutlich – und hoffentlich – stärker gewesen als das bloße Appellieren auf die Selbstverantwortung des Einzelnen oder der Zugriff auf Zwangsmaßnahmen oder das diskursive Rekurrieren auf die Angst der Menschen. Es hätte auf die Aktivierung einer Ressource abgezielt, die unerlässlich für die Bewältigung der Coronakrise war: Solidarität. Das wäre nicht nur im Hinblick auf die Kontrolle des Infektionsgeschehens förderlich gewesen, sondern auch im Hinblick darauf, gemeinschaftliches Engagement gegen die Coronapandemie und ihre „Kollateralschäden" zu mobilisieren. Und es hätte die Gesellschaft auch über die Coronakrise hinaus und im Hinblick auf zukünftige Herausforderungen bereichert. Doch es geschah das Gegenteil. Die Politik – und mit ihr auch einige Experten – haben die wertvolle Ressource „Solidarität" sträflich vernachlässigt. Allein die Anzahl und Häufigkeit der Appelle an die Selbstverantwortung standen im einem krassen Missverhältnis zu der Anzahl und der Häufigkeit der Appelle an die Solidarität.

Wie beim selbstverantwortlichen Handeln kann Solidarität die Versäumnisse der Politik allerdings nicht kompensieren. Gerade wenn es um Solidarität geht, ist die Politik stärker gefragt und kann ihre Verantwortung nicht den Bürgern und Bürgerinnen zuschieben. Sie muss *gemeinsam* mit ihnen handeln, die Erwartungen zur Solidarität an sie deutlich artikulieren und durch klare Regeln, Vorgaben und Vorleistungen Solidarität in der Gesellschaft organisieren. In einer interdependenten und engmaschig vernetzten Gesellschaft setzt Solidarität auch Toleranz von „Fehlverhalten" und die Bereitschaft aller Beteiligten – und nicht nur der Politik – voraus, Bedingungen zu schaffen, in denen Fehlverhalten minimiert wird und, wenn es vorkommt, geringe Auswirkungen für die Mitmenschen und die Gesellschaft hat. Spielentscheidend dafür wären gegenseitige Rücksichtnahme, wohlverstandene soziale Kontrolle und gegenseitiges Vertrauen gewesen. Nur auf dieser Grundlage wären gemeinschaftliches Engagement und das Einbringen von Lernerfahrungen in den politischen und gesellschaftlichen Prozess möglich gewesen. Es ist überraschend, wie wenig die Politik in ihrer Fixierung auf staatliche Steuerung sowie auf Selbstverantwortung und Angst versucht hat, die Ressource Solidarität in den Menschen und der Gesellschaft zu aktivieren.

Unter den Coronabedingungen war folglich ein Fehler, individuelle Freiheit und Selbstbestimmung zu verklären, wie Teile der Politik und der Experten es in der öffentlichen Diskussion taten. Sie priesen diese als „das höchste Gut" und sie veranschaulichten es oft mit dem Recht eines jeden Menschen, selbst zu bestimmen, welches Risiko und welche Verpflichtung er eingehen will und welche nicht. Corona ließ aber keinen Platz für eine reine individuelle Auslegung von Freiheit und Selbstbestimmung. Diese war in Coronazeiten deswegen so unangebracht, weil es die Gefahr ausblendete, die Freiheit Anderer zu beschneiden und den Interessen der Allgemeinheit zu schaden – eigentlich kein Corona-typisches Phänomen. Wenn jemand sich selbstbestimmt infizierte, weil er sich beispielsweise nicht an den Coronaregeln hielt oder sich nicht impfen ließ, handelte er fahrlässig und unsolidarisch. Er nahm das Risiko in Kauf, andere zu infizieren und unter Umständen deren schwere Erkrankung und Tod zu verursachen. Darüber hinaus trug er dazu bei, die „Kollateralschäden" der Coronapandemie zu verlängern. Mit anderen Worten: Er übte das Selbstbestimmungsrecht zu Lasten Dritter und der Allgemeinheit aus. Er bestimmte für sich allein, dass seine Freiheit nicht dort endete, wo die Freiheit des anderen begann. Sicherlich hat die Omikron-Variante mancher dieser Zusammenhänge geschwächt. Man darf aber die gesamte Geschichte der Coronapandemie mit dem Hinweis darauf nicht verklären.

Es ist Konsens in unserer Gesellschaftsordnung, dass es in der Verantwortung jedes Einzelnen liegt, freiwillig Risiken für sein eigenes Leben in Kauf zu nehmen. Es ist aber ebenso Konsens, dass niemand das recht hat, Risiken auf Andere oder die Allgemeinheit absichtlich abzuwälzen. Und deswegen konnte das Risiko, sich mit dem Coronavirus zu infizieren und dadurch andere Menschen wissentlich oder zumindest fahrlässig zu gefährden, nicht mehr individualisiert werden. Es war eine Frage der gemeinsamen Verantwortung. Das heißt: Ohne Verantwortung für die Mitmenschen, ohne gegenseitige Rücksichtnahme, ohne Solidarität war selbst-verantwortliches Handeln – nämlich das Handeln, das nur sich *selbst* gegenüber verantwortlich ist – inmitten der Pandemie ein gesellschaftliches Risiko. Durch ein dezidiertes Setzen auf Solidarität hätte die Coronapolitik viele Konflikte – beispielsweise die zwischen Geimpften und Ungeimpften – höchstwahrscheinlich produktiver managen und auflösen können.

Sind wir Menschen unserer Verantwortung gerecht geworden? Vordergründig ist der Befund ziemlich einhellig: die große Mehrheit der Menschen in Deutschland habe sich während der Coronapandemie „vernünftig" und „verantwortlich" verhalten. Wenn es darauf ankam, sei sie diszipliniert zu Hause geblieben, habe ihre Kontakte massiv eingeschränkt, von ihren Balkonen aus die Ärzte und Pflegekräfte lautstark applaudiert, konsequent Masken getragen und sich impfen lassen. Aber gerade Politiker und Politikerinnen, und auch manche Experten und Journalisten, die der Mehrheit im Allgemeinen „Vernunft" und „Verantwortung" attestierten, haben ihr im Konkreten – vor allem in der zweiten und der vierten Welle – offen oder verklausuliert auch das Gegenteil vorgeworfen: die Disziplin lasse stark nach, die meisten Infektionen fänden im Privatbereich statt, die Menschen seien „pandemiemüde" – von den Vorwürfen an die „unvernünftige" und „unverantwortliche" Minderheit ganz zu schweigen: sie denke quer, sie handele irrational, insbesondere, wenn sie sich nicht impfen lasse usw. Im Angesicht der rasch steigenden Fallzahlen und der dramatischen Lage in den Krankenhäusern stand nicht nur der Vorwurf des „Politikversagens", sondern auch der des „Menschenversagens" im Raum. Und der ständig wiederholte Befund, wir hätten „vernünftig" und „verantwortlich" gehandelt, bekam immer mehr den Beigeschmack des Unehrlichen und des Scheinheiligen – insbesondere nachdem es offensichtlich geworden ist, dass die „große Mehrheit" nicht ausreichend war, dass die „kleine Minderheit" groß genug war, um die Lage zu destabilisieren. Und das Verhalten der Menschen hat sich im Laufe der Pandemie derart ausdifferenziert, dass eine starre Unterscheidung zwischen „Vernünftigen" und „Unvernünftigen" kaum noch möglich war – von der Unterscheidung zwischen „geimpften Vernünftigen" und „ungeimpften Unvernünftigen" abzusehen.

Wir Menschen haben viele Entlastungsargumente: die Coronabedingungen waren für das selbstverantwortliche Handeln nicht gerade förderlich, die Politik hat Angst geschürt, und auch die Experten mit ihren ständigen Hinweisen auf die *Triage* und die Überlastung der Intensivstationen, der Staat hat im Namen des Gesundheitsschutzes tief in die Freiheitsrechte der Bürger und Bürgerinnen eingegriffen usw. Und überhaupt: aus welcher Perspektive werden „Vernunft" und „Verantwortung" definiert? Worauf bestand unsere Verantwortung? Wer hatte welche Erwartungen an uns? Das ist die eine Seite der Medaille. Die andere Seite ist, dass die große Mehrheit der Menschen mehr aus Sicherheit und weniger aus Selbstverantwortung gehandelt hat. Sie hat die staatlichen Eingriffe in die Freiheitsrechte nicht nur akzeptiert, sondern auch befürwortet. Sie hat Sicherheit und Gesundheitsschutz vor alle Freiheitsrechte gestellt – und sie hat sich wenig Gedanken darüber gemacht, ob die Eingriffstiefe der staatlichen Coronamaßnahmen so erforderlich war. Vor allem diejenigen, die relativ frei von finanziellen Sorgen waren, haben sich in eine gewisse Komfortzone eingerichtet und sich allmählich an die Freiheitseinschränkungen und die neue Postsozialität gewöhnt.

Fallstricke politischer Pandemiesteuerung

Everybody has a plan until they get punched in the mouth.
Then (…) they stop in fear and freeze
Mike Tyson

Eine Politik, die drohende Übel erst erkennt,
wenn sie sich deutlich zeigen, verletzt ihre Grundaufgabe
Otfried Höffe

Schlüsselwörter Entscheiden unter Unsicherheit · Resilienz · Pandemiesteuerung · Politische Kommunikation · Erwartungsmanagement

Auf das Verhalten der Menschen kam es letztendlich an, und eben auch auf die Fähigkeit der Politik, es entscheidend in die richtige Richtung zu beeinflussen. War die Coronapolitik überhaupt in der Lage dazu? Diese Frage spricht eine entscheidende Herausforderung der Coronapolitik an. Der deutsche Soziologe und Gesellschaftstheoretiker Niklas Luhmann hat bereits 1981 die „Personenänderung" als „das gefährlichste Ziel" bezeichnet, „das eine Politik sich setzen kann".[1] Ihm zufolge bringe der Versuch politischer Verhaltenssteuerung viele Folgeprobleme bei ohnehin geringer Erfolgsaussicht mit sich. Und das hat sich bis heute nicht geändert. Im Gegenteil. In einer modernen, pluralistischen und demokratischen Gesellschaft wie der deutschen hat der Staat eine im besten Fall beschränkte Fähigkeit, menschliches Verhalten zu steuern. Die relative Autonomie der Akteure sowie die breite Verteilung der Ressourcen und Handlungskompetenzen in der Gesellschaft haben zur Folge, dass die Menschen einen hohen Grad an freier Entscheidungsmacht haben, politische Vorgaben zu befolgen oder nicht. Die Politik kann keinen Bürger (Bürgerin) *per se* als „Mitmacher" („Mitmacherin"), als Gestalter (Gestalterin) gesellschaftlicher Realität im Sinne der staatlichen Vorgaben voraussetzen. Die Menschen haben Handlungsoptionen: mitmachen, nicht mitmachen, ganz anderes machen, und die notwendigen Ressourcen und Handlungskompetenzen dazu. Sie können entweder von dem Staat und der Gesellschaft verpflichtet werden oder sich vernunftgeleitet nur selbst verpflichten, die politischen Vorgaben zu befolgen oder nicht – und sie können unter Umständen staatlichen Zwang ins Leere laufen lassen.

---

[1] Siehe Luhmann (1981, S. 97).

Hinzu kam, dass die Coronabedingungen – hohe Dynamik, Multidimensionalität, Ungewissheit und Nichtwissen – die Voraussetzungen für das politische und gesellschaftliche Handeln neu definiert haben. Die Coronapandemie produzierte laufend überraschende Ereignisse, trügerische Entwicklungen und fehlleitende Gefühlslagen, unvorhergesehene Interaktionen und neues Wissen, an das sich das politische und gesellschaftliche Handeln stets von Neuem anpassen musste. Halbwegs stabile Grundlagen für rationale Entscheidungen im Sinne der *Rational Choice Theory* waren unter diesen Bedingungen nicht vorhanden. Die politischen Entscheidungsträger waren nicht imstande, die Wirkungen politischer Maßnahmen zuverlässig zu prognostizieren, menschliches Verhalten verlässlich zu antizipieren, Optionen abzuwägen, die Präferenzen der Menschen zeitgerecht zu ermitteln sowie die gegenwärtige Lage und die zukünftigen Entwicklungen fundiert einzuschätzen. Es gab somit keinen eindeutigen, geraden und unidirektionalen Weg von der Analyse zur Entscheidung, von dieser zur Umsetzung und schließlich von dieser zu den allgemeinen Zielen. Die Ziel-Mittel-Relationen waren weder linear noch unidirektional, Kausalzusammenhänge waren, wenn überhaupt, nur im Nachhinein erkennbar und sie waren nur unter großer Unsicherheit voraussagbar; kleine Inputs konnten große – positive und negative – Wirkungen auslösen, und umgekehrt. Es war kaum vorhersehbar, welche Ergebnisse im Prozess tatsächlich erreicht werden und welche Ereignisse er sonst noch parat hatte. Im Gegenteil, der Prozess brachte fortlaufend intendierte und nicht-intendierte Ergebnisse sowie überraschende Ereignisse hervor. Die politisch Verantwortlichen waren folglich darauf angewiesen, sich die Gegenwart und die nahe Zukunft unter hoher

Unsicherheit und Nichtwissen vorauszudenken. Auch der Rat von Experten konnte der Politik nicht immer helfen, weil er ebenso unsicher wie vorläufig und widersprüchlich war.

Und dennoch, trotz aller Unwägbarkeiten war Aporie keine Option für die politisch Handelnden. Das hätte bedeutet, das Virus laufen zu lassen und die verheerenden Folgen davon fahrlässig in Kauf zu nehmen. Sie musste entscheiden und handeln, um die Pandemie einzudämmen. Und sie konnte es. Auch wenn beschränkt, hatte sie die Möglichkeit, die Entscheidungen und Handlungen der Menschen direkt oder indirekt zu beeinflussen. Für die politische Steuerung der Pandemie standen ihr eine Vielzahl von Regulierungsmaßnahmen zur Verfügung. Dazu zählten alle in rechtlichen Normen (Gesetze, Verordnungen) niedergelegten Gebote und Verbote zu, die auf Kontaktbeschränkungen und die Unterbrechung von Infektionsketten abzielten. Im Mittelpunkt standen hier die allgemeinen *Lockdowns* und die einzelnen Maßnahmen der Kontaktreduktion wie Schließungen von Schulen, Restaurants, Kulturstätten, Ausgangssperren, die AHA-Regeln u. ä. Zum anderen konnte sie auf Maßnahmen der Information und Orientierung zurückgreifen, welche vor allem die politische Kommunikation (Verlautbarungen, Absichtserklärungen, Appelle, Empfehlungen politisch Verantwortlicher), die Aufklärungskampagnen, Beratung, Informationsbereitstellung, symbolische Anerkennungen u. ä. einschlossen. Schließlich hatte die Coronapolitik die Möglichkeit der Umfeldgestaltung mit Hilfe von Infrastrukturmaßnahmen (zum Beispiel die Impflogistik) sowie der Vorgaben von Gestaltungs- und Handlungsrahmen für das Handeln einzelner Akteure, von Mitwirkungsrechten, Entscheidungsregeln u. ä. Wie sah nun die Anwendung dieses „Instrumentenkasten"[2] der Coronapolitik in der Praxis aus? Welche Faktoren haben ihre Effektivität beeinflusst?

Entscheiden unter den Coronabedingungen

Die Politik hat gleich zu Beginn der Pandemie die Entscheidungsfindung grundlegend umgestaltet, um – so die Annahme – die Effektivität der Coronapolitik sicherstellen zu können. Sie trug damit der Tatsächlichkeit der *„bounded rationality"* Rechnung, wie der Psychologe und Verhaltensökonom Herbert Simon Entscheidungssituationen unter Ungewissheit genannt hat[3]. Die Verhaltensforschung hat in den letzten Jahren nämlich gezeigt, dass in solchen Situationen vertiefte, absichernde Analysen und Vorbereitungen die Qualität der Entscheidungen nicht unbedingt verbessern. In solchen Situationen ist oft notwendig, nach heuristischen Regeln vorzugehen, „mentale Abkürzungen" vorzunehmen. Solche Regeln erlauben, manche Informationen zu priorisieren und andere zu posteriorisieren, komplexe Entscheidungen so zu vereinfachen, dass sie handhabbar sind, und Maßnahmen zu formulieren, die schnell und ohne große Verzögerung, halbwegs durchdacht, implementiert werden können. Diese heuristischen

---

[2] Neben der Regulierung, der Information/Orientierung und der Umfeldgestaltung wurden auch Finanzierungsmaßnahmen angewandt. Diese umfassten die Steueranreize, um zu Kaufentscheidungen zu motivieren sowie Zuschüsse und Subventionen, die der Bund und die Länder beschlossen haben, um die sozialen und wirtschaftlichen Folgen der Coronapandemie abzufedern. Darauf gehen wir in diesem Buch nur punktuell ein.

[3] Siehe Simon (1959).

Methoden helfen, die Wahrscheinlichkeit zu erhöhen, eine gute Entscheidung zu treffen, gerade angesichts der vorliegenden zeitlichen und informatorischen Beschränkungen. Solche Entscheidungen sind zweifelsohne nicht optimal, sie sind gerade gut genug, um der komplexen Situation einigermaßen gerecht zu werden. Sie fordern von der Politik Mut zur Lücke und die Bereitschaft, eingeschlagene Pfade zu verlassen, wenn sie sich als nicht zielführend erweisen. Die Politik muss situativ die Kompetenz und den Mut haben, Entscheidungen so zu treffen, wie sie auch normale Menschen unter Unsicherheit treffen: intuitiv. Als Bürger konnte man eine solche Kernkompetenz der Politik erwarten. Sie basiert – wie der renommierte US-amerikanische Publizist und Sozialwissenschaftler Irving Kristol in einem 1978 veröffentlichten Artikel darlegte[4] – auf der über politische Generationen hinweg kumulierten Erfahrung, nach „gesundem Menschenverstand" zu handeln.

Wie hat sich die Politik in Zeiten von Corona der Herausforderung gestellt, unter *„bounded rationality"* zu entscheiden? Erstens hat sie die Entscheidungswege vereinfacht und verkürzt, die Entscheidungsverfahren beschleunigt und institutionalisierte demokratische Entscheidungsverfahren im Konsens fast aller relevanten politischen Akteure auf Notbetrieb umgeschaltet. Die gesetzliche Grundlage dafür schaffte sie durch die Novellierung des Infektionsschutzgesetzes, die der Bundestag am 26. März 2020 beschloss. Auf dieser Grundlage war die Bundesregierung ermächtigt, ohne vorherige Abstimmung mit dem Bundestag und dem Bundesrat Verordnungen zu erlassen, „um einer Destabilisierung des gesamten Gesundheitssystems vorzubeugen". Darüber

---

[4] Siehe Kristol (1980).

hinaus haben sich die politisch Verantwortlichen vor allem auf Drängen des Bundeskanzleramtes von Anfang an auf einen Ansatz politischer Pandemiesteuerung festgelegt, der zu den Kulturprägungen deutscher Politik in der Ära von Bundeskanzlerin Angela Merkel gehörte: „Auf-Sicht-Fahren" – das heißt: Entscheidungen in der Unmittelbarkeit des Handelns zu treffen. Auch in der Coronakrise wurde dieser Ansatz mit dem vorherrschenden Ausmaß an Dynamik und Unsicherheit begründet. „Auf Sicht fahren" sollte „adaptive Politik" ermöglichen: eine Politik, die sich stets an Veränderungen der Kontextfaktoren und der Informationslage kurzfristig anpassen und agil genug sein sollte, um auf unerwartete Veränderungen reagieren zu können – so der Anspruch.

Zweitens haben die politisch Verantwortlichen auf pauschale Eindämmungsmaßnahmen, insbesondere die *Lockdowns* und die „Bazooka", gesetzt. Sie haben darauf verzichtet beziehungsweise verzichten müssen, die Wirkungsketten einzelner Maßnahmen zur Eindämmung der Pandemiewelle genau zu antizipieren und die Ziel-Mittel-Relationen fein zu steuern. Sie haben sich vielmehr dazu entschlossen, was unter hoher Dynamik, Unsicherheit und Nichtwissen am sichersten war: das anfängliche Handeln am denkbar schlimmsten Verlauf der Pandemie auszurichten, relativ wuchtige Maßnahmenpakete zur Eindämmung der Pandemie zu beschließen, die allein durch seine Wucht das Ziel kaum verfehlen konnten. Solche Maßnahmenpakete hatten auch einen notwendigen Nebeneffekt: Zeit zu gewinnen, wofür auch immer. Ob die darin enthaltene Einzelmaßnahmen der Bundes- und Landesregierungen zielführend, konsistent und verhältnismäßig waren, ließ sich im Vorhinein nicht zuverlässig beurteilen – und meistens auch nicht im Nachhinein, wie die Erfahrungen gezeigt haben. Das hatte natürlich einen Preis: Die Coronapolitik konnte nicht widerspruchsfrei sein, nicht jede Einzelmaßnahme konnte zielführend und logisch erklärbar sein, nicht jede Einzelmaßnahme konnte dem Rationalitätsprinzip genügen. Eine solche Erwartung ging an der Corona-Realität vorbei. Entscheidend waren letztendlich nicht die Einzelmaßnahmen, sondern die vermutete Wirkung ihrer Gesamtsumme.

Auch in den Lockerungsphasen wurden die Entscheidungen, was gelockert werden sollte, ebenfalls unter hoher Unsicherheit und Nichtwissen getroffen. Zwar hat sich die Informationslage im Laufe der Pandemie durch bessere Kenntnisse über das Coronavirus und durch die lokale Eingrenzung des Infektionsgeschehens kontinuierlich verbessert. Es blieb aber bis zum Schluss unbekannt, wie sich die einzelnen Lockerungsmaßnahmen auf das Verhalten der Menschen und somit auf das Infektionsgeschehen auswirkten. Auch die Frage, wo die Infektionen schwerpunktmäßig geschahen, also ob Schulen, Restaurants, Einzelhandel u. ä. die wesentlichen Infektionstreiber waren, blieb bis zum Schluss ungeklärt. Unter anderem deswegen war die Neigung der Politik groß, eher pauschal und undifferenziert zu öffnen – mit der Folge, dass auch die Lockerungsmaßnahmen zu oft nicht widerspruchsfrei und logisch nachvollziehbar waren.

Drittens hat die Politik erkannt, dass die *Lösung* der sich anhäufenden Probleme in einer Situation, die außer Kontrolle zu geraten drohte, kaum gelingen konnte. Neben der Komplexität hatte man in der Coronapandemie nämlich auch mit dem zu tun, was man in der Problemforschung als *„wicked problems"*[5] kennt: Probleme, für die es keine Lösung gibt, und jeder Lösungsversuch verändert das Problemverständnis und

---

[5] Der Begriff *„wicked problems"* geht zurück auf Mittel and Webber (1973).

ruft neue Probleme hervor, in einer endlosen Kette von Lösungsversuchen und neu hervorgerufenen Problemen – ganz im Sinne vom Johann Wolfgang von Goethe, der in seinen „Gespräche mit Friedrich von Müller" sagte: „Jede Lösung eines Problems ist ein neues Problem". Irving Kristol hat im bereits oben zitierten Artikel mit einem treffenden Beispiel das *„wicked problems"*-Dilemma erläutert. Er zitiert einen nicht namentlich genannten israelischen Staatsmann, der, zur Zukunft Ostjerusalem gefragt, mit folgenden Worten antwortete: *„East Jerusalem? That's no problem at all. In politics, if you don't have a solution, you don't have a problem. What you have is a condition, in the medical sense of the term. You live with it at best you can, cope with it as best you can, and maybe in the future something will happen, for better or worse, to make this condition disappear or become of trivial significance."* Das Statement scheint – obwohl es von 1978 datiert – auf das Coronaproblem gemünzt zu sein. Es stellt eine seltene Perspektive heraus, auf eine Krise zu blicken. Es grenzt sich von jener der Politik, Wissenschaft und Gesellschaft ab, die traditionellerweise lösungsorientiert sind. Die Wissenschaft ist es ihrem natürlichen Wesen, die Politik ihrem selbstkonstruierten Wesen und die Gesellschaft ihrem Selbstberuhigungsbedarf nach. Das Ergebnis ist eine Allianz der Selbsttäuschung, eine Allianz, die sich gegenseitig in dem Glauben stärkt, dass jedes Problem irgendwie lösbar sei. Manche Probleme sind es aber nicht. Und die Erwartung an ihrer Lösbarkeit wird stets enttäuscht.

„*Coping with*" hieß auch im Falle der Coronakrise oft: politisch zu handeln, ohne allerdings den Anspruch zu haben, das jeweilige Problem abschließend zu lösen. Es ging also vornehmlich darum, den gegebenen Zustand zu stabilisieren, weil es unmittelbar keine effektive und dauerhafte Lösung gab und jeder partielle Lösungsversuch neue Probleme hervorrief, die die Lage zusätzlich hätte destabilisieren können. Die *Lockdowns,* das schnelle und dezidierte politische Handeln in Zeiten hochdynamischen Infektionsgeschehens, waren auch deswegen notwendig und effektiv, weil sie jeweils eine Gesamtsituation stabilisierten, die das Potenzial in sich trug, ins Chaos abzudriften – wie die USA und Brasilien als Gegenbeispiele gezeigt haben. Die Stabilisierung war auch eine Voraussetzung dafür, um überhaupt versuchen zu können, Probleme in Teilsystemen – wie beispielsweise dem Gesundheitssystem, den Altersheimen, der Gastronomie, der Wirtschaft oder den Kitas – unter Beachtung der Interdependenzen mit anderen Teilsystemen in Griff zu bekommen.

Auch die Maßnahmen der Bundesregierung zur Abfederung der sozialen und wirtschaftlichen „Kollateralschäden" der Coronapandemie folgten der gleichen Logik wie die Eindämmungsmaßnahmen: sie stellten Entscheidungen unter *„bounded rationality"* dar. Zwar haben sich zahlreiche Experten und Wirtschaftsforschungsinstitute bemüht, die Lage und die konjunkturelle Entwicklung der Wirtschaft in Zahlen zu erfassen, ihre Analysen und Prognosen waren aber auf Sand gebaut (siehe Abschn. 3.2). Auch hier galt folglich: Einzelmaßnahmen waren letztendlich nicht so entscheidend. Wichtig waren vielmehr die Gesamtsumme des Hilfspakets und die Wahrnehmung, dass die Regierung alles in die Waage warf, um sich gegen den sich anbahnenden Wirtschaftseinbruch zu stemmen. Insofern hatte auch die Ankündigung der milliardenschweren Hilfsprogramme der Bundesregierungen (die „Bazooka" vom damaligen Bundesfinanzminister Olaf Scholz) vor allem eine psychologische Stabilisierungsfunktion für die Wirtschaft. Diese konnte aber nur wirken, weil das Vertrauen erzeugt wurde, dass die Bundesregierung die Gesamtsituation im Griff hatte. Dieser Stabilisierungseffekt wäre weitgehend verpufft, wenn die Politik eher auf selektive Maßnahmen zur Bekämpfung der Coronakrise gesetzt hätte. Sie hätten lediglich Verteilungswirkungen gehabt. Und die Politik zur Abfederung der „Kollateralschäden" wäre dann unweigerlich in die Zwickmühlen des Lobbyismus und Interessengruppen geraten. Sie hätte nach althergebrachten Mustern jene Bevölkerungsgruppen und jene Industriebranchen am stärksten unterstützt, die die größte Lobbyismusmacht haben. Und die Öffentlichkeit hätte nicht zu Unrecht den Eindruck bekommen, man nutze die Gelegenheit, um Geschenke an die üblichen Verdächtigen zu verteilen.

Hat die politische Entscheidungsfindung funktioniert?
Ein Indikator dafür ist, ob es der Politik gelungen ist, schnell und frühestmöglich zu handeln. Die Notwendigkeit ergab sich vor allem aus der hohen Dynamik des Infektionsgeschehens, seinem exponentiellen Wachstum. Die Coronapandemie hat eine wichtige Erkenntnis früherer Pandemien bestätigt: in einer solchen Situation müssen die politisch Verantwortlichen schnell und so früh wie möglich entscheiden und handeln, um „vor die Welle zu kommen". Nur so war die Politik überhaupt in der Lage, das Infektionsgeschehen nennenswert zu beeinflussen. Ist ihr das geglückt? Es besteht weitgehend Konsens darüber, dass es der Politik zu Beginn der Pandemie gut gelungen ist, „vor die Welle zu kommen". Diese Auffassung wird von den Zahlen und den politischen Handlungen im Großen und Ganzen bestätigt. Das exponentielle Wachstum – das heißt: das rasante Auftürmen der ersten Coronawelle – begann am 13. März 2020. An den Tag stiegen die Infektionszahlen fast um das zehnfache gegenüber dem Vortag (von 170 auf 1.597). Und just an dem Tag rief die damalige

Bundeskanzlerin Angela Merkel in einem Statement vor der Presse die Bürger und Bürgerinnen dazu auf, Abstand zu halten und die Kontakte zu den älteren Mitmenschen drastisch zu reduzieren. Gleichzeitig kündigte sie umfangreiche Hilfe für die Wirtschaft an und versicherte, die Bundesregierung sei bereit, „alles zu tun, was notwendig ist, alles zu tun, was Deutschland braucht, damit wir durch diese Krise möglichst gut hindurch kommen". Es waren noch keine tatkräftigen Beschlüsse gegen die Ausbreitung des Coronavirus, aber deutliche Signale, dass wir mit einer ernsthaften Bedrohung zu tun hatten. Am 16. März beschloss die Bundesregierung das erste umfangreiche Maßnahmenpaket zur Eindämmung des neuartigen Coronavirus. Der erste *Lockdown* war beschlossen und trat am 22. März in Kraft. Am 26. März stellte dann der Deutsche Bundestag die „epidemische Notlage nationaler Tragweite" durch eine Änderung des Infektionsschutzgesetzes fest. Wie bereits erwähnt, ermächtigte er dadurch die Bundesregierung dazu, auf dem Verordnungsweg zu regieren.

Genau genommen erfolgten alle Maßnahmen nicht vor der Welle, aber doch rechtzeitig, um auf das Infektionsgeschehen entscheidend Einfluss zu nehmen. Bei den weiteren Pandemiewellen ist die Coronapolitik an dieser Herausforderung gescheitert. Die zweite Pandemiewelle baute sich Anfang Oktober 2020 auf, obwohl die Fallzahlen seit Juni kontinuierlich, aber unter der Radarschwelle gestiegen waren. Nach langem Zögern hatten sich die Regierungen von Bund und Ländern erst am 2. November dazu entschlossen, einen sogenannten „*Lockdown Light*" auszurufen. Da dieser nicht in der Lage war, die Welle zu brechen, verschärfte die Bundesregierung am 13. Dezember die Maßnahmen zu einem „harten" *Lockdown* – sechs Wochen nach dem Ansetzen des exponentiellen Wachstums der Infektionszahlen. Und die

Geschichte wiederholte sich im Frühjahr 2021. Fast alle Experten hatten nach Weihnachten und Neujahr eindringlich vor einer dritten Welle gewarnt, sie sei nicht mehr zu verhindern und würde wegen der britischen Mutante – und weil sie von einem sehr hohen Infektionsgeschehen aus startete – sogar noch schlimmer als die zweite Welle ausfallen. Einige sprachen erneut von Panikmache – bis die harte Realität uns alle einholte. Die Lage in den Krankenhäusern war so angespannt, dass die Intensivmediziner und -medizinerinnen die Politik öffentlich täglich anflehten, einen harten *Lockdown* bundesweit zu verhängen. Und es passierte zunächst: nichts. Das Land befand sich in einem Schwebezustand, handlungsunfähig und orientierungslos. Obwohl die dritte Welle sich rasch ab Ende Februar aufbaute, beklagte die damalige Bundeskanzlerin Angela Merkel am 28. März 2021 in der ARD-Sendung „*Anne Will*" immer noch die Tatenlosigkeit der Politik (!). Sie rief die Bundesländer dazu auf, die Anfang März vereinbarte „Notbremse" einzuhalten. Es gehe „jetzt" darum, die dritte Welle zu brechen, den „Instrumentenkasten" dafür hätten Bund und Länder vereinbart, die Umsetzung sei aber „nicht so, dass ich schon überzeugt bin, dass diese dritte Welle gebrochen wird", betonte sie.

Wer geglaubt hatte, die Politik hätte aus den Erfahrungen der drei bisherigen Coronawellen die richtigen Schlüsse gezogen, sah sich im zweiten Pandemie-Herbst massiv enttäuscht. Wiederum hatten fast alle Experten im Sommer eindringlich vor einer vierten Welle gewarnt, auch diese sei nicht zu verhindern und würde alles Dagewesene in den Schatten stellen. Bereits Ende Juli 2021 hatte das Robert-Koch-Institut (RKI) sogar einen Leitfaden mit dem Titel „Vorbereitungen auf den Herbst/Winter 2021/22" veröffentlicht. Und weil es wochenlang nichts passierte, sah sich der Virologe Martin Stürmer am 1. Oktober veranlasst, die Untätigkeit der Politik anzuklagen: „Die Politik lässt die vierte Coronawelle einfach durchlaufen", beklagte er in der Hessenschau. Ab den 17. Oktober baute sich die vierte Welle rasant auf, in einer exponentiellen Geschwindigkeit, die auch die Experten überraschte. Die Lage in den Krankenhäusern wurde immer dramatischer. Auch diesmal flehten die Intensivmediziner und -medizinerinnen die Politik öffentlich täglich an, harte Maßnahmen zur Kontakteinschränkungen bundesweit zu verhängen, um den drohenden Kollaps des Gesundheitssystems noch abwenden zu können. Der Ernstfall der *Triage* wurde in den Krankenhäusern und den Medien immer offener diskutiert. Und auch diesmal passierte zunächst: nichts. In dem Übergang von der alten zur neuen Bundesregierung war die Politik handlungsunfähig. Die alte Bundesregierung verwies auf die neue Mehrheit im Bundestag, die neue Ampelkoalition verwies darauf, dass die Bundesländer alle Instrumente hätten, um entschlossen handeln zu können, und die Bundesländer mahnten mehr Instrumente und bundeseinheitliche Regelungen an. Alles wie gehabt. Erst am 2. November 2021, als Deutschland schon mehr als 30.000 Neuinfektionen pro Tag hatte, setzte die Politik dezidierte Eindämmungsmaßnahmen bundesweit in Kraft.

Als zweiten Indikator dafür, ob die Entscheidungsfindung funktioniert hat, können wir nehmen, inwieweit die involvierten Akteure mit der Coronapolitik zufrieden waren. Das Bild ist hier eindeutig: im Laufe der Pandemie nahm die Zufriedenheit damit deutlich ab. Nach den meisten Umfragen ging sie von 70 % im Frühjahr 2020 auf ganze 30 % Ende November 2021 zurück. Die zunehmende Unzufriedenheit bezog sich nicht nur auf konkrete Misserfolge der Coronapolitik – wie beispielsweise den Schutz von Risikogruppen in Altenheimen, die Vorbereitung von Kitas und Schulen auf die jeweils nächsten Pandemiewellen, die Beschaffung von Schnelltests und Impfstoffen, die Organisation der Impfkampagnen, die Auszahlung von Unterstützungsleistungen für die Wirtschaft – sondern auch auf die grundsätzliche Ausrichtung der Coronapolitik. Wahrscheinlich am stärksten nahm im Laufe der Pandemie die Unzufriedenheit mit dem Ansatz des „Auf-Sicht-Fahrens" zu. Bereits am 9. Mai 2020 hat MP Stephan Weil in einem SPIEGEL-Interview die Stimmung unter manchen Länderchefs zur Protokoll gegeben: „Nur auf Sicht zu fahren, stößt auf immer weniger Verständnis", was zu Recht als Kritik an die Corona-Strategie der Bundeskanzlerin aufgefasst wurde. Die Wahrnehmung, dass dieser Ansatz zum verspäteten Handeln und zur Unstetigkeit der Coronapolitik beitrug, breitete sich später immer mehr aus. Er sei dafür verantwortlich, dass die Coronapolitik in Jo-Jo-Effekten und Salami-Taktiken gefangen bleibe. Jo-Jo-Effekte meinten die Abwechslung von *Lockdowns* und Lockerungen, mit „Salami-Taktiken" – wie MP Manuela Schwesig es genannt hat – war das Vorgehen gemeint, bei dem inmitten eines *„Lockdown light"* immer wieder neue Restriktionen dazu kamen, weil man angeblich auf neue Erkenntnisse reagieren wollte. Dass eine solche Politik vielen zu unberechenbar erschien und Vertrauen vernichtete, lag auf der Hand. Auch Frustrationstoleranz hatte in Coronazeiten enge Grenzen. Und mit zunehmender Pandemiemüdigkeit fiel die Vermittlung eines solchen Ansatzes immer schwieriger.

Aus dem Bundeskanzleramt wurde der Ansatz auch mit der Notwendigkeit verteidigt, flexibel auf die sich stets verändernde Lage reagieren zu können. Doch er wurde zunehmend als das Gegenteil von flexiblem, situationsangepasstem Handeln wahrgenommen. Und in der Tat war das „adaptive Handeln" fast immer nicht selbstbestimmt, es war selten ein bewusster und konsistenter Politikansatz. Er wurde oft der Politik von anderen

Akteuren aufgezwungen: der Bundesregierung von den Landesregierungen, der Politik insgesamt von Interessengruppen und oft „vom Druck der Straße", aber auch von vorauseilenden Handlungen vieler Politiker, die Protest und Widerstand gegen bestimmter Maßnahmen im Keim ersticken wollten. Eine aus der Not geborene adaptive Politik verkam teilweise zum reinen, chaotischen Aktionismus. Viele Aktionen der Politik – wie zum Beispiel die Testung von Reiserückkehrern inmitten der Sommerferien, das Beherbergungsverbot, die „Osterruhe" oder die angedrohte Aussetzung der einrichtungsbezogenen Impfpflicht – waren Ausdruck eines aktionistischen Handelns, das Entschlossenheit und Selbstsicherheit vorführen sollte. Es sollte in der Bevölkerung die Kontrollillusion aufrechterhalten: die Illusion, dass die Politik alles unter Kontrolle hatte. Am Ende des Tages offenbarte die Diskussion nur, dass es der Coronapolitik an einer vorausschauenden Strategie mangelte.

Last und Segen der Vergangenheit
Nicht nur die Coronabedingungen und der von den politisch Verantwortlichen gewählte Steuerungsansatz helfen, die praktizierte Coronapolitik zu verstehen. Auch Weichenstellungen und Versäumnisse des Staates in der Vergangenheit erklären, warum die Politik in manchen Handlungsfeldern so und nicht anders auf die Coronapandemie reagiert hat. Gemeint sind vor allem solche Weichenstellungen und Versäumnisse des Staates, die die Resilienz der Gesellschaft betreffen – das heißt: ihre Fähigkeit, Krisen aus den eigenen, in der Vergangenheit angelegten Vorräten zu managen[6]. Mehrere Unter-

---

[6] Einen guten Überblick über Inhalte und Geschichte des Konzepts „gesellschaftlicher Resilienz" geben Beendigter and Fathi (2017). Das Konzept kann auf Individuen, Organisationen und Gesellschaften angewandt werden.

suchungen bescheinigen Deutschland nämlich große Stärken, aber auch wichtige Defizite bei der Vorbereitung und der schnellen Reaktion auf eine Pandemie.[7]

Zu den Stärken zählen in erster Linie das breitflächige, dezentralisierte Angebot an Krankenhäuser und der damit verbundenen hohen Anzahl von Krankenbetten und

---

Einer Gefahr, die mit dem Konzept verbunden ist, muss man sich bei seiner analytischen Anwendung bewusst sein: Es kann dazu führen, die Bedeutung von Systemfunktionen und -strukturen im Krisenmanagement und -prävention zu Lasten der politischen Prozesse und der individuellen Verantwortung zu überschätzen. Das Konzept ist auch ambivalent, weil Resilienz sowohl den Wandel als auch die Trägheit von Systemen begünstigen kann. Beispielsweise kann die Ressource Vertrauen ein resilienzfördernder Faktor sein, zu großes Vertrauen in Staat und Politik kann dagegen die Menschen zur Passivität veranlassen. Diese Ambivalenz begründet die Kritik an der Unschärfe des Begriffes. Und dennoch hilft er, Systemvoraussetzungen zu verstehen, die Gesellschaften befähigen beziehungsweise hindern, eine gesellschaftliche Disruption zu bewältigen.

[7] Die britische Job Agentur für medizinische Berufe *ID Medical* hat im Jahr 2019 die Gesundheitssektoren in 24 OECD-Staaten anhand von drei Indikatoren verglichen: die Ausgaben für den Gesundheitssektor als Anteil des Bruttosozialprodukt, die Anzahl der Krankenhausbetten, Ärzte und Pflegepersonal sowie die durchschnittliche Lebenserwartung in den jeweiligen Ländern. Deutschland landete zusammen mit der Schweiz und hinter Japan auf Rang 2. Der Londoner *Think Tank Legatum Institut* hat ebenfalls 2019 im Rahmen des *Legatum Prosperity Index* den Gesundheitsbereich von 167 Länder bewertet, und zwar anhand von Kriterien wie die allgemeine Gesundheit der Bevölkerung, den Zugang zu Gesundheitsdiensten und die Qualität des Gesundheitssystems. Nach den Ergebnissen dieser Untersuchung belegte Deutschland den 12. Platz hinter Ländern wie Singapur, Japan, die Schweiz und Südkorea, die die ersten vier Plätze belegten. Eine Untersuchung, die Wissenschaftler der *John Hopkins Center for Health Security* im Rahmen des *Global Health Security Index* im Herbst 2019 vorgelegt haben, kam zu dem Ergebnis, dass kein Land der Welt im Herbst 2019 ausreichend auf eine Epidemie oder eine Pandemie vorbereitet war und jedes Land hatte wichtige Defizite zu adressieren. Das galt der Untersuchung zufolge uneingeschränkt auch für Deutschland. Die Untersuchung umfasst 195 Ländern und sechs Grundkategorien, von denen drei unmittelbar Fragen einer Pandemie-Vorsorge betreffen: „Prävention *of the Emergence or Release of Pathogens*", „*Early Detention and Reporting for Epedemics of Potential International Concern*" und „*Rapid Response to and Mitigation of the Spread of an Epidemic*". Im Mittel dieser drei Kategorien erhielt Deutschland insgesamt 68,6 von 100 möglichen Punkten und belegte Platz 15. In der ersten Kategorie rangierte Deutschland auf dem 13. Platz hinter den USA, Schweden und Thailand, die die ersten

Intensivstationen. Zwar hatte Deutschland zu Beginn der Pandemie im Vergleich zum prognostizierten Bedarf nicht ausreichend aktive Intensivbetten für die Behandlung von Corona-Patienten, den relevanten Akteuren ist aber nach der Überwindung bestehender Informationsdefizite durch eine gemeinschaftliche Anstrengung gelungen, die Anzahl der für Corona-Behandlungen real verfügbaren Intensivbetten signifikant zu erhöhen. Das hohe, breitflächige und dezentralisierte Angebot an Krankenbetten und Intensivstationen hat der Politik ermöglicht, auf relativ mildere *Lockdowns* zurückzugreifen. Es wirkte sich auch beruhigend auf die überwiegende Mehrheit der Menschen aus, die darin einen Sicherheitsanker inmitten eines Sturms sahen. Auch die allgemeine Krankenversicherung und die Lohnfortzahlung haben

---

drei Plätze belegten. In der zweiten Kategorie belegte Deutschland den 14. Platz hinter den USA, Österreich, Lettland und Kanada, die auf den ersten vier Plätzen rangierten. Bemerkenswert in dieser Kategorie aus deutscher Sicht sind die hohen Bewertungen, die Deutschland in zwei Unterkategorien erhielt: *„Laboratory System"* und *„Real-time Surveillance and Reporting"*. Aufgrund der hohen Leistungsfähigkeit des dezentralen deutschen Laborsystems erhielt Deutschland in der ersten Unterkategorie die volle Punktzahl – 100 Punkte – und belegte in der Untersuchung den ersten Platz. In der zweiten Unterkategorie erreichte Deutschland ebenfalls 100 Punkte. Das ist dem *„Electronic Surveillance System for Infectious Disease Outbreaks (SurvNet)"* zu verdanken, das das RKI im Jahr 2001 eingeführt hat. Dieses System ermöglicht die Erfassung seuchenrelevanter Daten im Bereich Mensch, Tier und Umwelt durch die lokalen Gesundheitsbehörden und die elektronische Übermittlung an das RKI. Auffallend aus deutscher Sicht ist aber auch die niedrige Bewertung – 50 Punkte – bei der Unterkategorie *„Epidemiology Workforce"*. Diese erfasst, inwieweit ein Land epidemiologische Trainingsprogramme aufstellt und anwendet, Studien- und Trainingsreisen für Gesundheitspersonal finanziert, damit sie aus den Erfahrungen anderer Länder lernen können, und über genügend trainierte Feldepidemiologen verfügt. Deutschland hatte auf einem wichtigen Feld der Vorsorge folglich zu wenig gemacht. Schließlich landete Deutschland in der dritten Kategorie nur auf dem 24. Platz. Aus deutscher Sicht lassen auch die Ergebnisse in einer Unterkategorie aufhorchen, die die Kontrolle von Infektionen und die Verfügbarkeit von Ausrüstungen (Schutzkleidung, Geräten) erfasst. In dieser Unterkategorie erhielt Deutschland magere 50,0 Punkte.

sich in Zeiten von Corona als essentielle Säulen des deutschen Gesundheitssystems erwiesen. Aus Angst vor negativen finanziellen Folgen hat niemand hierzulande den Gang zum Arzt befürchten müssen, wenn er oder sie verdächtige Symptome bemerkte. Im Gegenteil, solche Absicherungen haben ein coronakonformes Verhalten gefördert. Schließlich hat die hohe Leistungsfähigkeit des dezentralen deutschen Laborsystems von Anfang an eine breitflächige Teststrategie ermöglicht, mit der vor allem Öffnungsmaßnahmen flankiert wurden.

Auf der anderen Seite ist die Liste der Defizite doch recht lang: das Gesundheitspersonal war unzureichend trainiert, die Kontrolle von Infektionen war sehr mangelhaft, eine überregionale Koordination der Krankenhauskapazitäten bestand praktisch nicht, es gab keine strategischen Reserven und auch keine nationale Produktion von Schutzkleidern, Masken und anderen Schutzausrüstungen, die Digitalisierung hatte einen großen Bogen auch um das Gesundheitssystem gemacht, und die Bevölkerung wurde auf eine Pandemie in keiner Weise vorbereitet. Bedingt durch solche Defizite nahm die Pandemiebekämpfung in Deutschland zum Teil seltsame Züge an, die man exemplarisch am Hin und Her der Politik und der Wissenschaft beim Umgang mit der Maskenpflicht darstellen kann. Zu Beginn der Pandemie in Deutschland haben Politiker und Wissenschaftler sie als „nutzlos", ja sogar als potenzielle „Virenschleuder" und „Infektionsrisiko" diskreditiert. Einzelne Stimmen, die sich frühzeitig für die Einführung einer Maskenpflicht ausgesprochen haben, drangen kaum durch. Auch als sich evidenzbasierte Erkenntnisse vermehrten, dass sie doch etwas bringen, vor allem, wenn sie von allen getragen werden, zwangen sich Politik und Wissenschaft nur zögerlich dazu, sich zu den Masken klar und deutlich zu bekennen. Es hat lange gedauert, bis sich die politisch Verantwortlichen zu einer zumindest eingeschränkten Maskenpflicht durchgerungen haben.[8] Die Deutschen fremdelten lange Zeit mit der Maske und die politischen Verantwortlichen rangen sich nicht dazu durch, das Tragen von Masken zumindest zu empfehlen. Das Hin und Her in dieser Frage lässt sich mit den Versäumnissen aus der Vergangenheit erklären. Zum einen hätte eine allgemeine Maskenpflicht eine Offenbarung bedeutet: es standen zu wenig Masken zur Verfügung, weil die Lieferungen aus China zusammengebrochen waren und der auf dem Weltmarkt ausgebrochene Verdrängungswettbewerb den Zugang dazu enorm erschwerte. Und die Bundesregierung hatte es in der Vergangenheit unterlassen, ausreichend Maskenreserven anzulegen und die Maskenproduktion im Inland zu fördern. Während der Pandemie war oft zu lesen und zu hören, dass die Deutschen mit der Maske „kulturell" fremdeln würden. Belege für diese These gibt es nicht. Sollte sie dennoch zutreffen, dann hätte die Bundesregierung vor dem Hintergrund der Erfahrungen asiatischer Länder mit früheren Pandemien die Deutschen auf das Tragen von Masken früher vorbereiten müssen – so wie andere Länder ihre Bewohner auf Epidemien oder Erdbeben vorbereiten.

Ein anderes Beispiel für politische Versäumnisse der Vergangenheit sind die Gesundheitsämter. Obwohl sie immer als ein wichtiges Glied des Gesundheitssystems in Zeiten einer Pandemie galten, erwiesen sie sich im konkreten Notfall als das schwächste. Aufgrund ihrer Nähe zu der Bevölkerung, ihrer Kenntnisse der lokalen

---

[8] Der Anfang machte die Stadt Jena am 7. April, als sie eine Maskenpflicht im öffentlichen Nahverkehr, in allen Verkaufsstellen und Gebäuden mit Publikumsverkehr einführte. Einige Tage später hat die Stadt sogar eine Maskenpflicht für Büros vorgeschrieben, wenn mehr als eine Person im Raum war. Es blieb aber eine bemerkenswerte Ausnahme.

Verhältnisse und der dadurch gegebenen Fähigkeit, schnell und zielgenau zu reagieren, hatten sie die besten Voraussetzungen inne, die primäre Vorsorge sowie das Monitoring und die Verfolgung von Infektionsketten vor Ort federführend zu übernehmen. Bei der tatsächlichen Wahrnehmung dieser Aufgaben waren sie aber oft überfordert. Diese Aufgaben sind im Infektionsschutzgesetz zwar vorgesehen, die Politik hat aber in der Vergangenheit die Gesundheitsämter weitgehend vernachlässigt. Sie hat versäumt, sie personell, finanziell und technisch entsprechend auszustatten. Auch die Bevölkerung hat bis zum Ausbruch der Pandemie von ihnen kaum Notiz genommen. Die schwache Ausstattung der Gesundheitsämter hat insbesondere dazu geführt, dass sie bei hohen Infektionszahlen die Infektionsketten nicht mehr verfolgen konnten. Zudem erfolgte die Erfassung der Fallzahlen „händisch" und diese wurden mit Faxgeräten übermittelt. Alle diese Kapazitätsengpässe haben die Dynamik des Infektionsgeschehens beschleunigt und verhindert, dass die Politik mit differenzierten Maßnahmen darauf reagieren konnte. Eigentlich hat das schwächste Glied in der Kette die Eindämmungsstrategie maßgeblich mitbestimmt, wie die damalige Bundeskanzlerin Angela Merkel in einer Pressekonferenz am 21. Januar 2021 wohl unbeabsichtigt einräumte. Sie hat die Festlegung der Politik, die Eindämmungsmaßnahmen an der 50er Inzidenz zu orientieren, damit begründet, dass diese Orientierungsmarke die „mittlere Leistungsfähigkeit" sei, die Gesundheitsämter in Deutschland zur Kontaktnachverfolgung stemmen könnten. Wohl ungewollt hat sie der Coronapolitik einen Bärendienst erwiesen: sie machte transparent, dass wir seit einem Jahr mit massiven Restriktionen und Zumutungen leben mussten, weil die Politik nicht in der Lage gewesen ist und war, die Gesundheitsämter auf eine „höhere Leistungsfähigkeit" zu heben – eigentlich ein Armutszeugnis für die viertgrößte Industrienation der Welt!

Auch im Bereich der Kranken- und Altenpflege hat das neuartige Coronavirus gravierende Defizite offengelegt. Kranken- und Pflegekräfte wurden zwar als „systemrelevant" erkannt und haben während des ersten *Lockdown* symbolisch hohe Anerkennung erfahren. Gleichzeitig wurde aber überdeutlich, dass sie nicht angemessen bezahlt werden und ihre Arbeitsbedingungen schlecht sind. Solche Berufe sind derart unattraktiv, dass sie kaum Nachwuchs haben und eine hohe Personalfluktuation und -abwanderung aufweisen. Hinzu kam, dass sie ebenfalls schlecht auf eine Pandemie vorbereitet waren, weil sie unzureichenden Zugang zu Schutzausrüstungen hatten. Eine hohe Anzahl von Kranken- und Pflegekräften stand daher zu den Höhepunkten der Pandemie nicht zu Verfügung, weil sie entweder dem Beruf den Rücken gekehrt hatten oder wegen einer Corona-Infektion krankgeschrieben waren. Es wundert daher nicht, dass die Summe aus strukturellen und konjunkturellen Defiziten im Frühherbst 2020, als die zweite Welle das Land erfasste, dazu geführt haben, dass das Personal nicht ausreiche, um die verfügbaren Intensivbetten betreiben zu können. Nicht mehr die Intensivbetten selbst, sondern die Kranken- und Pflegekräfte waren zum Flaschenhals im Wettrennen gegen den Tod geworden.

Deutschland war also im Frühjahr 2020 unzureichend auf eine Pandemie vorbereitet, und das hat maßgeblich die Art und Weise bestimmt, wie die Politik auf die Pandemie reagiert hat. Das ist umso bemerkenswert, als es frühzeitige Warnungen von kompetenter Stelle gegeben hat. 2012 nämlich haben Bundesbehörden unter der Leitung des RKI eine Risikoanalyse für eine weltweite Pandemie, die durch ein Covid-19-ähnliches Virus verursacht würde, durchgeführt. Das Dokument wurde im Januar 2013 dem Bundestag zugestellt und ist bis heute auf dessen Internetseite zu finden. Die behördenübergreifende Arbeitsgruppe hat zunächst ein entsprechendes Szenario erarbeitet, anschließend die Eintrittswahrscheinlichkeiten einer solchen Pandemie und das zu erwartende Schadensausmaß bestimmt. Das Besondere darin: rückblickend liest sich das Dokument in Teilen wie eine erfüllte Vorhersage der durch das neuartige Coronavirus Anfang 2020 ausgelösten Pandemie. Nur die Eintrittswahrscheinlichkeit wurde falsch eingeschätzt. Die Risikoanalyse stufte den Eintritt einer solchen Pandemie als „bedingt wahrscheinlich" ein: „Ein Ereignis, das statistisch in der Regel einmal in einem Zeitraum von 100 bis 1.000 Jahre eintritt". Diese Fehleinschätzung hat möglicherweise dazu geführt, dass die Politik aus der Risikoanalyse keinen Bedarf an besonderen Maßnahmen der Risikoprävention ableitete. Die restliche Geschichte ist bekannt: die Pandemie traf Deutschland nicht im Jahr 2112 oder später, wie vorausgesagt worden war, sondern im Jahr 2020. Es war eine „Überraschung", auf die das Land unzureichend vorbereitet war, und die Politik hat auf „mittelalterliche Werkzeuge" zurückgreifen müssen, um die Pandemie zu bekämpfen.

Die Datengrundlage für die Pandemiesteuerung

Moderne Menschen – und auch moderne Politik – haben einen starken Drang dazu, die von ihnen wahrgenommene Realität in Zahlen zu komprimieren. Was nicht in Zahlen abgebildet werden kann, ist eben nicht real. Auch für Krisen braucht der Mensch Zahlen, die sie für ihn begreifbar machen. In der Coronakrise starrte ganz Deutschland wie gebannt auf die regelmäßigen

Pressekonferenzen des RKI-Präsidenten Lothar Wieler. Im Mittelpunkt standen die Anzahl registriert infizierter Personen (Fallzahlen), der durch das Coronavirus verursachten Todesfälle und der Intensivstationen (Betten, Beatmungsgeräte, Intensivpflegepersonal). Wie stand es aber mit der Aussagekraft dieser Zahlen, die von der Politik dafür verwendet wurden, über *Lockdowns* und Lockerungsmaßnahmen, über einschneidende Freiheitseinschränkungen zu entscheiden? Waren die Zahlen verlässlich genug, um eine angemessene politische Steuerung der Pandemiebekämpfung zu gewährleisten? Die Antwort ist ernüchternd, aber keineswegs überraschend: die Datengrundlage für so tiefgreifende politische Entscheidungen war eigentlich sehr dünn und wenig aussagekräftig. Die Politik hatte eigentlich ein doppeltes Problem: ihr standen Steuerungszahlen zur Verfügung, die das späte Handeln der Politik Vorschub leisteten und zudem unzuverlässig und unvollständig waren.

Lieber falsche Zahlen als gar keine Zahlen
Der Ansatz des „Auf-Sicht-Fahrens" suggerierte, dass man nur in der Unmittelbarkeit des Handelns in der Lage sei, zu erkennen, was zu tun sei, ganz so, als ob man unmittelbar vor dem Unglück in der Lage sei, eine Tragödie à la Titanic zu verhindern, weil man, aus einer Nebelbank herauskommend, den Eisberg gerade noch rechtzeitig sehen kann. Typisch für das politische Handeln unter den Coronabedingungen war aber die Unmöglichkeit, die Eisberge rechtzeitig zu sehen. Wenn die politisch Verantwortlichen sie sahen, standen diese bereits hinter ihnen, und sie wussten nicht, ob der Schaden bereits eingetreten und wie groß er war. Das lag im Wesentlichen an der Eigenschaft der Information, die für die politische Steuerung zur Verfügung stand. Die Politik und ihre Experten –

vor allem das RKI – fokussierten sich in erster Linie auf die Beobachtung des Infektionsgeschehens anhand der Infektionszahlen, des Reproduktionswertes und der Auslastung der Intensivstationen. Gerade in dieser Reihenfolge galt aber für deren Eigenschaft als Frühindikator: schlecht, schlechter, am schlechtesten. Alle bildeten eine Realität ab, die bereits Vergangenheit war. Sie sendeten daher Signale, die bei der Politik zu spät ankamen. Diese hatte daher kaum die Möglichkeit, rechtzeitige Entscheidungen zu treffen, um „vor die Welle" zu kommen. Sie hinkte folglich dem Infektionsgeschehen immer hinterher. Das war buchstäblich eines der Hauptprobleme der Politik in Zeiten von Corona. Die Politik fuhr nicht „auf Sicht", sondern eher blind. Sie befand sich eigentlich in einer Art *Piñata*-Spiel und musste gespannt darauf warten, ob sie überhaupt die *Piñata* traf und was dann herunterkam und bei wem. Rechtzeitiges Handeln war auf der Grundlage solcher Informationen und des daraus gewonnenen Wissens kaum möglich, weil diese eher die Vergangenheit abbildeten und sich ständig änderten, um für die Politik unmittelbar praxisrelevant zu sein. Die Politik handelte eher aus Intuition, und nicht selten aus blindem Zwang heraus, Tatkraft zeigen zu müssen.

Hinzu kam die mangelhafte Datenqualität, die zahlreiche Handlungsfelder der Coronapolitik betraf. Zu Beginn der Pandemiebekämpfung war die Intensivbehandlungskapazität weder den Krankenhausverantwortlichen noch der Politik bekannt, da zentrale Register weder auf Bundes- noch auf Landesebene existierten. Zudem konnte auch niemand zuverlässig einschätzen, wie hoch und wie schnell die Kapazitäten hochgefahren werden konnten und ob die Krankenhausbetreiber bereit waren, dies zu tun – und wenn ja, zu welchem Preis.[9] Erst am 8. April 2020 hat das Bundesgesundheitsministerium eine Verordnung erlassen, die die Registrierung und Übermittlung intensivmedizinischer Behandlungskapazität verpflichtet anordnete. Am 16. April konnte der Deutschen Interdisziplinären Vereinigung für Intensiv- und Notfallmedizin (DIVI) erste Zahlen benennen und die Inbetriebnahme eines zentralen Registers zur Echtzeiterfassung von Intensivkapazitäten bekannt geben. Das Problem wurde offensichtlich nicht grundsätzlich gelöst. Anfang 2022 wurde erneut öffentlich darüber gerätselt, wie viele Krankenbetten für die Behandlung von Omikron-Patienten zur Verfügung standen – diesmal nicht nur in den Intensiv-, sondern auch in den Normalstationen.

Während des ersten *Lockdowns* haben sich zudem immer mehr Experten zu Wort gemeldet, die auch eine weitere Säule des deutschen Steuerungsmodells in Frage stellten: die Fallzahlen. Diese würden zwei Schwächen aufweisen, die die Politik fehlleiten könnten. Zum einen gaben die Fallzahlen des RKI eine Realität wieder, die bereits sieben bis zehn Tage zurücklag. Darauf wurde im vorangegangenen Abschnitt hingewiesen. Das war auf die lange Inkubationszeit des Virus und der langen Meldekette der Fallzahlen von den Kreis- und Landesbehörden bis zum RKI zurückzuführen.[10] Zum anderen

---

[9] Eine Aufstockung der Intensivbettenkapazität beispielsweise durch eine Aufschiebung nicht dringender Operationen bedeutete nämlich hohe finanzielle Einbußen für die Krankenhausbetreiber, deren Vertreter nun rasch einen finanziellen Ausgleich verlangt haben. Die Bundesregierung hat daher ihre Appelle zur Erhöhung der Kapazitätsgrenze mit der Ausspannung eines finanziellen Schutzschirmes für die Krankenhäuser untermauern müssen.

[10] Die *John Hopkins University Center for Systems Science and Engineering (JHU CSSE)* veröffentlichte ebenfalls täglich Fallzahlen, die sie auch aus inoffiziellen, aber schnelleren Quellen zusammentrug. Die Fallzahlen der JHU waren daher zeitlich näher am Infektionsgeschehen, sie litten dennoch ebenfalls unter einem gewissen *„time-lag"*.

gaben die Zahlen des RKI lediglich die offiziell positiv getesteten Fälle an. Getestet wurden aber anfangs nach den Kriterien des RKI nur Personen, die Symptome aufwiesen, nachweislich Kontakte mit infizierten Personen gehabt und sich in Risikogebieten im Ausland aufgehalten haben. Später ließ das RKI das letzte Kriterium wegfallen, da Deutschland selbst insgesamt zum Risikogebiet geworden war. Asymptomatisch Infizierte sind also nicht getestet und daher auch nicht erfasst worden, obwohl die Erfahrungswerte aus China und anderen Ländern mit hoher Sicherheit belegten, dass ein beträchtlicher Teil der Infektionen ohne Symptome oder nur mit milden Erkältungsanzeichen abliefen. Solche Menschen hatten keinen Anlass zum Arzt zu gehen und sich testen zu lassen, so dass sie in den Infektionszahlen nicht erfasst wurden. Es bestand also eine „Dunkelziffer" bei den Infektionen, die alle darauf basierenden Kennzahlen verzerrte. Für China haben Forscher ermittelt, dass die Dunkelziffer um den 23. Januar 2020 herum bei 86 % lag und bis zum 8. März auf 40 % zurückgegangen war – aufgrund der Eindämmungsmaßnahmen und des höheren Zugangs zu Tests. Für die Schätzung der Höhe dieser Dunkelziffer gab es in Deutschland keine klaren Anhaltspunkte, und Erfahrungswerte aus anderen Ländern konnten nicht ohne weiteres auf eine ganz andere Realität übertragen werden. Auch eine Felduntersuchung eines Forscherteams unter der Leitung des Virologen Hendrik Streeck, Leiter des Instituts für Virologie am Universitätsklinikum Bonn, geriet zum Fiasko (für Details siehe Abschn. 4.3). Es wurde daher wild spekuliert, wobei die Bandbreite der Schätzungen von einem Faktor 5 bis zu einem Faktor 20 gingen. Das hätte beispielsweise bedeutet, dass Deutschland am 29. April 2020 zwischen 320.000 und 3,2 Mio. Infizierte anstelle der 160.059 offiziell registrierten Fallzahlen gehabt hätte. Und dennoch hat die Politik Anfang

Mai Lockerungsentscheidungen getroffen und so getan, als es diese Dunkelziffer nicht gegeben hätte.

Durch die Unzuverlässigkeit der registrierten Infektionszahlen entstand ein durchaus gravierendes Steuerungsproblem für die Politik, weil diese Unzuverlässigkeit sich dann auf ein zentrales Steuerungselement der Coronapolitik übertrug: die Sieben-Tage-Inzidenz. Sie war somit nicht nur „willkürlich" und „nicht wissenschaftlich abgesichert", wie die damalige Bundeskanzlerin Angela Merkel zugeben musste, sondern auch eine unzuverlässige Grundlage für politische Entscheidungen. Sie gab ebenfalls einen Zustand des Pandemieverlaufs wieder, die weit in der Vergangenheit zurücklag und die Realität völlig unvollständig abbildete. Politische Entscheidungen wiesen daher ein großes *„time lag"* und eine große Unsicherheit auf. Als sie wirksam wurden, wusste man nicht mehr, ob der zu beeinflussenden Zustand zu diesem Zeitpunkt besser oder schlechter geworden war. Mit anderen Worten: man wusste nicht, ob die politischen Entscheidungen noch nötig und die richtigen waren, und wenn ja, ob sie zu heftig oder zu mild waren. Addiert man dazu die zeitliche Verzögerung bei der Entscheidungsfindung und der Beschlussumsetzung, dann muss man feststellen, dass die Politik dem Infektionsgeschehen hoffnungslos und zum Teil blind hinterherhinkte. Und man konnte kaum prognostizieren, ob die Politik es in die richtige Richtung beeinflusste. Das Problem der Dunkelziffer hat die Politik während der gesamten Pandemie nicht in Griff bekommen. Ihre Höhe hing immer von der Testintensität und -häufigkeit ab. Sie schwankte also mit dem Sicherheitsgefühl der Menschen, weil sie sich in Zeiten gefühlt nachlassendem Risiko weniger haben testen lassen. Als die Omikron-Variante dominierend wurde, hat sich das Problem verschärft. Anfang Januar 2022, als die Fallzahlen die bis dahin neue Höchstmarke von 100.000 Neuinfizierte pro Tag übersprang, sprach der neue Bundesgesundheitsminister Karl Lauterbach davon, dass diese nach seiner Einschätzung eher doppelt oder dreifach so hoch seien. Experten widersprachen, weil die „Schätzung" des Ministers nicht fundiert sei, aber auch sie konnten keine fundierte Schätzung anbieten.

Das Aufkommen der Omikron-Welle hat die Diskussion um die Datenqualität verschärft. Zum Jahreswechsel 2021/2022 sprachen Bundesgesundheitsminister Karl Lauterbach und andere Experten von einer „Coronapolitik im Blindflug". Der Expertenrat der Bundesregierung zu COVID-19 sah sich sogar veranlasst, am 22. Januar 2022 eine Stellungnahme zu veröffentlichen, in der er „dringende Maßnahmen für eine verbesserte Datenerhebung und Digitalisierung" anmahnte. Erhebungsfehler, Meldelücken, verzerrte Statistiken, fehlende Erfassungssysteme: sämtliche Daten, die als Grundlage für die Coronamaßnahmen der Regierung dienten, seien deswegen ungenau. Zwei Jahre nach Beginn der Pandemie wusste offensichtlich niemand in Deutschland halbwegs genau, wie viele Menschen bis zum jetzigen Zeitpunkt von einer Corona-Infektion genesen waren, wie viele Menschen genau geimpft waren, wie viele Menschen mit oder an Corona gestorben waren, wie viele Menschen mit oder wegen Corona in den Krankenhäusern lagen. Ein Beispiel unter vielen: Der Intensivmediziner Christian Karagiannidis, der zugleich wissenschaftlicher Leiter des Intensivregisters der DIVI ist, verlangte eine bessere Datenbasis, „wir brauchen endlich ein Monitoring, das wie das Intensivregister zuverlässig die mit Corona infizierten Krankenhauspatienten erfasst. Bislang ist das ein nicht hinnehmbarer Blindflug, den wir uns nicht länger leisten können." Die Bundesregierung müsse schnell Abhilfe leisten, forderte er gegenüber der „Rheinischen Post". Auch diesmal betraf die Datenlücke die beiden, zu diesem Zeitpunkt wichtigsten Steuerungskennzahlen der Pandemiebekämpfung: die Impfquote und die Hospitalisierungsrate. Sie sollten der Gradmesser dafür sein, „wie heftig das Virus wütet und welche Schutzmaßnahmen verhältnismäßig sind", wie die FAZ. NET am 10. Februar schrieb. Dass die wichtigsten Kennzahlen für die Pandemiesteuerung ungenau waren, erhöhte die Wahrscheinlichkeit, dass die Politik falsche Entscheidungen traf, und erschwerte eine verhältnismäßige und vorausschauende politische Steuerung enorm.

Die Stunde der Modellierer
Wenn statistische Zahlen nicht zuverlässig genug sind – was in Situationen unter Ungewissheit und Nichtwissen nicht wirklich überraschend ist–, dann liegt es nahe, es mit Modellrechnungen zu versuchen. Und so verhalf die Coronapandemie einer zweiten wissenschaftlichen Berufsgruppe zur öffentlichen Aufmerksamkeit: den Modellierern. Sie verwendeten Computermodelle, um den Verlauf der Coronapandemie im Lichte der Eindämmungs- und Lockerungsmaßnahmen zu prognostizieren. Sie gehören meistens zu den sogenannten *„agent-based*-Modellen", computergestützten Simulationsmodellen, die zu unterschiedlichen Fragestellungen mit dem Ziel eingesetzt werden, die Regeln zu erfassen, die das Verhalten digitaler Akteure regulieren. Darauf basierend können die Wirkungen von Aktionen und Interaktionen – individueller oder kollektiver – autonomer Akteure auf das Verhalten des zu beobachtenden Gesamtsystems analysiert werden. In der „virtuellen Welt" ist jeder Akteur mit bestimmten Eigenschaften ausgestattet und gehorcht vorgegebenen, der jeweiligen Fragestellung entsprechenden Entscheidungsregeln. Jeder Akteur interagiert adaptiv mit jedem anderen und verändert sein Verhalten in Abhängigkeit von den

Fallstricke politischer Pandemiesteuerung 113

Umweltbedingungen. In den verwendeten Computermodellen standen die digitalen Akteure stellvertretend für Bürger und Bürgerinnen, die normalen Aktivitäten in der Familie, Schulen, Unternehmen und der Gesellschaft nachgingen. Analysiert wurden die Wirkungen einzelner Eindämmungsmaßnahmen auf das Verhalten der Menschen.

Es war mit Sicherheit eine sinnvolle Übung, die dazu beitrug, etwas Licht ins Dunkel zu bringen. Aber auch die Modellierer mussten vor der Realität kapitulieren. Gegenüber der ZEIT ONLINE vom 8. Mai 2020 bekannte der Modellierer Michael Meyer-Hermann vom Helmholtz-Zentrum für Infektionsforschung, dass die Fülle von Lockerungsmaßnahmen und die instabile Lage, die dadurch entstanden sei, es unmöglich machte, zu wissen, „wo die gefährlichste Stellschraube ist". Auch Jürgen May, Leiter der Abteilung Infektionsepidemiologie am Hamburger Bernhard-Nocht-Institut für Tropenmedizin, gab ebenfalls zu, dass Modellierer und Epidemiologen möglichst stabile Bedingungen brauchen, um Effekte der Lockerungen einschätzen zu können. Doch die Politik habe zu viele Lockerungsmaßnahmen auf einmal beschlossen, die Menschen seien unvorsichtiger geworden und auch das Wetter hat sich geändert: „Wie soll man auf dieser Basis wirklich voraussagen können, wie sich der Ausbruch entwickelt", fragte May ebenfalls gegenüber der ZEIT ONLINE vom 8. Mai 2020. Manchmal stört das normale Leben eben!

Auch im Frühherbst haben sich die Ministerpräsidenten und Ministerpräsidentinnen von den Modellierern ausrechnen und vorführen lassen, wie sich der geplante *Lockdown* auf die Mobilität und die Anzahl der zwischenmenschlichen Kontakte auswirken würde. Heraus kam der „Wellenbrecher"-*Lockdown*. Zumindest in der Öffentlichkeit haben die Modellierer den Eindruck erweckt, als hätten sie den „mathematisch genau" berechnen können. Dass der „Wellenbrecher" letztendlich die erwarteten Wirkungen auf Mobilität und Kontakte bei weitem nicht erbracht hat, war auch ein deutlicher Hinweis dafür, dass das menschliche Verhalten schwer steuerbar ist, zumal in einer gesellschaftlichen Disruption. Es war eine Fehlleistung, politisches Handeln primär auf solchen Berechnungen zu basieren. In einem Kommentar für „Merkur.de" hat der Chefredakteur des Münchener Merkur Georg Anastasiadis geschrieben: „Corona: Zu listig für den Wellenbrecher". Man war geneigt zu ergänzen: die Menschen ebenso, und auch zu unberechenbar. Oder: „Mathematisch lässt sich das leicht modellieren, aber realpolitisch schwer umsetzen", wie MP Reiner Haseloff es im SPIEGEL ONLINE am 22. Januar 2021 formuliert hat. Dass die Politik auf der Grundlage solcher Modelle weitreichende Entscheidungen getroffen hat, zeigt letztendlich wie groß die Unsicherheit und das Nichtwissen waren und wie die Politik sich händeringend an irgendeinen Schein von Sicherheit klammerte.

Gerade in einem Zustand der Ungewissheit und des Nichtwissens ist die Gefahr am größten, ambivalente Informationen und Trends falsch zu deuten, Erfahrungszusammenhänge aus einer relativ stabilen und sicheren Welt falsch zu projizieren. Sicherlich: viele Experte sind sich dessen bewusst. Und dennoch hatten sie nicht den Mut, auf Prognosen zu verzichten. Erklärbar ist diese Haltung entweder aus Selbstironie – nach einigen Tagen wird sich ohnehin niemand an die Prognosen erinnern – oder weil sie eine Klientel bedienen, die besonders anfällig dafür ist, was man als eine bestimmte Art der sogenannten *Availability Bias*[11] nennen kann: Politiker

---

[11] Zu *Availability Bias* siehe Dobelli (2011, S. 45 ff.).

Fallstricke politischer Pandemiesteuerung

und Journalisten. Beide greifen gerne auf verfügbare Zahlen zu, unabhängig davon, ob diese die Wirklichkeit einigermaßen zuverlässig abbilden oder nicht.

Ökonomen wurden von der Politik und den Medien schonender behandelt. Sie scheinen deren Wirtschaftsprognosen und Modellrechnungen für immun gegen die wirkliche Wirklichkeit zu halten. Und inzwischen glauben viele Ökonomen selbst daran. In den Tagen unmittelbar nach dem ersten *Lockdown* wetteiferten sie, Prognosen vorzulegen, deren Halbwertzeit wenige Stunden betrug. Sie machten sich nicht einmal die Mühe, den zu erwartenden wirtschaftlichen Einbruch innerhalb einer Bandbreite (etwa zwischen 4 und 8 %) anzugeben, sie legten stattdessen Prognosen für die coronabedingte wirtschaftliche Entwicklung vor, die auf die erste Nachkommastelle genau berechnet waren. Der Anfang machte der Sachverständigen Rat zur Begutachtung der gesamtwirtschaftlichen Entwicklung – die „Fünf Weisen". Er legte am 22. März 2020 – erst wenige Tage nach den ersten *Lockdown*-Maßnahmen – ein Sondergutachten vor, in dem er im Wesentlichen zwei Szenarien nicht nur für 2020, sondern auch für 2021 vorstellte. Das „wahrscheinlichste Szenario" prognostizierte einen Rückgang des BIP für 2020 von 2,8 % und einen Anstieg für 2021 von 3,7 %. Das Risikoszenario prognostizierte einen Rückgang des BIP für 2020 von 5,4 % und einen Anstieg für 2021 von 4,9 %. Wirtschaftlich wäre die Coronakrise nach diesen Szenarien eine mehr oder weniger kleine Delle, da die deutsche Wirtschaft bereits 2021 nahezu auf das Vor-Krisen-Niveau wieder angekommen wäre. Das widersprach jeglichem gesunden Menschenverstand. Die „Fünf Weisen" kamen offensichtlich nicht auf den Gedanken, dass sie es in dieser Situation des Nichtwissens auch nicht viel besser wissen konnten als Normalsterbliche.

Am 8. April 2020 haben die fünf führenden Wirtschaftsforschungsinstitute ihr traditionelles Frühjahrsgutachten vorgelegt, in dem sie für 2020 einen Rückgang der Wirtschaftsleistung von 4,2 % und einen Anstieg von 5,8 % für 2021 prophezeiten. Allerdings war diese Prognose bereits am Tag ihrer Präsentation Makulatur, da sie von der Annahme ausging, dass der *Lockdown* bereits Mitte April aufgehoben sein würde. Am 6. Mai 2020 veröffentlichte auch die Europäische Union ihre Frühjahrsprognose, in der sie von einem Rückgang des deutschen BIP von 6,5 % für 2020 und eine Erholung von 5,9 % für 2021 voraussagte. Am 23. Juni 2020 legten die „Fünf Weisen" eine erneute Konjunkturprognose vor. Darin sagten sie für 2020 einen Einbruch von −6,5 % und für 2021 eine Erholung von 4,9 %. „Aber was ist von Vorhersagen zu halten, die sich in bislang nie da gewesenen Krisen bis auf die Nachkommastelle festlegen?", fragte die WELT am 8. April den Forscher der fünf führenden Wirtschaftsforschungsinstitute. Timo Woomershäuser vom Ifo-Institut gestand: „Prognosen, die wir derzeit abgeben, haben wahrscheinlich eine kurze Lebensdauer".

Und welchen Sinn machen Wirtschaftsprognosen, die alle zwei Tage revidiert werden müssen? Marcel Fratzscher, Präsident des arbeitgebernahen Deutschen Instituts für Wirtschaftsforschung (DIW), gab bei *„Markus Lanz"* am 6. Mai eine ehrliche Antwort: „Die Wahrheit ist, wir wissen nicht, was am Ende dieses Experiments wirklich sein wird, wir wissen nicht, ob die deutsche Wirtschaft um 3 oder um 30 % einbrechen wird, eine Situation wie diese hat es nie gegeben". Und in der Tat lagen die Prognosen am Ende des Tages weit weg von den tatsächlichen Wachstumszahlen: −4,6 % 2020 und +2,1 % 2021. Auch Prognosen hinsichtlich der Wirkungen einzelner Maßnahmen – wie beispielsweise die Senkung der Mehrwertsteuer – waren unter den Coronabedingungen seriös kaum möglich. Die Wahrscheinlichkeit war groß, dass der Zustand von Ungewissheit und Nichtwissen Ursache-Wirkung-Beziehungen, die in normalen Zeiten als relativ stabil gelten können, randomisierte. Das machte Vorhersagen extrem unsicher und die tatsächlichen Wirkungen einer Maßnahme, wenn überhaupt, nur im Nachhinein feststellbar. Letztendlich konnte niemand voraussagen, wie sich die einzelnen Maßnahmen auswirken, ob sie nicht von anderen schwergewichtigen Unsicherheitsfaktoren völlig überlagert werden würden. Und dennoch haben die Wirtschaftsforscher es weiter versucht, sie ließen sich weder von den weiteren Pandemiewellen noch von den neuen Mutanten noch vom Impffiasko davon abbringen, scheinbar genaue Wirtschaftsprognosen zu liefern. Und sie nahmen unbeirrt in Kauf, dass sie ihre Wirtschaftsprognosen laufend „anpassen" mussten, und zwar so oft, dass diese nicht mögliche Zukünfte, sondern die vollzogene Vergangenheit abbildeten. Ökonomen sollten sich vor Auge führen, dass auch ihre makroökonomischen Modelle auf stabile Rahmenbedingungen sowie auf Annahmen über stabiles menschliches Verhalten und stabile menschliche Interaktionen basieren. Und diese waren unter den Coronabedingungen eben alles andere als stabil und berechenbar.

Prognosen von Ökonomen scheinen also Artenschutz zu genießen, obwohl sie auch in normalen Zeiten selten zutreffen. Insbesondere Politiker, aber auch Journalisten haben massiv die Zahlen des RKI kritisiert und ihre „wissenschaftliche Güte" in Frage gestellt. Wolfgang Kubicki, Vize-Präsident des Bundestages, orakelte sogar, die RKI-Zahlen seien „politisch motiviert" und nicht „wissenschaftlich fundiert". Christian Lindner, FDP-Chef, kritisierte gegenüber der Passauer Neuen Presse, dass die RKI-Zahlen „die wahre Lage" nicht wiedergeben würden. Und MP Markus Söder verlangte vom

RKI in der ARD-Talkshow „*Anne Will*" am 3. Mai „verlässliche Zahlen", da die RKI-Zahlen „manchmal auch für etwas Verwirrung sorgen". Eine ähnliche Kritik an den Modellrechnungen der Ökonomen hat man während der gesamten Coronakrise nicht vernommen, obwohl ihre Zahlen auf noch wackeligeren Füßen standen. Die Kritiklosigkeit gegenüber den Zahlen der Ökonomen lag möglicherweise daran, dass man sich an ihre Fehlprognosen schon gewöhnt hat, oder auch daran, dass die Maßnahmen der Politik, um die pandemiebedingte Talfahrt der Wirtschaft zu stabilisieren, die gleichen gewesen wären, unabhängig davon, ob die Wirtschaft um 7,0 oder um 20,3 % kollabiert worden wäre. Die medienwirksamen Vorstellungen der Sondergutachten durch den Bundeswirtschaftsminister in Begleitung der „Fünf Weisen" dienten anscheinend lediglich der „wissenschaftlichen" Legitimierung der durch die Pandemie erforderlich gewordenen massiven Ausweitung der Staatsschulden.

Dennoch ist die Kritiklosigkeit gegenüber den Prognosen der Ökonomen mehr als verwunderlich. Es ist nämlich schon lange bekannt, dass die Ökonomen – zusammen mit den Untergangs- und den Desintegrationspropheten[12] – besonders anfällig für das sind, was Sozialpsychologen die „Prognoseillusion" nennen. Das Lebensdilemma vieler Ökonomen hat der Fondsmanager Peter Lynch ironisch ausgedrückt: „Die USA haben 60.000 ausgebildete Ökonomen. Viele von ihnen sind angestellt, um Wirtschaftskrisen und Zinsen vorherzu-

---

[12] Zum Beispiel machen James D. Davidson und William Rees-Mogg in ihrem 1997 erschienenen Buch „*The Sovereign Individual*" folgende Prognose über die Auswirkungen der digitalen Revolution auf die Verfassheit von Staaten: „By 2025 at the least, it will be evident that you cannot make the superstate work – there may be no greater China, no European Union no United States, and probably only a little Russia. If they survive they will be very different, more like voluntary associations."

sagen. Wenn ihre Prognosen nur zweimal hintereinander eintreffen würden, wären sie Millionäre. Soweit ich weiß, sind die meisten noch immer brave Angestellte, was uns irgendetwas sagen sollte." Das war vor 20 Jahren, heute wird ihre Anzahl in den USA auf rund 14.600 geschätzt, was eine exponentielle Zunahme der Fehlprognosen befürchten lässt. Und diese werden in der Politik und den Medien weiterhin treue Abnehmer finden, weil sie eben Artenschutz genieße – und verfügbar sind.

Das Fehlen einer vorausschauenden Coronapolitik

Mit dem Ansatz des „Auf-Sicht-Fahrens" hat die Politik zugelassen, dass das Virus ungehindert das machte, was er am besten machte: uns zu überraschen. Was wäre die Alternative dazu und zu dem „Corona-Blindflug" gewesen? Die Vorstellungen darüber waren ebenfalls sehr verschieden. Sehr früh wurde die Forderung nach einem „langfristigen Plan" für die Pandemiebekämpfung laut. Bereits am 19. April 2020 wunderte sich Ministerpräsident Michael Kretschmer in der ARD-Sendung *„Anne Will"* über das, was „typisch deutsch" sei: „Es gibt ein Problem, dann machen die Deutschen einen Plan und dann fangen sie an, den abzuarbeiten, zu optimieren, und am Ende läuft alles wie am Schnürchen". Beschwichtigungen halfen aber wenig. Die öffentliche Diskussion hielt den Handlungsdruck auf die Politik aufrecht, sie sollte – wie es hieß – Stufen- beziehungsweise Perspektivpläne vorlegen. Der Wunsch dahinter war sicherlich nachvollziehbar: man wollte die Coronapolitik und die Erwartungen der Menschen verstetigen, indem man ihnen eine „längerfristige Perspektive" aufzeigte.

Das hieß umgekehrt: Jo-Jo-Effekte, Salami-Taktiken und blinden Aktionismus vermeiden.

Um klassische Pläne konnte es nicht gehen, an dem Punkt konnte man MP Michael Kretschmer zustimmen. Dafür war die Corona-Lage stets zu dynamisch und zu ungewiss. Wenn die Pläne fertig gestellt und abgestimmt gewesen wären, hätte man bereits eine neue Lage gehabt, die die noch frischen Pläne zur Makulatur gemacht hätte. Denjenigen, die nach Plänen handeln wollten, ging es folglich meistens wie den Gegnern des gefürchteten und legendären ehemaligen Boxweltmeisters Mike Tyson: jedes Mal, wenn das Virus zuschlug, war es mit der Strategie geschehen. Es ging dann nur noch um Schadensbegrenzung, darum, nicht *„in fear and freeze"* zu erstarren. In der Coronapandemie waren Pläne oder längerfristige Strategien folglich Ausdruck eines voluntaristischen Handelns, bei dem Planung und Handeln meistens an die tatsächliche Realität vorbei erfolgten. Auch hier sollte Sicherheit vorgetäuscht werden, wo Unsicherheit und Nichtwissen vorherrschen. Man schrieb oft lauter Selbstverständlichkeiten auf, die bei vielen Beteiligten meistens nur Erstaunen auslösten: „Ach so, das war gemeint? Das Meiste davon machen wir doch schon?" So ähnlich war nämlich die Reaktion vieler Politiker und Experten auf den Vorschlag einer internationalen Expertengruppe, die Mitte November 2020 eine langfristige Sieben-Punkte-Strategie für die Pandemiebekämpfung in England vorgelegt hat, die in den deutschen Medien auf große Resonanz stieß. Alle Punkte waren richtig, aber einige wurden in der Tat gerade umgesetzt – Verbesserungsbedarf nicht ausgeschlossen – und wieder andere hatten so langfristigen Charakter, dass sie für die Bekämpfung der aktuellen Pandemie keine große Rolle spielten. Sie waren eher wichtige Merkposten für die kommenden. Ein ähnliches Schicksal ereilte den Vorschlag einer Gruppe von

330 Forschern, die kurz vor Weihnachten 2020 eine EU-weite, gemeinsame Corona-Strategie vorschlug.

Hinzu kam, dass sich die Pläne – und insgesamt die Corona-Gesetzgebung – meistens an Kalendertermine orientiert haben, die meisten Eindämmungsmaßnahmen hatten nämlich ein Anfangs- und ein Enddatum. Weil sich das Coronavirus an zeitlichen Wegmarken jedoch selten hielt, war dieser Ansatz für die Steuerung von Erwartungen höchst problematisch. Die Politik gab praktisch bewegliche Ziele vor, Ziele, die das Virus ständig nach hinten verschob – gerade als man glaubte, es nah gekommen zu sein. Irgendwann realisierten die Menschen es und dann machten sich Enttäuschung, Müdigkeit und Depression breit. Es ist ein Rätsel, warum die Politik ein ganzes Jahr gebraucht hat, um Steuerungsgrundlagen in Erwägung zu ziehen, die sich vom Kalender entkoppelten. Erst Ende Januar 2021 haben zunächst Schleswig–Holstein und Niedersachsen angekündigt, auf inhaltlichen Indikatoren aufbauende „Stufenpläne" bei der Bund-Länder-Konferenz am 10. Februar 2021 zur Diskussion zu stellen. Erfolg hatten sie damit nicht. Dem Vernehmen nach hat die Bundeskanzlerin solche „Perspektivpläne" abgelehnt. Möglicherweise wollte sie ihrem langjährigen Markenkern des „Auf-Sicht-Fahrens" bis zum bitteren Ende treu bleiben. Doch mit Hilfe von Stufenplänen mit zeitlich ungebundenen Zwischenetappen hätten die Politik die Erwartungen der Menschen voraussichtlich besser steuern können. Aber auch die Nützlichkeit eines solchen Instruments darf man nicht überschätzen. Auch ein darauf begründetes politisches Handeln hätte letztendlich zu Frustrationen und Pandemiemüdigkeit geführt, wenn das Virus nicht mitgespielt und weiterhin unberechenbare Überraschungen produziert hätte – was am wahrscheinlichsten war. Am Ende des Tages hätte man festgestellt, dass die Menschen sich weniger nach Berechenbarkeit, sondern mehr nach dem Ende der Pandemie sehnten.

Die Zukunft vorausdenken

Die Forderung nach „Plänen", welcher Art auch immer, war ebenfalls ein deutlicher Hinweis auf die weit verbreitete Unzufriedenheit mit dem Ansatz des „Auf-Sicht-Fahrens". Sie drückte die Sehnsucht nach einer vorausschauenden Coronapolitik aus. Davon war die Pandemiesteuerung aber weit entfernt. „Auf-Sicht-Fahren" ist nämlich etwas grundlegend anderes als vorausschauendes Handeln. Wer auf Sicht fährt, investiert nicht viel und nicht systematisch in die Früherkennung von Trends, zukünftigen Entwicklungen, Ereignissen und Warnsignalen. Er neigt dazu, den Wert von Information für das politische Handeln zu unterschätzen. Er setzt darauf, Entscheidungen situativ und in der Unmittelbarkeit des Handelns zu treffen und sie je nach Bedarf anzupassen. Er endet aber oft im Improvisieren. Daher ist ein solcher Ansatz immer ein wenig chaotisch und die politischen Entscheider und Entscheiderinnen geraten des Öfteren in einen unnötigen zeitlichen Entscheidungs- und Handlungsdruck – und oft können sie sich am Ende des Tages nur darauf konzentrieren, die Fehlentwicklungen zu korrigieren, die ein zu spätes Angreifen verursacht hat. Er mag in Situationen absoluter Unsicherheit und absoluten Nichtwissens unvermeidbar sein, nicht aber in Situationen, bei denen trotz hoher Unsicherheit und Nichtwissens zumindest schwache Signale vorhanden sind, mit deren Hilfe man sich unterschiedliche Zukünfte – sprich: Szenarien – ausdenken und Handlungsoptionen entwerfen kann. Trotz hoher Unsicherheit und Nichtwissens sind Situationen, in denen zumindest schwache Signale vorhanden sind, eher die Regel.

Und mit einer solchen Situation hatten wir es in der Coronapandemie spätestens nach dem ersten *Lockdown* zu tun. Einige Überraschungen und Fehleinschätzungen, die angeblich vom Informations- und Wissensmangel verursacht wurden, wären vermeidbar gewesen. Nehmen wir die zweite und dritte Pandemiewelle als Beispiel. Es gab nämlich genug warnende Stimmen und Erkenntnisse aus der Wissenschaft, die nach der ersten Welle vor einer zweiten und später einer dritten Welle frühzeitig gewarnt haben. Für manche Experte war es nicht eine Frage des Ob, sondern ausschließlich des Wann und der Schwere. Es gab also ausreichenden Grund, Kitas und Schulen darauf vorzubereiten, Gesundheitszentren besser auszustatten, die Entwicklung innovativer Hygienekonzepte für Restaurants und den Kulturbetrieb zu fördern, regional und sektoral differenzierte Strategien für das Corona-Management zu entwickeln usw. Und dennoch hat sich nach dem Ausbruch der zweiten und der dritten Welle schnell herausgestellt, dass man in diesen Bereichen kaum weiter war, als es beim Ausbruch der ersten Welle der Fall gewesen ist. Das war umso paradoxer, als Wissenschaft und Gesellschaft im Frühjahr und Sommer 2020 viel über das Virus und seine Bekämpfung gelernt hatten, und wir nahmen an, dass Politik und Verwaltung in der Lage waren, das Gelernte in die Entscheidungsprozesse systematisch einzubeziehen und dann effektiv umzusetzen. Offensichtlich war diese Annahme falsch. Politik und Verwaltung sind wohl tatsächlich überrascht worden, oder sie haben sich von einem falschen Sicherheitsgefühl leiten lassen, dem eine Fehleinschätzung der Lage zugrunde lag.

Weil es aber genügende und rechtzeitige Warnsignale gab, lag eine angemessene Grundlage für strategisches, vorausschauendes Handeln vor. Dieses hätte auf Szenarien aufbauen können, die möglichen zukünftigen Entwicklungen einigermaßen umfassend abbilden und Handlungsoptionen liefern können – eine Art digitale Navigationskarte mit automatischem Verkehrsfunk, die mögliche Wege aufzeichnet und vor Stau warnt, sollte der eingeschlagene Weg fortgesetzt werden.

Darauf basierend hätte man Wenn-Dann-Regeln für das politische Handeln aufstellen können. Eingebaute *inhaltliche* Zwischenetappen hätten ferner die Funktion gehabt, die Pandemiebekämpfung von zeitlichen Meilensteinen zu entkoppeln. Das Instrumentarium für ein solches strategisches Handeln ist zum Teil während der Pandemie sogar entwickelt worden. Im Herbst 2020, als die Politik sich mit einer Antwort auf die zweite Pandemiewelle befasste, wurde sie beispielsweise auf Computermodelle aufmerksam, die menschliches Verhalten als Reaktion auf die Cornamaßnahmen anhand von Mobilitätsdaten simulierten. Wie bereits gesehen, sind manche Entscheidungen auf der Grundlage solcher Modellsimulationen getroffen worden, obwohl diese in einer multidimensionalen Krise nur Facetten menschlichen Verhaltens abbilden konnten. Der Korridor für mögliche Prognosen war folglich sehr breit. Sie waren dennoch ein wichtiges Input, um eine ganzheitliche Einschätzung der Lage durch die Politik vornehmen zu können.

Schließlich hätten man alle Informationen, Erkenntnisse und Einschätzungen, die man dadurch gewonnen hätte, in einen Strategieprozess einbringen können. Darauf werden wir im nächsten Kapitel zurückkommen. Insgesamt hätte ein vorausschauendes Handeln nicht immer die „*Piñata*"-Spiele und die Frustrationen vermeiden können, es hätte aber die Coronapolitik verstetigt und ihre Berechenbarkeit erhöht, die Erwartungen stabilisiert und für mehr Handlungssicherheit gesorgt. All das hätte wiederum die Chancen für einen breiten Konsens unter den relevanten Akteuren und für mehr Akzeptanz der politischen Maßnahmen in der Bevölkerung gesteigert. Alles das hätten man machen können. Doch die verfestigte Kultur des „Auf-Sicht-Fahrens" hat sich zumindest bis zum Regierungswechsel im Dezember 2021 hartnäckig durchgesetzt.

Der Mangel an vorausschauendem Handeln und Strategiefähigkeit führte zu einer Reihe von Handlungsmustern von Politik und Verwaltung, die ebenfalls viele ihrer Fehler und Versäumnisse bei der Pandemiebekämpfung mit erklären. Erstens hat sich das politische Handeln primär auf die Ziel- und Regelsetzung fokussiert. Sie versäumte dabei jedoch konkrete Prozesse und Maßnahmen zu definieren, die es ermöglichen, die Ziele zu erreichen und die Regeln durchzusetzen. Der Mangel an vorausschauendem Handeln bringt nämlich mit sich, dass man wenig darin investiert, die mögliche Struktur eines Problems beziehungsweise eines *„system of problems"* genauer zu entziffern. Folglich definiert man das erforderliche konkrete Handeln vorab nicht. Welches Vorhaben wir auch immer betrachten – ob die Infektionsketten besser nach zu verfolgen, oder die Risikogruppen besser zu schützen, oder den Schulbetrieb möglichst lang aufrechtzuerhalten, oder die Einführung der einrichtungsbezogenen Impfpflicht–, überall hat man entweder keine klaren Umsetzungspläne definiert oder die Organisation und das Management der Politikumsetzung mehr oder weniger dem Zufall und dem guten Willen der örtlichen Verwaltungen überlassen.

Das Ausblenden der konkreten Struktur eines Problems bedingte auch ein zweites Handlungsmuster: Politik und Verwaltung richteten den Blick auf das Ganze, übersahen aber oft wesentliche Teile eines *„system of problems"*. Nehmen wir den Schutz von Risikogruppen in Altenheimen als Beispiel. Nach der ersten Pandemiewelle bestand Konsens darüber, dass die Bewohner und Bewohnerinnen von Altenheimen besser geschützt und ihre erneute Isolierung vermieden werden mussten. Auch die notwendigen Maßnahmen dafür waren in Expertenkreisen weitgehend unstritten. Und dennoch verweigerten Politik und Verwaltung das Handeln auf der konkreten

Ebene, weil sie die Gesamtheit des Problems im Auge hatten. Sie betonten immer wieder: Risikogruppen seien nicht nur die Bewohner und Bewohnerinnen von Altenheimen, man müsse daher eine Lösung für die Gesamtheit der Risikogruppe anstreben. Und in der Tat, die Anzahl der vollstationären Altenheimbewohner und -bewohnerinnen lag 2020 lediglich bei rund einer Million Personen. Dagegen belief sich die Risikogruppe – je nach Berechnung – insgesamt auf rund 20 bis 30 Mio. Menschen. Durch die mentale Fixierung auf die „große Zahl" haben Politik und Verwaltung allerdings weder das Problem der kleinen noch das der großen Zahl gelöst. Die Bilanz dieser politischen Teilblindheit war verheerend: von den rund 55.000 Coronatoten Ende Januar 2021 war ein Drittel Menschen, die in Altenheimen wohnten. In einigen Bundesländern lag der Anteil sogar bei 50 %.

Drittens legten sich Politik und Verwaltung meistens vorschnell auf vermeintlich „sichere" Handlungsoptionen fest, sie vernahmen primär jene Informationen und Erkenntnisse, die ihre vorab festgelegten Positionen bestätigten und ihnen Handlungssicherheit vermittelten. Umgekehrt ausgedrückt: Unter zeitlichem Druck und *„bounded rationality"* schlossen Politiker und Politikerinnen Optionen schnell aus, von denen sie sich nicht bestätigt und nicht sicher fühlten. Das lag daran, dass das „Auf-Sicht-Fahren" die Filterfunktion des an mehreren Stellen dieses Buches erwähnten Referenzrahmens verstärkte. Das kann man am Beispiel der *Lockdowns* verdeutlichen. Die Politik hat sich selbst nie in die Lage versetzt, Alternativen überhaupt in Erwägung zu ziehen. Sie hat meistens zu spät gehandelt, so dass sie immer nur die Wahl hatte, das Bekannte und vermeintlich Sichere zu nehmen. Man kann das als ein weiteres Beispiel für das sogenannte *Availability Bias* interpretieren, unter dem Politikerinnen und Politiker oft leiden: sie entscheiden sich meistens für jene Handlungsoptionen, die einfach verfügbar sind und ihnen Handlungssicherheit geben – auch wenn diese die weitaus suboptimalsten sind – ja sogar die falschen sein können.

Ein anderes Beispiel für die Wirksamkeit des Referenzrahmens lieferte der Umgang mit Kitas und Schulen. Nach dem ersten *Lockdown* waren die Kultusminister und ihre Verwaltungen die ganze Zeit auf Präsenzunterricht in den Schulen fixiert, sie wiederholten unaufhörlich das Mantra, die Schulen seien keine „Virentreiber" und deswegen dürfen sie nicht wieder zugemacht werden. Dabei gingen sie sehr selektiv mit den Warnsignalen um. Das Umfeld der Schulen – Transportmittel, soziale Kontakte vor und nach der Schule – blendeten sie komplett aus, als würde es einen Unterschied ausmachen, ob die Schüler und Schülerinnen sich in oder außerhalb der Schulen infizierten. Und sie zitierten Studien, die zu belegen schienen, dass die Schulen tatsächlich keine „Virustreiber" waren. Andere Studien, die das widersprachen oder zumindest in Frage stellten, haben sie nicht zur Kenntnis genommen oder ließen sie in den Schubladen stecken, wie es in Hamburg geschehen ist. Tatsache ist, dass wir zu dieser Frage bis heute widersprüchliche und wenig robuste Erkenntnisse zur Verfügung haben. Eine klassische Situation, in der jeder sich solche „wissenschaftlichen Erkenntnisse" raus pickt, die ihren Überzeugungen und Interessen bestätigen. Die Fixierung auf eine Handlungsoption hat auch in diesem Fall die alt bekannte Wirkung gehabt: sie funktionierte wie eine Scheuklappe, man sah nicht, welche Optionen sich links und rechts anboten. Als dann die zweite und die dritte Pandemiewelle anrollten, mussten die Kultusminister entgegen ihren vollmundigen Zusagen einräumen, dass die Kitas und Schulen doch wieder schließen müssen, weil sie auf Präsenzunterricht nicht vorbereitet waren. Und es verwunderte dann nicht, dass viele Eltern bei der Omikron-Welle das Gefühl hatten, die Behörden nähmen eine Durchsuchung der Kinder willigend in Kauf.

Schließlich bestand das vierte Handlungsmuster darin, den Wert von Information für das politische Handeln gering zu schätzen.[13] Wie bereits dargestellt, hat die Coronapolitik unter Ungewissheit und Nichtwissen handeln müssen. Und diese Ungewissheit und Nichtwissen wurde durch die oben dargestellte mangelhafte Datenqualität verschärft. Zweifelsohne wäre es aber möglich gewesen, manche Informationsdefizite im Laufe der Pandemie zu beseitigen – und zwar nicht nur die Datenlücken, die lediglich „technisch" bedingt waren. Mit adäquaten Erhebungs- und Analysenmethoden hätte man das Fehlen von Wissen und Information darüber beseitigen können, wo die Infektionen tatsächlich geschahen, wie hoch die Dunkelziffer war und von welchen Faktoren sie abhing, welche Eindämmungsmaßnahmen wie funktionierten, welche unerwarteten Wirkungen diese hatten, unter welchen Umständen sich *Lockdowns* einerseits und Öffnungskonzepte andererseits bewährt hatten, ob die Schulen Pandemietreiber waren oder nicht. Dadurch hätte man unter anderem zu einer besseren Einschätzung der (relativen) Wirksamkeit einzelner Maßnahmen gelangen können. Die politisch Verantwortlichen und die zuständigen Behörden haben aber während der gesamten Pandemie versäumt, solche Informationsdefizite anzu-

---

[13] Darauf wies u. a. der Expertenrat der Bundesregierung zu COVID-19 hin, wie bereits erwähnt. Seine Stellungnahme stellt allerdings eher auf technische Probleme und Lösungen ab, um die Datenqualität und -verfügbarkeit zu verbessern. Die dahinter liegenden politischen und institutionellen Fragen, die hier und in den nächsten Abschnitten in den Vordergrund gestellt werden, sind dort nicht thematisiert worden.

gehen. Auch deswegen blieb oft allein der Zugriff auf Pauschalmaßnahmen übrig. Jede Entscheidung über eine Einzelmaßnahme – egal ob es um die Öffnung beziehungsweise Schließung von Schulen und Kitas, Geschäften und Gastronomie, die Zulassung oder das Verbot von Veranstaltungen usw. ging – war eine Wette, die mehr von Hoffnung und weniger von evidenzbasierten Gewissheit getrieben war.

Strukturelle Ursachen mangelnder Strategiefähigkeit
Dass die oben diskutierten „Überraschungen", „Fehleinschätzungen" und Handlungsmuster nicht auf die Ausnahmebedingungen der Coronakrise zurückzuführen, sondern im deutschen Politik- und Verwaltungsbetrieb strukturell bedingt sind, zeigen ähnliche Erfahrungen aus der Vor-Corona-Zeit. Allein in der jüngsten Vergangenheit gab es dafür genügend Beispiele: Warum haben Politik und Verwaltung nichts gegen die schleichende Erosion des Bildungssystems unternommen, bis sie von den Ergebnissen der Pisa-Studien „überrascht" worden sind? Warum haben sie gegen die fortschreitende Entwertung mancher Berufe jahrelang nicht gegengesteuert, bis sie in der Coronakrise „überraschend" feststellen mussten, dass sie „systemrelevant" sind? Warum haben Politik und Verwaltung die Digitalisierung verschlafen, die Arbeitsbedingungen in der Fleischindustrie oder die sozialen und kulturellen Brennzonen jahrelang „übersehen"? Warum war Deutschland im Frühjahr 2020 doch ungenügend auf eine Pandemie vorbereitet, obwohl es in den letzten Jahren auch dafür zahlreiche warnende Stimmen aus der Wissenschaft gegeben hat? Mitte August 2021 nahmen die Taliban Kabul wieder ein. Das dadurch ausgelöste Desaster für die deutsche Politik versuchte die damalige Bundesregierung ebenfalls damit zu begründen, dass sie

von der Entwicklung „überrascht" gewesen sei und die Lage falsch eingeschätzt hätte. Auch bei dem Einmarsch der russischen Armee in die Ukraine am 24. Februar 2022 haben die meisten Politiker und Politikerinnen eingeräumt, Putin „falsch eingeschätzt" zu haben, obwohl es auch hier ausreichende Warnsignale gegeben hat. Es sind sehr unterschiedliche Krisen und dennoch ähnliche Handlungsmuster!

Oft werden die starke Bürokratisierung im Staat oder die „ausufernden" demokratischen Mitwirkungsrechte der Bürger, oder die Gewöhnung von Politik und Gesellschaft an bestimmte Zustände für die enorme Langsamkeit und Zögerlichkeit, das Hinterherhinken und das Chaotische des politischen Handelns verantwortlich gemacht. Das mag sicherlich eine Rolle spielen. Entscheidender ist aber der Mangel an strategischer Vorausschau. Er setzt Politik und Verwaltung derart unter Zeitdruck, dass sie meistens zu spät handeln und letztendlich nur jene Handlungsoptionen in Erwägung ziehen, die einfach verfügbar sind und mit denen sie sich „wohl" fühlen. Oft bleibt es ihnen lediglich übrig, die Fehlentwicklungen zu korrigieren, die ihr verspätetes Handeln ausgelöst haben. Für die Prüfung von Alternativen, für Innovation und Kreativität hat man sowieso keine Zeit mehr, von der fehlenden mentalen Offenheit für alternative Handlungsmöglichkeiten ganz zu schweigen.

Für den Mangel an vorausschauenden, strategischen Handeln gibt es strukturelle Ursachen, die zum Teil auch das Ergebnis der politischen Kultur des „Auf-Sicht-Fahrens" sind. Zum einen fehlen auf allen Ebenen des Staates die institutionellen und die technischen Kapazitäten, Trends, zukünftige Entwicklungen, Ereignisse und Warnsignale rechtzeitig zu erkennen und so frühzeitig und nutzbringend wie möglich in die Entscheidungsprozesse einzubringen. Damit fehlt auch die Fähigkeit,

Strategien zu entwickeln, die ermöglichen, auf zukünftige Entwicklungen frühzeitig, agil und situativ, aber ebenso planvoll zu reagieren. Unter anderem deswegen hat das Virus die Politik immer wieder „überrascht", und auch deswegen hat sie sich wiederholt Fehleinschätzungen und Versprechen geleistet, die sie dann korrigieren, oder Handlungen ausgeschlossen, die sie dann ergreifen musste. Zum anderen mangelt es im Staat an einer politischen Lern- und Evaluierungskultur. Unten den großen Industrieländern gehört Deutschland zu denen, die in der Vergangenheit keine Evaluierungskapazitäten aufgebaut haben. Der deutsche Staat hat weder ein zentrales Evaluierungsinstitut noch Evaluierungseinheiten in den einzelnen Ministerien.[14] Folglich werden die Politiken in den einzelnen Politikfeldern gar nicht oder nicht systematisch evaluiert. In der Pandemie hat sich das besonders negativ auf das staatliche Handeln ausgewirkt. Man hätte beispielsweise die Dunkelziffer mit Hilfe von repräsentativen Teststichproben genauer ermitteln können. Ähnliches hätte man machen können, um die Frage zu untersuchen, wo die Infektionen tatsächlich geschahen. Und man hätte unterschiedliche Öffnungskonzepte mit begleitenden Evaluierungen flankieren können, um rauszubekommen, was unter welchen Umständen funktioniert. Wäre in der deutschen Politik und Verwaltung ein Mindestmaß an Lern- und Evaluierungskultur vorhanden gewesen, wären sie frühzeitig gewillt und in der Lage gewesen, das fehlende Wissen und die fehlenden Informationen schnell zu generieren, um aus einigermaßen gesicherten, evidenzbasierten Erfahrungen

---

[14] Die Ausnahme ist die Entwicklungszusammenarbeit, die vom Deutschen Evaluierungsinstitut der Entwicklungszusammenarbeit (DEval) und den Evaluierungseinheiten der Durchführungsorganisationen kontinuierlich evaluiert wird.

zu lernen. Dadurch hätte sich die Politik in die Lage versetzen können, die Eindämmungsmaßnahmen nach Regionen, Kontexten und Zielgruppen stärker zu differenzieren und intelligentere Konzepte für die Kontakteinschränkungen auszuprobieren. Weil all das nicht geschah, waren Politik und Verwaltung gezwungen, den Menschen einschneidende Einschränkungen zuzumuten, weil sie nicht in der Lage waren, gemeinsam mit privatwirtschaftlichen und zivilgesellschaftlichen Akteuren Experimente zu wagen und Innovationen auszuprobieren sowie die Coronapolitik an die stets neu gewonnenen Erkenntnisse anzupassen. Stattdessen haben sie stur auf Altbekanntes gesetzt. Das Altbekannte war oft „alternativlos", und zwar nicht, weil es keine Alternative gegeben hätte, sondern weil das Wissen aus aufgearbeiteten Erfahrungen fehlte.

Solche Evaluierungspraktiken, Experimente und Innovationen wären schon nach dem ersten *Lockdown* möglich gewesen. Das Ergebnis wäre mit Sicherheit eine intelligentere Coronapolitik gewesen. Erst im April 2021, also mehr als ein Jahr nach dem Ausbruch der Coronapandemie in Deutschland, ließen sich Politik und Verwaltung die so genannten „Modellprojekte" einfallen. Um evidenzbasiert zu lernen und die Coronapolitik zu bereichern, kamen diese aber viel zu spät und viel zu improvisiert daher, und ihre wissenschaftliche Begleitung diente weniger dem Lernen, als vielmehr der Legitimation staatlichen Aktionismus. Andere – wie beispielsweise die Landesregierung des Saarlandes, die das ganze Bundesland als Modellprojekt deklarierte – haben die Idee für ganz andere politische Agenden instrumentalisiert. Und so kam, wie es kommen musste: Die „Bundesnotbremse" ist über solche „Modellprojekte" hinweggefegt. Danach hat man von ihnen nichts mehr gehört.

Die Lockdowns und ihre Wirksamkeit

Grundlage für die Regulierungsmaßnahmen zur Pandemiebekämpfung war das Infektionsschutzgesetz, das seit dem 1. Januar 2001 in Kraft war. Wie bereits erwähnt, hat der Bundestag sie am 26. März 2020 novelliert, um im Rahmen der vom Gesetzgeber festgestellten „epidemischen Notlage nationaler Tragweite" die Bundesregierung zu ermächtigen, ohne vorherige Abstimmung mit dem Bundestag und dem Bundesrat Verordnungen zu erlassen, „um einer Destabilisierung des gesamten Gesundheitssystems vorzubeugen". Auf dieser rechtlichen Grundlage hat der Bund den ersten *Lockdown* im März 2020 und die *Lockdowns* im Herbst 2020 verordnet. Am 13. April 2021 hat der Bundestag das Gesetzt erneut geändert, um die „Bundesnotbremse", welche am 23. April 2021 in Kraft trat, zu ermöglichen. Alle *Lockdowns* – auch in Gestalt der „Bundesnotbremse" – zielten darauf ab, durch Kontaktbeschränkungen und Hygienemaßnahmen – die sogenannten AHA-Regeln: Abstand halten, Hände waschen und Alltagsmasken tragen – die Infektionsketten zu unterbrechen und die Ausbreitung des Virus einzudämmen. Die darin enthaltenen Maßnahmen hatten es in sich: Ausgangssperren, Schließung von Kitas, Schulen und Universitäten, von Geschäften, die keine lebensnotwendigen Güter verkaufen, von Restaurants, Bars und Cafés sowie Theatern, Konzertsälen, Kinos, Museen und Sportvereinen, Grenzschließungen und -kontrollen, Reisewarnungen und -verbote sowie das Verbot, Verwandte und Freunde außerhalb des gemeinsamen Haushalts zu treffen.

Waren die *Lockdowns* wirksam? Und wenn ja, wie hoch war ihr Beitrag zur Zielerreichung? Und wie hoch war der Beitrag der einzelnen Maßnahmen dazu, die ein *Lockdown* typischerweise umfasste? Abschließende Antworten auf diese Fragen sind mit dem heutigen Kenntnisstand nicht mal annähernd möglich. Es liegen für Deutschland nur wenige Studien darüber vor. Überdies ist ihre Aussagekraft aufgrund von Daten- und Methodenproblemen begrenzt. Bei den vorliegenden Studien[15] handelt es sich zum einen um solche, die versuchen zu ermitteln, wie sich die *Lockdowns* und die einzelnen Maßnahmen auf die Mobilität der Bevölkerung und dann die Mobilitätsentwicklung auf das Infektionsgeschehen auswirken. Daten zur täglichen Mobilität der Bevölkerung wurden durch das Statistische Bundesamt veröffentlicht. Dafür verwendete es anonymisierte und aggregierte Mobilfunkdaten aus dem Netz des Mobilfunkanbieters Telefónica. Diese Daten zeigen, dass sich die Mobilität als Folge der Kontaktreduktion sowohl im Frühjahr als auch im Herbst 2020 gegenüber 2019 deutlich reduziert hat. Allerdings war der Rückgang unterschiedlich stark: im ersten Lockdown betrug er knapp 30 %, während er sich im *Lockdown Light* (ab KW45) nur auf 10 % und im verschärften *Lockdown* (ab KW51) auf 15 % belief. Der Unterschied von 30 zu 10 beziehungsweise 15 % lässt sich plausibel unter anderem darauf zurückführen, dass im ersten Lockdown mehr Menschen im *Homeoffice* und Kurzarbeit waren und die Bevölkerung von sich aus ihre Kontakte stärker reduziert hat als in den beiden folgenden *Lockdowns*. Auch der Unterschied zwischen dem zweiten und dritten *Lockdown* scheint dadurch erklärbar zu sein, dass die Menschen im letzteren ihre Kontakte von sich aus stärker reduziert haben. Doch viel mehr Licht ins Dunkel bringen die Studien nicht. Sie können weder räumlich noch zeitlich einen signifikanten Zusammenhang zwischen Mobilität und Infektionsgeschehen fest-

---

[15] Siehe beispielsweise Ragnitz (2021).

stellen. Bei der Kausalität „Mobilitätsreduktion führt zu geringeren Infektionszahlen" ermittelten manche Studien Korrelationskoeffizienten, die nicht nur äußerst niedrig sind, sondern auch das falsche Vorzeichen aufweisen. Ebenso wenig lässt sich die umgekehrte Kausalität belegen. In diesem Fall hieße das, dass die Menschen mit einer Verringerung ihrer Mobilität auf steigende Infektionszahlen reagiert hätten. Auch die Frage, in welchem Ausmaß einzelne Maßnahmen wie *Homeoffice* zur Reduktion der Mobilität beigetragen haben, lässt sich aus solchen Studien nicht beantworten, weil sich einzelne Faktoren bei einfachen Assoziationsanalysen von anderen Einflussfaktoren nicht isolieren lassen.

Zum anderen liegen Studien vor, die die direkten Wirkungen der *Lockdown*-Maßnahmen auf die coronabedingten Infektions- und Todeszahlen mit Hilfe von Regressionsanalysen zu ermitteln versuchen. Für Deutschland ist die Studie des Big Data Analyseunternehmens HASE & IGEL hervorzuheben, welche nach eigenen Angaben auf Eigeninitiative ohne Drittauftrag durchgeführt wurde.[16] Im Großen und Ganzen lassen sich die Ergebnisse wie folgt zusammenfassen: Insbesondere die Schließung von Gastronomie und nicht-lebensnotwendigem Einzelhandel weisen erhebliche, die Kontaktbeschränkungen für private Treffen und Ausgangsbeschränkungen deutliche Wirkungen bei der Verringerung der Infektions- und Todesfällen auf. Im Gegensatz dazu „scheinen" Kapazitätsbeschränkungen und Schließungen von Schulen und Kitas höhere Todeszahlen insbesondere unter den Senioren nach sich zu ziehen. Dieser „Babysitter-Effekt" ergebe sich dadurch, dass die Betreuung von Kindern Zuhause mehr Kontakte zwischen Kindern und

---

[16] Siehe Schoenmakers (2021).

deren Großeltern verursacht habe. Auch wenn die Ergebnisse den Verfassern zufolge eine „befriedigende" Aussagekraft haben, muss man bedenken, dass die Gesamtheit der einbezogenen Variablen nur 31,4 % der Varianz in den Infektionen und nur 39,6 % der Varianz in den Todesfällen erklären. Mit anderen Worten: „der größere Teil der Dynamik von COVID19-Infektionen und -Todesfällen (liegt) außerhalb unserer Erkenntnisse in dieser Studie", wie der Autor selbst einräumt.

Auch nach der Auswertung der obigen Studien sind wir wieder dort angekommen, wo wir die Ambiguität aushalten müssen, wo wir uns bewusst machen müssen, dass unter den außergewöhnlichen Coronabedingungen mehr als sonst überall kognitive Fallstricke lauern, Schein- und Halbwissen gesichertes Wissen oft unbewusst ersetzt und die logisch erscheinende Annahmen nicht beziehungsweise nicht abschließend überprüft werden können. Unter den Coronabedingungen ist die Suche nach *ein*-deutigen, kausal-logischen und definitiven Erklärungen daher wenig nützlich. Im Gegenteil, die Studien beziehungsweise ihre methodischen Probleme zeigen eines deutlich: das Infektionsgeschehen ist ein extrem multivariantes Phänomen, ein Phänomen also, an dem viele bekannte und unbekannte Faktoren ebenfalls Auswirkungen auf die Verbreitung und die Eindämmung des Coronavirus haben. Neben den staatlichen Coronamaßnahmen gehören dazu unter anderem das autonome Verhalten der Bevölkerung, die Jahreszeit, die Dauer der Exposition auf eine Infektionsquelle, die Nachrichtenlage aus dem Ausland und auch das Glück. Und ein Großteil dieser Faktoren wird in den bislang vorliegenden Studien nicht einbezogen.

Wem oder was ist Erfolg oder Misserfolg zuzuschreiben?
Die Ausblendung einer Vielzahl von Einflussfaktoren kann dazu führen, dass der Beitrag der staatlichen Maßnahmen

überschätzt wird. Das können wir am Beispiel des ersten staatlich verordneten *Lockdown* verdeutlichen, der vom Mitte März bis Anfang Mai 2020 andauerte. Er gilt vielen als erfolgreich, weil er die zwischenmenschlichen Kontakte stark reduziert und somit für die Eindämmung des Infektionsgeschehens gesorgt habe. Schaut man aber genauer hin, dann stellt man fest, dass es zumindest vier Ereignisse gab, die die zwischenmenschlichen Kontakte gleichzeitig beeinflusst haben: der staatlich verordnete *Lockdown*, der Zusammenbruch globaler Lieferketten, der selbstverordnete *Lockdown* der Bevölkerung und das Glück.

Auch wenn die Bundesregierung am 12. März 2020 erste relativ milde Eindämmungsmaßnahmen beschlossen und die damalige Bundeskanzlerin Angela Merkel in ihrer Rede an die Nation einen Tag später weitergehende Maßnahmen angekündigt hat, trat der staatlich verordnete *Lockdown* erst am 22. März 2020 in Kraft.[17] Es ist allerdings inzwischen unstritten, dass die Reproduktionszahl und die Mobilität der Menschen bereits vor der staatlichen Verhängung des *Lockdown* substanziell zurückgegangen war. Zwar nahmen die Fallzahlen bis zum 1. April – dem Höhepunkt der ersten Coronawelle – weiter zu, ein Großteil davon gaben aber Infektionen wieder, die bereits vor dem 22. März stattgefunden hatten. Solche

---

[17] Durch Ausgangs- und Kontaktbeschränkungen sowie Hygienemaßnahmen – die sogenannten AHA-Regeln: Abstand halten, Hände waschen und Alltagsmasken tragen – sollten die Infektionsketten unterbrochen und die Ausbreitung des Virus eingedämmt werden. Das Maßnahmenpaket hatte es in sich: Schließung von Kitas, Schulen und Universitäten, Schließung aller Geschäfte, die keine lebensnotwendigen Güter verkaufen, Schließung von Restaurants, Bars und Cafés sowie Theater, Konzertsäle, Kinos, Museen und Sportvereinen, Grenzschließungen und -kontrollen, Reisewarnungen und -verbote sowie das Verbot, Verwandte und Freunde außerhalb des gemeinsamen Haushalts zu treffen.

Beobachtungen deuten darauf hin, dass der staatlich verordnete *Lockdown* für den Rückgang der zwischenmenschlichen Kontakte keineswegs alleine entscheidend war. Ein mindestens ebenso wichtiger Beitrag kam zum einen vom Zusammenbruch globaler Lieferketten, der die Produktionsstätte lahmlegte, die in den staatlich verordneten *Lockdown* nicht einbezogen waren. Ein Großteil der Belegschaft der betroffenen Firmen befand sich nämlich schon Mitte März 2020 entweder in Kurzarbeit oder im Homeoffice. Es gibt dafür zahlreiche Beispiele: am 17. März haben VW, Audi und Skoda die Einstellung der Autoproduktion bekannt gegeben; am 18. März informierte der Digitalverband Bitkom über die Ergebnisse einer repräsentativen Umfrage, nach der bereits 49 % der Berufstätigen im Homeoffice arbeiteten; am 19. März kündigte Lufthansa eine drastische Streichung ihrer Flüge, weil die Menschen kaum noch fliegen würden und einige Zielländer gar nicht mehr angeflogen werden dürfen. Die Liste ließe sich fast beliebig fortsetzen. All dies dürfte eine signifikante Wirkung auf die Reduktion der Mobilität und der zwischenmenschlichen Kontakte und letztendlich auf den Rückgang der Fallzahlen gehabt haben.

Auch ein entscheidender Beitrag zur Kontaktreduktion kam vom dritten Ereignis, das dabei im Spiel war: dem selbstverordneten *Lockdown* – das heißt: die drastische Kontaktreduktion, die sich die Bevölkerung selbst verordnet hatte, und zwar deutlich früher, als sich die Politik zum Handeln entschlossen hatte. Was tatsächlich geschah und was die Menschen zu diesem Verhalten motiviert hat, haben wir im Kap. 2 unter dem Stickwort „Herdenverhalten" genau analysiert. Hier ist wichtig, festzuhalten, dass der selbstverordnete *Lockdown* für die Eindämmung der ersten Welle der Coronapandemie so etwas wie der Goldstandard war. Er hatte einen doppelten Nutzen: Einerseits haben sich die Menschen von sich aus coronakonform verhalten, sie haben ihre Kontakte und ihre Mobilität kollektiv und gleichgerichtet reduziert, und zwar bevor die Politik sie dazu zwang. Andererseits haben sie dadurch der Politik den Weg zur Bekämpfung der Pandemie geebnet, indem sie staatliches Handeln vorwegnahmen beziehungsweise staatliches Nicht-Handeln frühzeitig autonom kompensiert hatten. Ähnliche Beobachtungen kann man bei den weiteren *Lockdowns* machen. Sie setzten sogar noch deutlich später ein, weil die Politik für die Entscheidungsfindung länger gebraucht hat. So trat beispielsweise der letzte allgemeine *Lockdown* am 2. Dezember 2021 in Kraft, zu einem Zeitpunkt, bei dem sowohl der Reproduktionswert, als auch die 7-Tage-Inzidenz und sogar – auch wenn nur leicht – die Fallzahlen selbst zurückgingen.

Das Phänomen einer frühzeitigen Verhaltensänderung der Menschen – das heißt: eine Verhaltensänderung, die bereits wirksam wurde, als die Politik noch über mögliche Maßnahmen diskutierte – war also während der Pandemie eigentlich bei jeder Welle zu beobachten. Dieses Phänomen hat einerseits die Zögerlichkeit staatlichen Handelns kompensiert und andererseits staatliche Maßnahmen entwertet, weil sie dann zu einem Zeitpunkt wirksam wurden, als sich das Verhalten der Bevölkerung im Sinne der staatlichen Maßnahmen bereits verändert hatte. Dass es dadurch möglicherweise zu einer staatlichen Übersteuerung gekommen ist, lässt sich nicht von der Hand weisen, auch wenn der Beweis bei dem gegenwärtigen Kenntnisstand kaum möglich ist. Auf jeden Fall hat das bei vielen Menschen im Nachhinein das Gefühl aufkommen lassen, dass die staatlichen Eindämmungsmaßnahmen zu weit gegangen oder gar überflüssig seien.

Und welche Rolle spielte das Glück? Karl Lauterbach – Bundestagsabgeordneter, Epidemiologe, einer der bekanntesten Erklärer der Coronapandemie in Deutschland und schlussendlich Gesundheitsminister der neuen Bundesregierung – behauptete unermüdlich in den Corona-Talkshows, dass Deutschland seinen Erfolg bei der Eindämmung der ersten Pandemiewelle zu 80 % dem Glück und zu 20 % gutem Politikmanagement zu verdanken habe. Bei aller Unsicherheit in der Beurteilung und der Gewichtung – die ihm wohl nur der Veranschaulichung diente – kann man ihm sicherlich beipflichten, dass auch Glück im Spiel war, wobei Verhaltensforscher eher vom Einfluss externer Kontextfaktoren sprechen würden. Wie auch immer, Glück hatte Deutschland insofern, als die Pandemie mit allen ihren schlimmen Folgen rund zwei Wochen davor in den Nachbarländern, vor allem in Norditalien, gewütet hat. Das hat Deutschland wertvolle Zeit verschafft, damit die Menschen und die Politik sich darauf einstellen konnten – und das hat letztendlich dafür gesorgt, dass die Menschen frühzeitig ihr Verhalten angepasst haben und dass die Politik relativ schnell entschieden und gehandelt hat. Deutschland ist dadurch zum Teil das gelungen, was allgemein als ein gutes Rezept für die Kontrolle der Pandemie gilt: vor die Welle zu kommen. Dass man sich Glück erarbeiten muss, zeigte die zweite Pandemiewelle im Herbst 2020. Auch damals war das Infektionsgeschehen in Deutschland zwei bis drei Wochen hinter dem seiner Nachbarländer zurück. Diesmal hat Deutschland allerdings sein „Glück" verspielt, weil sich Politik und Gesellschaft beim präventiven Handeln gegenseitig blockiert haben.

Viele Kommentatoren und Kritiker der deutschen Coronapolitik haben aus dem frühzeitigen Rückgang der Reproduktionszahl oder der Mobilitätsdaten implizit oder explizit die Schlussfolgerung gezogen, dass der staatlich verordnete *Lockdown* überflüssig beziehungsweise verzichtbar gewesen sei, dass das von Risikoaversion getriebene

Herdenverhalten der Menschen ausgereicht hätte, um die Infektionszahlen in den Griff zu bekommen. Eine solche Hypothese lässt sich bislang empirisch nicht untermauern. Dennoch lässt sich dagegen einwenden, dass sie die Wirkung unterschätzt, die von öffentlich diskutierten potenziellen Handlungen politischer Entscheider und Entscheiderinnen in einem Zustand von Unsicherheit und Nichtwissen auf das Verhalten der Menschen ausgeht. Wenn sie diese potenziellen Handlungen für wahrscheinlich und erwartbar halten, dann passen sie ihr Verhalten antizipativ an. Und so trat der staatlich verordnete *Lockdown* zu Beginn der Pandemie zwar erst am 22. März in Kraft, aber die Bundesregierung hatte bereits am 12. März erste relativ milde Eindämmungsmaßnahmen beschlossen und die damalige Bundeskanzlerin Angela Merkel hatte in ihrer Rede an die Nation am 13. März weitergehende Maßnahmen angekündigt. Es war für die Menschen nicht schwer, zu erraten, dass es nur der Anfang war. Ähnliches lässt sich bei den „*Lockdowns light*" im Herbst 2020 sowie bei der „Bundesnotbremse" im Frühjahr 2021 beobachten. Die Diskussionen haben allen klar gemacht, dass Einschränkungen kommen würden. Wenn man der Politik vorhält, zu spät und zu zögerlich gehandelt zu haben, muss man diesem Effekt in Rechnung stellen. Man kann dem entgegnen, dass dieser – weil zufällig – keinen Verdienst der Politik gewesen ist. Aber er wirkte nur deswegen, weil die Menschen die Handlungspräferenzen der Regierenden gut einschätzen konnten und die Coronapolitik als durchaus berechenbar wahrnahmen, was wiederum für Vertrauen in die politisch Handelnde sprach.

Wir können plausibel annehmen, dass das risikovermeidende Verhalten der Menschen die *Lockdowns* keineswegs überflüssig gemacht hat. Obwohl sie spät in Kraft gesetzt wurden, wirkten die staatlich verordneten

Lockdowns dennoch effektiv kontakteinschränkend auf das Verhalten der Menschen, weil sie schon vorkonditioniert waren. Sie waren bereit, der Coronapolitik uneingeschränkt zu folgen, weil diese sie in ihrem Verlangen nach Sicherheit und Risikoabwehr bestätigte. Kaum jemand musste lange überzeugt werden, dass der Verzicht auf soziale Interaktionen das Gebot der Stunde war. Auch staatliche Kontrollen waren nicht nötig, weil die Selbstkontrolle wirksam genug war. Diese beruhte entweder auf dem Eigennutz oder der Einsicht, dass man solidarisch handeln musste, oder wegen der „inneren Polizei", das heißt: jenen Mechanismen der Selbstkontrolle, die wir alle in uns tragen und dafür sorgen, dass wir Regeln auch dann einhalten, wenn wir davon nicht sonderlich überzeugt sind und auch wissen, dass die staatliche Kontrolle ohnehin nicht effektiv genug ist. Das sind mögliche Erklärungen dafür, warum die *Lockdowns* in Deutschland notwendig, aber auch milder ausfallen konnten als in vergleichbaren Nachbarländern. Sie sind aber auch Argumente dafür, dass die Eingriffstiefe der Coronapolitik sogar noch geringer hätte ausfallen können. Weil die Maßnahmen zu spät ergriffen wurden, traten die intendierten Wirkungen bereits vor deren tatsächlichen Inkrafttreten ein. Ein agil adaptives Politikmanagement hätte dies nach einer gewissen Lernphase durchaus antizipieren können. Weil sie es nicht tat, lässt sich eine staatliche Übersteuerung nicht ausschließen. Und deshalb muss das bei vielen, insbesondere bei gut gemeinten Menschen aufgekommene Gefühl, dass die staatlichen Eindämmungsmaßnahmen zum Teil unverhältnismäßig gewesen seien, ernst genommen werden.

Die Kontrollillusion
Eines können wir nun festhalten: angesichts der Coronabedingungen ist es kaum möglich, politische

Ergebnisse dem Handeln einzelner Akteure zuzuordnen und klar herauszuarbeiten, welchen Erfolgsanteil der Politik und welchen den Bürgern beziehungsweise den gesellschaftlichen Akteuren zukommt – neben den Umständen oder einfach dem Glück. Wie bereits mehrfach betont, sind die erreichten Politikergebnisse gerade bei der Coronabekämpfung stets das Resultat einer gemeinschaftlichen Interaktionsleistung gewesen – das heißt: das Resultat einer komplexen horizontalen und vertikalen Interaktion vielfältiger staatlicher und gesellschaftlicher Akteure auf Bundes-, Landes- und Kommunalebene. Selbstverständlich kam dabei der Politik und der staatlichen Verwaltung wegen ihrer Funktion und Stellung in der Gesellschaft eine besondere Rolle zu.

Dass Deutschland in der ersten Pandemiewelle relativ niedrige Infizierten- und Totenzahlen aufzuweisen hatte, muss also keineswegs bedeuten, dass dies auf die Coronapolitik von Bund und Ländern, insbesondere auf den staatlich verordneten *Lockdown*, zurückzuführen ist. Unter den Coronabedingungen war es auch nicht möglich, auszumachen, welche konkrete Maßnahmen der Kontaktreduktion – beispielsweise Ausgangssperren, Schließung von Schulen oder Restaurants – zielführend waren und wie hoch ihr Beitrag zur Zielerreichung war. Das gleiche gilt übrigens *mutatis mutandis* für den Kontrollverlust in der zweiten Pandemiewelle im Herbst 2020 und 2021. Auch dafür machen viele Analysten und Kritiker das zögerliche und verspätete Handeln der Politik verantwortlich. Vieles deutet aber daraufhin, dass auch andere Faktoren eine gewichtige Rolle gespielt haben: Die geringere Risikowahrnehmung und die Pandemiemüdigkeit in der Bevölkerung, die Natur des Menschen (siehe Kap. 6 und 7), das Wetter, um nur einige zu nennen. In diesen und anderen Fällen gilt: die Gleichzeitigkeit zweier Ereignisse – beispielsweise des ersten staatlich verordneten *Lockdown* und die Eindämmung der ersten Pandemiewelle oder der „Bundesnotbremse" und des Rückgangs der Fallzahlen im Frühjahr 2021 oder des „leichten" *Lockdown* und den Kontrollverlust über die Infektionszahlen im Herbst 2020 – allein ist kein Beweis für die Existenz einer Kausalität. Und dennoch unterstellen viele Analysen der Coronapolitik einfache, auf den ersten Blick einleuchtende Kausalitäten, und die Politik lobt sich gerne für eine Leistung, die ihr nicht alleine gehört. Sie geht der Kontrollillusion (gerne) auf den Leim!

Das Wirrwarr der politischen Kommunikation

Es ist inzwischen unbestritten, dass die Kommunikation der politisch Verantwortlichen in Bund und Ländern während der Pandemie mitunter sehr verwirrend war. Es begann früh, als zu Beginn der Pandemie Politiker und Politikerinnen – oft animiert von beratenden Experten – die Maske öffentlich als „nutzlos", ja sogar als potenzielle „Virenschleuder" und „Infektionsrisiko" diskreditiert haben. Irgendwann hat sich die Politik korrigiert, ihre Haltung zu der Maske blieb aber lange Zeit ambivalent. Wenn es um die Anordnung einer Maskenpflicht ging, handelten viele Politiker zögerlich. Immer wenn es sich bei der Infektionslage leichte Entspannung abzeichnete, preschten hingegen viele politisch Verantwortlichen mit der Entscheidung vor, die Pflicht zum Maskentragen wieder abzuschaffen. Und sie kommunizierten es so, als sei das eine Entscheidung, die die Menschen von irgendetwas Unerträglichem befreien sollte, ja sogar als gelte es, ein Menschenrecht wiederherzustellen. Dieses Hin und Her hat letztendlich dazu geführt, dass die Menschen in

Deutschland lange Zeit mit der Maske fremdelten, und viele tun es bis heute noch.

Die verwirrende Kommunikation setzte sich nach dem ersten *Lockdown* bis zum Spätsommer 2020 bei der Frage der Lockerungen fort. Der drastische Rückgang der Infektionszahlen, das Ausbleiben des befürchteten Kollapses des Gesundheitssystems und das zunehmende Bewusstsein über die dramatischen „Kollateralschäden" des *Lockdown* änderten in kürzester Zeit die Prioritätswahrnehmung. Politische und gesellschaftliche Akteure – Parlamente, Opposition, Interessengruppen, *Advocacy Groups* – erhoben immer lauter ihre Stimme, verlangten Mitwirkungsmöglichkeiten und versuchten, ihre jeweiligen Interessen durchzusetzen. Es begann ein politischer Machtkampf zwischen den Befürwortern schnellerer Lockerung („Raus aus dem *Lockdown*") und den Befürwortern eines behutsamen Vorgehens – von den nicht unbeträchtlichen, aber kaum beachteten Teil der Experten und der Bevölkerung ganz zu schweigen, die sich für eine Verlängerung des *Lockdown* aussprachen, um die Infektionszahlen dauerhaft auf ein niedriges, stabiles Niveau zu drücken. Die Coronapolitik musste unterschiedliche, ja sogar divergierende Interessen bedienen, sie wurde vielstimmig, widersprüchlich und kontrovers. Viele Ministerpräsidenten und -präsidentinnen überboten sich mit immer weiterreichenden Lockerungsankündigungen. Das vermittelte den Menschen den Eindruck, die Pandemie sei vorbei. Der Eindruck war so verheerend für das Verhalten der Bevölkerung, dass die damalige Bundeskanzlerin Angela Merkel sich genötigt sah, öffentlich vor „Öffnungsdiskussionsorgien" zu warnen. Vergebens. Die Politik wirkte weiter als Brandbeschleuniger des lockeren Umgangs vieler Menschen mit der Pandemie. Sie hat die natürliche Sehnsucht vieler Menschen befördert, nach Wochen der Entbehrung zu „mehr Normalität" zurückzukehren. Die Politik, sekundiert von Wirtschaftsverbänden und anderen Interessengruppen, propagierte eine Scheinnormalität, in der das Coronarisiko zunehmend ausgeblendet wurde. Risikoaversion konkurrierte nunmehr mit dem Bestreben nach „Normalität" und der Vermeidung von „Kollateralschäden" als treibende Kraft für das Verhalten der Menschen. Dieses Bestreben prägte den Frühling und den Sommer der Lockerungen. Plötzlich wurde nahezu alles möglich: Urlaubs- und Besuchsreisen in Risikogebiete, Bootpartys auf Berliner Seen, Privatpartys, große Hochzeitsfeiern. Und auch „Querdenker", die aus verschwörungsideologischen Gründen einen regelrechten Corona-Nihilismus an den Tag gelegt hatten, artikulierten sich laut, uneinsichtig und zum Teil gewalttätig auf den Straßen – selbstverständlich unter grober Missachtung der AHA-Regeln. Auch manche Virologen haben mit undurchdachten, die Pandemie verharmlosenden Äußerungen die nachlassende Disziplin in einem zunehmenden Teil der Bevölkerung begünstigt.

Ein besonders krasses Beispiel misslungener politischer Kommunikation waren die Kommunikationsrituale der Bund-Länder-Konferenzen. Sie wurden stets angekündigt, um dringende, bundesweit abgestimmte Entscheidungen zu treffen. Im Vorfeld der Konferenzen preschte aber einige Ministerpräsidenten mit Entscheidungen vor, die die Runde eigentlich kollektiv treffen wollte. Und nach den Bund-Länder-Konferenzen beeilten sich einige Ministerpräsidenten, für das jeweilige Bundesland Maßnahmen anzukündigen, die schwer mit den Entscheidungen der gerade stattgefunden Bund-Länder-Konferenz in Einklang zu bringen waren. Manche – so beispielsweise MP Winfried Kretschmann im Januar 2021 – hielten sogar Pressekonferenzen vor Ablauf der Bund-Länder-Konferenz ab, um zu verkünden, dass sie die gerade gefassten Beschlüsse so nicht umsetzen wollten. Zu der Kategorie „krasses Beispiel" gehören auch jene Ankündigungen der Politik, die dann im auffälligen Widerspruch zur wirklichen Wirklichkeit standen. Der damalige Bundesgesundheitsminister Jens Spahn hat sich dabei besonders hervorgetan. Zwei Beispiele dafür sind das Impfen und das Testen. Am 26. Dezember 2020 trat er vor die Presse, um – wie er es selbst formuliert hat – eine „frohe Weihnachtsbotschaft" zu verkünden: Das Impfen gegen das Coronavirus startet in Deutschland am 27. Dezember. Die Ankündigung hat ihn scheinbar so euphorisiert, dass er den Eindruck hinterließ, dass Deutschland alle Impfwilligen in Eiltempo impfen würde. Kurze Zeit danach stellte sich heraus, dass Deutschland zu wenig Impfstoff bestellt hatte und die Vergabe von Impfterminen chaotisch organisiert war. Überall leere Impfzentren wurden zum Sinnbild einer schleppend und chaotisch angelaufenen Impfkampagne. Und kurz danach hat die Bundeskanzlerin, das Versprechen von Bundesgesundheitsminister Jens Spahn einkassiert, bis zum Sommer allen Bürger und Bürgerinnen ein Impfangebot zu machen. Das sei erst bis zum 21. September realistisch, so die Kanzlerin. Das Muster wiederholte sich beim Schnelltesten. Um mehr „Normalität" zu ermöglichen, hat Bundesgesundheitsminister Jens Spahn Mitte Februar 2021 die Einführung von flächendeckenden Schnelltests für alle zum 1. März angekündigt. Der Plan misslang, weil zu diesem Zeitpunkt nicht genügend Tests vorhanden waren und die Bundesregierung noch keine abgestimmte Teststrategie verabschiedet hatte. Letzteres hat das Corona-Kabinett am 22. Februar kritisiert. Daraufhin hat die Bundeskanzlerin den Plan erst einmal einkassiert, den Start verschoben und die Diskussion über das weitere Vorgehen auf die Tagesordnung der Bund-Länder-Gespräche am 3. März setzen lassen.

Die misslungene politische Kommunikation war für die Selbstverpflichtung der Menschen verheerend. Sie verstärkte den von der Coronakrise ohnehin hervorgerufenen Orientierungsverlust in der Gesellschaft: die Menschen waren handlungsunsicher, weil sie die Risiken nicht einschätzen konnten und weil sie unterschiedlichen, zum Teil sich widersprechenden Einflüssen aus ihrem Umfeld ausgesetzt waren. Sie hatten keinen klaren Kompass, so als würden sie in einer fremden Stadt mit dem falschen Stadtplan spazieren gehen. Dort, wo die Politik die Orientierungslosigkeit verstärkte, passte ein Teil der Menschen ihr Verhalten nicht so an, wie es gewünscht und notwendig war. Andere haben für ihre eigene Orientierung mehr Zeit und Kraft aufwenden müssen, als es nötig gewesen wäre. Irgendwann waren sie auch zermürbt und folgten der Politik nicht mehr oder nur widerwillig. Und nicht wenige wandten sich jenen zu, die vermeintlich einfache und beruhigende Antworten anboten. Sie suchten Halt außerhalb der etablierten Politik und gesellschaftlicher Organisationen: bei Verschwörungsideologen und Anbietern weltfremder Lösungen, bei Esoterikern und anderen *Peer Groups.* Die „normative Orientierungslosigkeit" der Menschen, die von der misslungenen politischen Kommunikation, den politischen Dissonanzen und der Vielstimmigkeit der Politik hervorgerufenen wurde, hat wesentlich zur zunehmenden, bereits im vorangegangenen Kapitel dargestellten Ausdifferenzierung der Risikowahrnehmung in der Bevölkerung beigetragen. Die Dissonanzen und die Vielstimmigkeit der Politik und den Experten haben auch dazu geführt, dass die Menschen bei der Einschätzung von Risiken auf sich alleine gestellt waren, obwohl sie am wenigsten in der Lage waren, Risiken zuverlässig einzuschätzen.

Das misslungene Erwartungsmanagement
Durch die misslungene politische Kommunikation hat die Politik auch ein wichtiges Instrument der Verhaltenssteuerung verspielt: das Erwartungsmanagement. Dabei hätte es darum gehen müssen, das Verhalten der Menschen über die Beeinflussung ihrer Erwartungen in die richtige Richtung zu lenken: die Menschen zum Mitmachen zu motivieren, Enttäuschungen zu vermeiden, Vorfreude zu entfachen, um Motivation und Engagement hoch zu halten, ohne allerdings überschüssige Handlungen auszulösen. Wenn das funktioniert hätte, wäre die Effektivität politischer Maßnahmen erhöht und das hohe Vertrauen in die Politik aufrechterhalten worden. Die Erfahrungen während der Pandemiebekämpfung waren allerdings sehr ernüchternd. Gerade dem damaligen Bundesgesundheitsminister Jens Spahn haben seine Kritiker wiederholt vorgeworfen, dass er laufend Erwartungen wecke, die er dann nicht einlösen könne. Und zumindest im Falle des misslungenen Starts des Impfens und des Schnelltestens kann man ihm davon nicht freisprechen. Das politische Erwartungsmanagement war von viel Improvisation, Unstetigkeit und Inkonsequenz geprägt. Der Politik misslang es allzu oft, durch politische Ankündigungen Bereitschaft, Motivation oder Vorfreude zu entfachen, ohne dass diese schnell in Enttäuschung mündeten. Wenn Politiker Meinungsumfragen, Beliebtheitswerte oder Stimmungen verbessern oder sich widerstreitenden Interessen bedienen wollten, haben sie oft Erwartungen geweckt, die sie nicht einhalten konnten.

Doch das Problem misslungenen Erwartungsmanagements ging über das misslungene Krisenmanagement eines einzelnen Ministers hinaus, es war ein grundsätzliches Problem, das in der Coronastrategie von Bund und Ländern angelegt war: das Auf-Sicht-

Fahren. Ein großer Nachteil einer solchen Vorgehensweise unter den Coronabedingungen bestand in ihrem geringen, zum Teil sogar kontraproduktiven Beitrag zum Erwartungsmanagement. Weil sie auf situativen und kurzfristigen Entscheidungen basierte, versäumte sie, klare und gleichgerichtete Regeln vorzugehen sowie eine klare politische Kommunikation zu betreiben, um die Erwartungen der Menschen zu verstetigen. Und dort, wo sich die Strategie von situativen Entscheidungen loslösen wollte, sendete sie ebenfalls falsche Signale. Ein Beispiel dafür ist die Gestaltung der *Lockdowns*. Bis zum Inkrafttreten der „Bundesnotbremse" im April 2021 hatten Bund und Länder die Geltung der *Lockdowns* an feste Termine gekoppelt. Ihre Geltungsdauer wurde also stets für eine bestimmte Anzahl von Wochen definiert, wobei oft diffuse Ziele vorgegeben wurden, die mit dem jeweiligen *Lockdown* in dem vordefinierten Zeitraum erreicht werden sollten. Im Sinne der Strategie des „Auf-Sicht-Fahrens" wurde dann immer wieder nachjustiert. Das hieß in der Regel: Verschärfungen und Verlängerungen kamen nachträglich hinzu. Dieses immer wiederkehrende Handlungsmuster hat die Menschen enttäuscht und zermürbt, und die Orientierungslosigkeit verstärkt.

Zu den Grundpfeilern der politischen Kommunikation gehörte schließlich das subtile Spiel mit der Angst der Bevölkerung, das wir bereits ausführlich diskutiert haben. Doch die reelle und die von der Politik zusätzlich geschürte Angst waren nur bedingt tauglich, das Verhalten der Menschen angemessen zu steuern. In der Regel führte es entweder zu einer Über- oder einer Untersteuerung, weil es Verhaltensmuster verstärkte, die für komplexe Situationen wie die Coronakrise ohnehin typisch sind. In solchen Situationen verhalten wir uns, als hätten wir entweder nur mit einem Zustand des Risikos oder nur mit einem Zustand der Ungewissheit zu tun. Wir sind nicht in der Lage, uns zwischen diesen beiden Welten flexibel und verhaltenssicher zu bewegen. Aus der Vielzahl ungesicherter Informationen und Risikoschätzungen konstruieren wir mit Hilfe unseres Referenzrahmens eine eigene Realität, die uns erlauben soll, entweder aus unserer Komfortzone offensiv auszubrechen oder in unserer Komfortzone defensiv zu verharren. Im ersten Fall verhalten wir uns wagemutig und erhöhen dadurch die Wahrscheinlichkeit eines Fehlverhaltens. Im zweiten Fall nehmen wir die Unsicherheit und das Nichtwissen als Anlass für passives, defensives Verhalten. Und weil wir dazu neigen, übermäßig konsistent sein zu wollen, geraten wir in die Gefahr, unsere eigenen Handlungsmöglichkeiten zu über- oder zu unterschätzen.

Viele Menschen tun es antizyklisch. Und so war der zweite Fall vor allem in den Lockerungsphasen zu beobachten. Viele Menschen handelten vorsichtiger und zurückhaltender, als es gerechtfertigt gewesen wäre. Die Folge davon waren deutlich zu spüren: Konsum- und Reisezurückhaltung, Passivität, die die eigenständige Suche nach kreativen Lösungen für bestehende Probleme erlahmen ließ. Darauf hat der Virologe Hendrik Streeck in seinem bereits erwähnten ntv-Interview am 28. September 2020 richtigerweise hingewiesen, auch wenn sein pauschaler Vorwurf, die Deutschen seien in der Pandemie zu ängstlich, die Realität in Deutschland zu undifferenziert wiedergab. Als die Politik der Übervorsicht korrigierend entgegensteuern wollte, sandte sie oft widersprüchliche Botschaften, die zwischen Ermutigung und Ermahnung, Zuckerbrot und Peitsche schwankten. Dadurch verstärkten sie die Verwirrung und die Unsicherheit bei den Menschen. Manche Kohärenzdefizite in der Kommunikation der Bundes- und Landesregierungen sind zweifellos auf diese Art hybrider Kommunikation zurückzuführen.

Am Ende des Tages waren die Folgen der misslungenen politischen Kommunikation für die Pandemiebekämpfung verheerend: geringere Wirksamkeit der Coronapolitik, tiefere Eingriffe der Coronamaßnahmen und Verschärfung der „Kollateralschäden". Das große Vertrauen, das die Menschen in der ersten Pandemiewelle in die politisch Verantwortlichen gesetzt hatten und bis zum Spätsommer 2020 andauerte, erodierte zunehmend. Nach den Ergebnissen mehrerer Umfragen hatte eine Mehrheit der Bevölkerung Ende März 2021 kein Vertrauen mehr in die Coronapolitik der Regierenden. Ein immer größer werdender Teil der Menschen war folglich nicht mehr oder nur teilweise bereit, den Maßnahmen und Appellen der Politik zu folgen. Das zeigen ebenfalls die laufenden Befragungsergebnisse des Gemeinschaftsprojekts „COSMO". Nehmen wir als Beispiel die Ergebnisse der zwischen dem 29. Dezember und dem 12. Januar durchgeführten Befragung: nur 59 % der Befragte verzichteten auf privaten Treffen in geschlossenen Räumen mit mehr als fünf Personen, 15 % verzichteten nur manchmal, selten oder nie auf private Feiern, und ein Viertel der Menschen hielt die Schutzmaßnahmen für übertrieben. Man muss es nochmal betonen: die Befragung wurde in einem Zeitraum hoher Fall- und Todeszahlen durchgeführt, in dem auch relativ harte *Lockdown*-Maßnahmen in Kraft waren und die Politik ständig an die (Selbst)-Verantwortung der Menschen appellierte. Und dennoch war die Politik nur partiell in der Lage, das Verhalten der Menschen effektiv zu beeinflussen. Und das hat in entscheidenden Situationen zum Verlust der Kontrolle über das Infektionsgeschehen insbesondere in der zweiten und dritten Welle geführt. Große Pandemiemüdigkeit, geringere Risikowahrnehmung und eine misslungene politische Kommunikation vereinten sich dann zu einem verhängnisvollen Teufelskreis: Die beachtliche Wirkungslosigkeit der Corona-Politik bei der Steuerung menschlichen Verhaltens.

Zählen statt Erzählen
In der Coronakrise hat es sich herausgestellt, dass es unter den gegebenen Bedingungen einer „normativen Orientierungslosigkeit" nicht ausreichend war, dass Politik und Wissenschaft transparent informierten, die Zahlen der Pandemieentwicklung allen zugänglich machten. Eine solche disruptive Krise musste erklärt und erzählt, nicht vorgerechnet werden. Die regelmäßigen Pressekonferenzen des RKI zeichneten den Verlauf der Pandemie in Zahlen, konnten aber den Menschen keine Orientierung geben, wie sie diese einzuordnen und auf das eigenen Verhalten zu beziehen hatten. Sie ließen die Menschen mit ihren Interpretationsschwierigkeiten allein zurück. Interpretationshilfe für die nackten Zahlen boten anfangs allein die Bilder aus Norditalien und New York und später die *Peers*-Erzählungen an. Sie halfen, den RKI-Zahlen Bedeutung zuzufügen, und diese Erzählungen ließen unterschiedliche Interpretationen zu, die zu einer zunehmenden Fragmentierung der Gesellschaft geführt haben. Dagegen waren die RKI-Zahlen ziemlich machtlos, umso machtloser je mehr Zweifel an deren Aussagekraft aufkamen. Bilder von intensivpflichtigen Patienten und Patientinnen, die in deutschen Krankenhäusern um ihr Leben kämpften, gab es in Deutschland zum Glück nicht, und wenn doch, dann selten. Bilder glücklicher Menschen, die in den Urlaub flogen, fröhlich einkaufen gingen oder sorglos protestierten, waren eher verhaltensbestimmend.

Die entstandene Orientierungslücke konnte die Politik nicht ausreichend füllen, weil sie auch zahlenfixiert war. Sie hat versäumt, überzeugende Narrative zu entwickeln und situativ angepasste Ziele vorzugeben, um die Menschen auch emotional auf eine unbekannte Reise mitzunehmen. Die Ansprache der Bundeskanzlerin an die Nation am 18. März 2020 war zwar eine starke kommunikative Leistung, um die Menschen angesichts der unmittelbaren Gefahren aufzurütteln. Sie ließ aber die Menschen mit ihren Ängsten und Unsicherheiten weitgehend allein. Auch als die Pandemie und ihre Folgewirkungen den Alltag der Menschen beherrschten sowie Staat und Gesellschaft in vielen Bereichen überforderten, hat die Bundesregierung ihre Politik nicht erklärt. Sie hat weiterhin versäumt, zu skizzieren, wie eine gesamtgesellschaftliche Anstrengung zur Pandemiebekämpfung aussehen könnte. Eine an Zahlen fixierte politische Kommunikation war zu wenig, um die Ressourcen und Handlungskompetenzen der Menschen zu aktivieren. Am Ende des Tages beherrschen verwirrende Zahlen die Politik und die öffentliche Diskussion. Aber Ziele in Form von Zahlen ersetzen keine Vision und keine Narrative, sie lösen keine Selbstverpflichtung aus, im Sinne des Gemeinwohls zu handeln, weil sie die Politik zu sehr versachlichen. Darüber hinaus haben die Zahlen jegliche Orientierungsfunktion spätestens dann eingebüßt, als Politiker und Experten erst deren Glaubwürdigkeit und dann deren Aussagekraft für politische Entscheidungen in Frage gestellt haben und in der Öffentlichkeit ständig forderten, die Corona-Strategie an anderen Zahlen auszurichten, als an jene, die gerade im Vordergrund standen.

Es ist ja nicht so, dass es eine Diskussion um Vision und Strategie in der Öffentlichkeit nicht gegeben hätte. Im Gegenteil, Experten aus unterschiedlichen Disziplinen haben intensiv über Visionen wie beispielsweise „Lernen, mit dem Virus zu leben", oder *„no covid"* diskutiert. In dem Zahlenwirrwarr sind diese Diskussionen untergegangen, und es war offensichtlich, dass die politisch

Verantwortlichen penibel vermieden haben, diese Diskussionen aufzugreifen, geschweige denn, Partei zu ergreifen oder alternative Visionen zu entwickeln. Man kann dagegen einwenden, dass die politisch Verantwortlichen immer wieder versucht haben, positive Narrative zu etablieren. Sie haben beispielsweise auf die Leistung Deutschland bei der Pandemiebekämpfung mit großen Pathos hingewiesen: „Die Welt beneidet uns dafür, wir sollten daher das erreichte nicht auf Spiel setzen". Ein solches Narrativ ist aber zu extrinsisch und zu perspektivisch, um selbstverpflichtend zu wirken. Man konnte auch von niemanden erwarten, dass er oder sie sich mit der minimalistischen Vision abfand, die die damalige Bundeskanzlerin Angela Merkel bei der Generaldebatte des Haushalts im Bundestag am 30. September 2021 formuliert hat: „Ich bin sicher: Das Leben, wie wir es kannten, wird zurückkehren (…). Was für eine Freude wird das sein". John Maynard Keynes hätte wahrscheinlich dazu entgegnet: *„In the long run we are all dead"*.

Es war womöglich nicht überraschend, das gerade Deutschland – dem Land, dessen Regierungschefin den Inbegriff pragmatischer, sachlicher, ja sogar emotionsloser Politik verkörperte und Politik in der Tradition Helmut Schmidts verstand: „Wer Visionen hat, sollte zum Arzt gehen" – eine Vision fehlte, die zu mehr Selbstverpflichtung hätte motivieren können. Das hat zur Erosion der Disziplin bei vielen Menschen beigetragen, weil sie den Gemeinschaftssinn der Anstrengung aus den Augen verloren und die widersprüchlichen Botschaften nicht mehr konsistent verarbeiten konnten. Die primäre Orientierung der Politik an Zahlen beförderte schließlich die Diskussion um das Fehlen einer „langfristigen Strategie" zur Bekämpfung der Pandemie. Spätestens dann war das politische Handeln den Menschen kaum noch vermittelbar.

Warum wären ein Narrativ und eine zur Selbstverpflichtung motivierende Vision in Zeiten von Corona so wichtig gewesen? Ihre Wichtigkeit ergab sich aus den Ausführungen zum mentalen Referenzrahmen, die wir im Kap. 2 diskutiert haben. Wie dort dargestellt, bauen die Menschen im Laufe ihrer Sozialisierung einen Referenzrahmen auf, der anhand der Erfahrungen, Werte und Interessen wie einen Filter bei der Wahrnehmung der sie umgebenden Realität funktioniert. Sie nehmen folglich nur „die" Fakten wahr, die ihr Referenzrahmen zulässt, und die Botschaften, die ihr Referenzrahmen vorkonditioniert. Diese bewusste oder unbewusste *„cognitive closedness"*[18] erklärt, warum Diskussionen oft ein Austausch von Argumenten und Gegenargumenten sind, ohne dass die Diskutanten in der Lage sind, einen Konsens zu erreichen – auch dann nicht, wenn die Argumente oder Gegenargumente evidenzbasiert sein sollten. Der Filtereffekt bestimmt die Aufnahmebereitschaft für neue Entwicklungen und Fakten sowie die Erklärung, die sich jeder Mensch dafür zurechtlegt. Weil die Menschen den Informationen aus der Außenwelt ihre eigene Bedeutung zuschreiben, nehmen sie diese nicht so wahr, wie sie intendiert waren, sondern in der Art und Weise, wie sie diese – durch den Referenzrahmen gefiltert – deuten. Oft können Menschen einer neuen Entwicklung und neuen Fakten eine neue Bedeutung nur dann zuschreiben, wenn sie ihren alten durch einen neuen Referenzrahmen ersetzen. Um einen solchen *„Re-framing"* vorzunehmen, müssen die Menschen verstehen, warum ihr gegenwärtiger Referenzrahmen ungeeignet dafür ist,

---

[18] Siehe Schaap and van Twist (1999, S. 63–65).

eine neue Situation anders wahrzunehmen.[19] Sie müssen sich also klar werden, was sie bislang nicht in der Lage waren, gedanklich in Betracht zu ziehen. Mit anderen Worten: sie müssen ihren gegenwärtigen Referenzrahmen in Frage stellen und einen neuen zulassen, mit dem sie verfügbare Fakten anders verarbeiten und deuten können. Ein solches „*Re-framing*" kommt durch Interaktion mit der Umwelt und den Mitmenschen zustande, insbesondere mit Akteuren, die als glaubwürdig und berufen angesehen werden, Orientierung zu geben.

Gerade in der Coronakrise hätte die Politik solche *Reframing*-Prozesse laufend fördern müssen. Das hätte über die Umfeldgestaltung (zum Beispiel über niedrigschwellige Impfangebote) und über politische Kommunikation erfolgen müssen. Die politisch Verantwortlichen hätten die Wahrnehmung der Politik über die Coronakrise ständig bekräftigen und aktualisieren müssen. Wenn die politisch Handelnden eine neue Wahrnehmung einführen, wird sie Teil der politischen Debatte und einen wichtigen Orientierungspunkt für die Menschen hinsichtlich ihrer Wahrnehmung der Realität. Weil die Politik diese Funktion unzureichend und vielstimmig ausgeübt hat, hat sie anderen Akteuren, insbesondere den alten und neuen sozialen Medien, die Setzung der Diskussionsagenda überlassen. Die Medien sind aber ereignisfokussiert, sie orientieren sich an momentanen Stimmungen und springen in kürzesten Zeit von einem Ereignis zum nächsten, von einem Thema zum nächsten, und sie boostern öffentliche Diskussion, unabhängig davon, ob sie für das Ganze nützlich sind oder nicht. Sie fragen auch nicht: „wie soll ein Problem

---

[19] Für eine ausführliche theoretische Diskussion siehe Terrier and Koppenden (1999, S. 79–97).

gelöst werden?", sondern: „wer ist schuld am Problem und daran, dass noch keine Lösung gefunden worden ist?". Ihre Problemanalyse dient nicht der Problemlösung, sondern der Identifizierung individueller Verantwortlichkeiten. Und weil sie den Menschen Ersatz für die eigenen Erfahrungen – umso mehr, als der eigene Erfahrungshorizont durch die Mobilitätseinschränkungen limitiert war – und für die unzureichende Kommunikation der Politik lieferten, kreierten sie eine andere Realität, die unsere verwirrte Realität noch mehr verwirrte.

Es muss nochmals betont werden: Um Orientierungshilfe zu leisten, darf sich die politische Kommunikation nicht auf die Vermittlung von Fakten beschränken. Sie kann ein „*Re-framing*" bei den Menschen nur dann bewirken, wenn sie Verarbeitungs- und Interpretationshilfe leistet. Die Narrative hätten daher Fakten einordnen, eine Geschichte für die Gegenwart und die unmittelbare Zukunft erzählen und nachvollziehbar machen müssen, warum persönliche und kollektive Anstrengungen notwendig waren. Sie hätte Risiken nachvollziehbar erläutern, das bislang Gelernte vermitteln und die Spielregeln für staatliche Eingriffe und Politikanpassungen transparent und verständlich machen müssen. Vieles davon geschah leider mehr als unzureichend und meistens konzeptlos.

Der Staat weiß, was Sie wollen müssen!

Die Coronapolitik hat nicht nur auf das klassische Instrumentarium staatlicher Politik gesetzt, sondern auch auf eine besondere Art von Interventionen, um menschliches Verhalten zu lenken: „*Nudging*" und „*Framing*". Darunter versteht man Politiken und Maßnahmen, die das Verhalten der Menschen in die gewünschte Richtung lenken, die Menschen also zu besseren Entscheidungen verhelfen, ohne ihre Entscheidungsfreiheit einzuschränken.[20] Bei „*Nudging*" geht es darum, den Menschen einen kleinen, sanften „Stupser" zu geben, damit sie in die gewünschte Richtung handeln. Solche Politiken sollen das Beste aus zwei unterschiedlichen Welten vereinbaren: dem klassischen Liberalismus, der den Menschen die maximale Entscheidungsfreiheit gewähren will, und dem paternalistischen Staat, der durch Einschränkungen der Entscheidungsfreiheit die Menschen von falschen Entscheidungen abzuhalten versucht. Deswegen haben die Erfinder des „*Nudging*" dafür den Begriff des „liberalen Paternalismus" geprägt: Menschen handeln oft unvernünftig und irrational und brauchen deswegen einen Stupser, der sie auf den rechten Weg bringt. „*Framing*" meint die gezielte sprachliche (aber auch bildliche) Formulierung einer Botschaft, um bei den Empfängern die relative Attraktivität der gewünschten Entscheidung zu erhöhen. Durch die Betonung der positiven oder negativen Aspekte eines Sachverhalts soll der Empfänger zu einem Perspektivwechsel angeregt werden, er soll die Möglichkeit bekommen, die Realität aus einem anderen Blickwinkel zu deuten. Die Grenze zur Sprachmanipulation und Vernebelung[21], um das Denken der

---

[20] Den Begriff „*Nudging*" haben der Verhaltensökonomen Richard Thaler – er erhielt 2017 den Nobelpreis für Wirtschaftswissenschaften für seine Forschungen zur Verhaltensökonomie – und der Rechtswissenschaftler Cass Sunstein geprägt. Siehe Thaler and Sunstein (2008) sowie die in der Fußnote 29 ausgeführte Literatur (auch zum *Framing*-Konzept). Zum *Framing* siehe auch Tversky and Kahneman (1981); Wehling (2018) und Dobelli (2011, S. 173 ff.).

[21] In Deutschland wurde *Framing* vor allem im Zusammenhang mit dem „*Framing Manual*" der ARD einem breiten Publikum bekannt. Dieses interne Dokument der ARD, das Vorschläge für die Verbesserung der Kommunikation des Senders enthielt, wurde Anfang 2019 in der Presse intensiv diskutiert. Die meisten Kritiker sprachen damals vom Versuch der „Sprachmanipulation" und „Vernebelung".

Menschen manipulativ zu verändern, ist allerdings sehr dünn, vor allem wenn moralisches *Framing* im Spiel ist.

Bei *Nudging* und *Framing* handelt es sich also um diskursive Instrumente der politischen Verhaltenssteuerung. Allerdings sind sie demokratiepolitisch nicht unproblematisch, weil sie eben manipulativ wirken und die Selbstbestimmung einschränken. Sie sollen nämlich die Menschen dazu bringen, sich für eine Option zu entscheiden, auch wenn diese den eigenen Präferenzen zuwiderläuft. Ferner mindert *Framing* die Transparenz politischen Handelns, weil die Politik die platzierten Botschaften weder begründen noch erklären darf. Mit anderen Worten: der Staat darf seine eigenen Interessen und die Interessenvielfalt in der Gesellschaft nicht offenlegen. Die Botschaften müssen möglichst unbemerkt in das Unterbewusstsein der Empfänger eindringen. Anderenfalls ist die Gefahr groß, dass sie sich gegen die Manipulation wehren. Das ist das Gegenteil von transparenter und ehrlicher politischer Kommunikation in einer offenen Gesellschaft. Schließlich heißt „gewünscht" theoretisch: „zum Vorteil der Menschen selbst" oder „der Gesellschaft". Viele praktische politische Anwendungsbeispiele zeigen aber, dass „gewünscht" oft „im Sinne der Regierung" heißt – und der Staat definiert aus einer Position des „Besserwissers" und des „wohlmeinenden Staates", was das vermeintlich Beste für die Menschen und die Gesellschaft ist.

Bei der Bekämpfung der Coronapandemie griff die Politik auf zahlreiche Maßnahmen zurück, die implizit und unausgesprochen auch als „*Framing*" und „*Nudging*" gedacht waren: die Ankündigung des Auswärtigen Amtes, im Ausland gestrandete Urlauber nicht mehr zurückzuholen; der Inmmunitätsausweis; 2G und 2G+; die Impfkampagnen und -appelle; die Diskussion über die Impfpflicht; und eben auch das subtile Spiel mit der

Angst. Alles unproblematisch? Mitnichten. Wie in einem Labor hat die Coronapandemie die demokratiepolitische Problematik des Gebrauchs von *„Framing"* und *„Nudging"* offengelegt. Ihre Anwendung stellte zweifelsohne einen Eingriff in die Entscheidungsfreiheit der Menschen dar, denn die Politik wollte gerade das verhindern, was das Recht jeden Einzelnen ist: auch gegen seine Interessen oder gegen das zu handeln, was der Staat und die Gesellschaft für das Interesse jeden Einzelnen hielten. Ein solcher Eingriff wäre nur unter zwei Bedingungen gerechtfertigt gewesen. Zum einen hätten die Menschen echte Wahloptionen haben müssen. Das war aber nicht immer der Fall. Der Immunitätsausweis beispielsweise wurde vom Bundesgesundheitsminister Jens Spahn zu Beginn des Sommers 2020 vorgeschlagen, zu einem Zeitpunkt also, als noch gar keine Impfung zur Verfügung stand. Den Menschen standen folglich nur unechte Optionen zur Verfügung. Ein solches *Nudging* hätte nämlich als Ansporn wirken können, sich freiwillig und vorsätzlich mit dem Coronavirus anzustecken, um nach überstandene Krankheit in den Besitz eines Immunitätsausweises zu gelangen. Diese Option bestand zweifelsohne für Bevölkerungsgruppen, die mit einem milden Verlauf der Krankheit rechnen konnten. Die Wirkung wäre pervers gewesen: Die Menschen wären gezwungen gewesen, zwischen Freiheit und Gesundheit zu wählen. Das heißt: sie wären gezwungen gewesen, zwischen zwei Rechten abzuwägen, die sich additiv zueinander verhalten. Die Politik hätte außerdem das belohnt, was sie von Anfang an als schlechtes und unsolidarisches Verhalten definiert hatte: sich zu infizieren. Sie hätte die Menschen dazu ermuntert, ihre Verantwortung sich selbst und den Risikogruppen gegenüber zu ignorieren. Das hätte das ganze Schutzkonzept *ad absurdum* geführt. Am Ende des Tages entpuppte sich der Immunitätsausweis als schlecht gemeintes

Nudging auch deswegen, zumal er verfassungsrechtliche Menschenrechts- und Gerechtigkeitsfragen aufwarf. Er hätte die Bürger in zwei Klassen aufgeteilt, denen unterschiedliche Freiheitsrechte zugeteilt worden wären, da für nicht infizierte Menschen damals keine Alternativen in Form von Schnelltest oder Impfung zur Verfügung standen. Ähnliches galt verschärft für die 2G-Regel, die den Ungeimpften keine Wahloption ließ.

Die zweite Bedingung, um den Eingriff in die individuelle Entscheidungsfreiheit zu rechtfertigen, war, dass damit auch Rechte oder Interessen Dritter geschützt werden. Und das war meistens der Fall. Bei der Anwendung von *„Framing"* oder *„Nudging"*, um zum Beispiel eine höhere Impfquote zu erreichen, standen die Gesundheit und die Freiheit auch vieler Anderer auf dem Spiel. Die individuelle Entscheidung, sich nicht impfen zu lassen, tangierte Rechte und Interessen Dritter, weil Ungeimpfte ein Infektionsrisiko für Dritte darstellten und die Rückkehr aller zu mehr Normalität verhinderten. Aber auch diese Bedingung warf Fragen auf, weil auch andere individuellen Handlungen – beispielsweise Rauchen, ungesunde Ernährung, Fahren von Benzinschluckern, Motorrad- oder Skifahren – Risiken für Dritte auslösen oder Kosten auf die Allgemeinheit zumindest teilweise abwälzen. Wie weit sollte man gehen? Hätten Ungeimpfte bei einer eventuellen Covid-19-Erkrankung ihre Behandlungskosten selber bezahlen müssen? Hätten man für Ungeimpfte einen Coronazuschlag auf die Krankenkassenbeiträge erheben müssen? Und dann auch für Raucher, Ski- und Motorradfahrer? Gibt es also für den Staat keine Grenzen mehr, wenn es darum geht, „unvernünftiges" Verhalten zu unterbinden? Und wer definiert, was „unvernünftiges Verhalten" ist? Ein kleiner „Stupser" warf Fragen auf, die das Potenzial hatten, bisherige gesellschaftliche Konsense aufzuheben. Soweit wollte die

Politik nicht gehen. Im Gegenteil, sie reagierte eher verschämt, als sie beim *Nudging* oder *Framing* ertappt wurde. Sie geriet argumentativ immer in die Defensive. Weil sie exzessiven Gebrauch davon gemacht hat und immer öfter dabei ertappt wurde, erlahmte die Wirkung zunehmend.

Ein weiteres Problem bei der Anwendung von *Framing* und *Nudging* im Rahmen der Coronapolitik war das voluntaristische Handeln der Politik. In ihrem Bestreben, das „Gemeinwohl" durchzusetzen, griff sie eher auf deren negative Ausprägungen, indem sie die Angst der Bevölkerung instrumentalisierte – wie wir bereits analysiert haben – und auf Bestrafung setzte. *Nudging* und *Framing* wirkten dann entmündigend und manipulativ – und das staatliche Handeln war zunehmend „wohlwollend autoritär". Die Bemühungen der Politik, die Impfquote zu erhöhen, sind ein gutes Beispiel dafür. Mit der zunehmenden Erlahmung der Impfbereitschaft in der Bevölkerung verlor die Politik die Contenance und entfachte einen regelrechten diskursiven Bestrafungsfeldzug gegen die Ungeimpften. Sie sollten dazu verdonnert werden, Tests selbst zu bezahlen, ja sogar zu den teuren PCR-Tests verpflichtet zu werden, die Streichung der Lohnfortzahlung im Falle von Quarantänen in Kauf zu nehmen und überhaupt: sie sollten sich darauf einstellen, dass im Herbst 2021 weitere unangenehme Beschränkungen auf sie zukämen. „Der Alltag für Ungeimpfte muss unangenehmer sein", forderte der Rostocker Oberbürgermeister Claus Ruhe Madsen in der „Welt" am 24. Juni 2021, und die kolportierten Ideen dazu waren phantasievoll und immer ausgrenzender. Die Tonlage wurde immer heftiger.

Dass Bestrafungsfeldzüge genau das Gegenteil von dem bewirken können, was die Coronapolitik beabsichtigte, ist aus der Verhaltensforschung hinlänglich bekannt. In einem einflussreichen Artikel, der 2016 erschien, haben Roland Bénabou und der Nobelpreisträger Jean Tirole gezeigt, dass Überzeugungen oft einen wichtigen psychologischen und funktionalen Bedarf der Menschen befriedigen. Fest verwurzelte Überzeugungen sind uns demnach deswegen wichtig, weil sie für uns einen Wert darstellen, sie sind Teil unserer Identität und unseres Selbstbildes. Solche Überzeugungen widersetzen sich jeglicher Art von Evidenz und wir entwickeln „nicht-bayesianischen" Verhaltensmuster, um diese zu verteidigen: die Weigerung, uns anderes Wissen anzueignen, das Wunschdenken und die Realitätsleugnung. Wenn Überzeugungen und Präferenzen sich einmal verfestigt haben, wirkt unser individueller Referenzrahmen auf „Angriffe" umso verfestigender. Wir blenden Informationen aus, die unsere bereits getroffene Wahl stören und widersprechen können, wir ignorieren Nachrichten, um uns nicht mit unserer eigenen Ambiguität auseinandersetzen zu müssen, wir suchen selektiv nach externen Gründen, Beweisen und Begründungen, die uns bestätigen, dass wir im Recht sind und uns ermöglichen, die eigenen Vorurteile als objektive Wahrheiten darzustellen, und „wir messen jeder noch so nebensächlichen Nachricht, die uns in unserer Haltung bestätigt, übermäßige Bedeutung bei"[22].

Wir werden leicht zu Gefangenen solcher Strategien, weil wir unsere Meinung nicht gerne ändern, denn es fällt uns schwer, zuzugeben, dass wir uns geirrt haben.[23] „Im Laufe der Zeit wird die instinktive Verteidigungsreaktion, von der wir ausgingen, durch ein sorgfältig konstruiertes System scheinbar überzeugender Argumente ersetzt. An diesem Punkt gelangen wir aufgrund der ‚Stichhaltig-

---

[22] Banerjee und Duflo (2020, S. 89–90).
[23] Siehe ebenda.

keit' dieser Argumente zu der Überzeugung, dass uns jeder, der eine andere Meinung als wir äußert, entweder indirekt moralisches Versagen unterstellen will oder unsere Intelligenz in Zweifel zieht. Und an diesem Punkt werden wir möglicherweise aggressiv"[24]. Dann sind wir für andere Argumente oder gar Fakten nicht mehr zugänglich, wir verteidigen unser Selbstbild, unsere Identität, um jeden Preis und weigern uns hartnäckig zu erkennen, dass wir im Unrecht sein können. Bestrafungen und verbale Abqualifizierungen (Rassist, Impfgegner u. ä.) sind dann völlig kontraproduktiv, weil man damit das moralische Selbstbild der Betroffenen verletzt und ihre Intelligenz beleidigt.[25] Und dadurch wird ihr Widerstand gegen die Handlungen verstärkt, die man bei ihnen erzwingen will.

Vor diesem Hintergrund ist die rasche Eskalation der Impfkonflikte in Deutschland während der Coronapandemie nachvollziehbar. Zum Glück reagieren „motivierte Überzeugungen" Bénabou und Tirole zufolge auf Einflüsse aus dem sozialen Umfeld. Das haben wir bereits im Zusammenhang mit den Präferenzen diskutiert. Das heißt umgekehrt: Durch die Beeinflussung des Umfeldes der Betroffenen ist eine nachhaltige Verhaltensänderung möglich. Derjenige, der diese Verhaltensänderung erreichen will, muss sich allerdings auf einen zähen und langwierigen Prozess einlassen, denn es gilt für die zu überzeugenden Menschen die Kosten zu erhöhen beziehungsweise den Nutzen zu senken, welche mit dem Festhalten an einer bestimmten Überzeugung involviert sind – und zwar ohne Abwehrreaktionen zu erzeugen. Anstelle von Bestrafungen und Beleidigungen muss man

---

[24] Ebenda, S. 90.
[25] Siehe ebenda.

also auf den Abbau von Vorurteilen und auf „*Re-framing*" setzen.

In der Coronapandemie hätte die Politik fest verwurzelte Überzeugungen „gegen das Impfen" nur dann verändert können, wenn sie auf „moralische Verletzungen" und „Beleidigungen", auf Ausgrenzung und Stigmatisierung verzichtet hätte. Der einzig erfolgsversprechende Weg bestand zum einen darin, die Ängste und Sorgen der Betroffenen ernst zu nehmen, gerade dann, wenn diese auf Unkenntnissen und Mythen basieren, und die Betroffenen mit einer positiven Ansprache zu begegnen. Es war daher kontraproduktiv, sie als „Impfverweigerer" zu betiteln, sie als „unsolidarisch" und „egoistisch" oder gar als „Corona-Leugner", die sich mit Rechtsradikalen verbünden, zu beschimpfen. In allen diesen Fällen sahen sich die Betroffenen darin bestärkt, dass sie von der „Mehrheitsgesellschaft" nicht respektiert werden. Solche Vorurteile hätte man aber nur durch Respekt und Wertschätzung abbauen können. Man hätte dabei daraufsetzen müssen, dass die konstruierte Abwehrreaktion im Laufe der Zeit durch wertfreie Aufklärung und „politisch neutrale" Vorbilder geschwächt werden kann. Man hätte den Betroffenen das Gefühl vermitteln müssen, dass sie Teil eines gemeinsamen Projekts sein können, bei dem sowohl ihre eigenen Interessen als auch die Interessen der Gesellschaft verwirklicht werden können. Gerade die Suche nach solchen interessenverbindenden Strategien hätte eigentlich die Hauptverantwortung der Politik sein müssen. Zu einer solchen Strategie hätte auch gehört, die Impfkampagnen sowie die Organisation und Durchführung des Impfens „politikfern" zu gestalten. Die Politik hätte diese Aufgaben anderen Akteuren überlassen und sich darauf konzentrieren müssen, diese Akteure zu unterstützen. Und es ist selbstredend, dass eine politische Kampagne für eine Impfpflicht grundsätzlich kontraproduktiv war. Das hätten die politisch Verantwortlichen spätestens bei der Umsetzung der Impfpflicht einsehen müssen – falls sie gekommen wäre. Dann hätten sie realisiert, dass sie an der „Verweigerung" nur marginal etwas geändert hätte.

Zum anderen hätten die politisch Verantwortlichen motivierende Rahmenbedingungen in Kraft setzen müssen, um die Menschen dazu zu bewegen, sich impfen zu lassen. Sie hätten aus dem Impfen ein nationales Fest machen, die Barrieren fürs Impfen durch niedrigschwellige Impfangebote – mobile Impfteams, unkomplizierte Terminvergaben, Impfen dort, wo die Menschen tagtäglich sind, oder bei ohnehin stattfindenden Veranstaltungen – senken, inklusive und gesonderte Angebote für die unterschiedlichen Milieus und *Peer Groups* machen und durch die Impfkampagne ein Klima des gegenseitigen Respekts und der Solidarität erzeugen müssen.

Ein solcher Umgang mit den Ungeimpften wäre aller Wahrscheinlichkeit nach nicht nur effektiver gewesen, sondern er hätte auch stärker den Qualitätsstandards demokratischer Coronapolitik entsprochen. Er hätte auf Inklusion anstelle von Ausgrenzung, auf Dialog und Überzeugung anstelle hierarchischer autoritärer Durchsetzung, auf den Bau von Brücken zwischen unterschiedlichen Bevölkerungsgruppen anstelle der Verfestigung von Unterschieden, auf „motivierte Überzeugung" anstelle von Zwang setzen müssen. In der komplexen Coronakrise war das Krisenmanagement auf die Mitwirkung aller angewiesen. Gerade weil eine Minderheit in einer nennenswerten Größenordnung ausreiche, um die Stabilisierung der Lage zu verhindern, konnte es nicht darum gehen, die „unvernünftige" Minderheit auszugrenzen. In einem *„system of problems"* spielt jeder Akteur, auch der „Fehlverhalter", eine entscheidende Rolle bei der Möglichkeit, es zu managen. Wenn die

Akteure auf der Grundlage der von ihnen eingebrachten divergierenden Perspektiven handeln, dann beeinflussen sie die Reaktionsfähigkeit des gesamten Systems. Diejenigen, die sich in der Coronapandemie an geltenden Regeln der „Mehrheitsgesellschaft" nicht hielten, durfte man folglich nicht so behandeln, als wären sie nicht Teil des Systems, als müssten sich die Politik und die Gesellschaft nicht darum bemühen, sie zu erreichen und zu einem solidarischen, kooperativen Verhalten zu bewegen. Im Falle des Impfens war das Ergebnis davon, dass man nicht alle mitgenommen hat, eine zu niedrige Impfquote in der Bevölkerung. Und weil die zu niedrige Impfquote die gesellschaftlichen Kosten der Pandemiebekämpfung insgesamt erhöht hat, haben letztendlich alle, Geimpfte und Ungeimpfte, den Preis bezahlt.

Die Undifferenziertheit der Coronapolitik

Es ist ein geflügeltes Sprichwort: jeder Mensch ist anders, wir Menschen sind unterschiedliche Charaktere. Jeder reagiert anders auf Risiken, empfindet denselben Zustand subjektiv unterschiedlich, geht anders mit Chancen um, verarbeitet Anreize mental unterschiedlich, trifft Entscheidungen anders, versteht und interpretiert die Welt um sich herum anders, geht anders mit Betroffenheit um. Doch wir Menschen sind auch *homöostatisch,* wir haben ein inneres Regelwerk, das uns im Gleichgewicht hält, unsere Konsistenz sicherstellt. Verschiedenheit heißt also, dass wir alle anders reagieren, aber jeder reagiert immer gleich, nur anders als jeder andere.[26] Allerdings kon-

---

[26] Für eine ausführliche Diskussion siehe Dueck (2004).

vergiert das menschliche Verhalten durch Evolution und soziale Interaktion, so dass wir nicht mit Abermillionen, sondern glücklicherweise nur mit einer Handvoll von Charaktertypen zu tun haben.[27] Es bleibt dennoch ein hoher Grad an Verschiedenheit und Differenziertheit. Es bilden sich Cluster unterschiedlichen Verhaltens heraus, wie dies sich in der Coronakrise deutlich gezeigt hat: verhaltensträge Menschen, Menschen die von einer innerlich zerreißenden Entscheidung entlastet werden wollten, und daher eine klare Entscheidung vom Staat erwarteten, in welche Richtung auch immer, risikobereite und risikoscheue Menschen, Menschen, die sich mit dem jeweiligen momentanen Zustand besser arrangieren konnten und wollten als andere, Menschen, die für die Impfung aufgeschlossener waren als andere, Menschen, die sich selbst unterschiedlich verpflichteten, Verantwortung und Selbstverantwortung unterschiedlich wahrnahmen, Solidarität unterschiedlich praktizierten, und Menschen, die sich in ihren Verhalten an anderen Menschen, sei es *Peer Groups* oder die „Mehrheitsgesellschaft", orientierten.

Die „irritierend heftigen Unterschiede der Menschen"[28] machten eigentlich eine „Verschiedenbehandlung"[29] erforderlich. Doch die Politik und die Experten haben uns in der Coronapandemie alle gleich behandelt. Sie machten den Menschen nicht nur zum Gefangenen der Eindimensionalität, wie Herbert Marcuse ihn in seinem Buch *„Der eindimensionale Mensch"* beschrieben hat. Er war für die Coronapolitik vielmehr die Eindimensionalität selbst. Die Politik setzte bei ihren Steuerungshandlungen den „eindimensionalen Menschen" geradezu voraus: dieselben

---

[27] Für eine vertiefte Diskussion siehe ebenda.
[28] Ebenda, S. 17.
[29] Ebenda, S. 21.

Pflichten und Rechte für alle, dieselben *Lockdowns* für alle, dieselbe politische Kommunikation für alle, dieselbe Impfkampagne für alle, dieselbe Impfungsangebote für alle.[30] Doch von einem „einheitlichen" kollektiven Verhalten konnte man eigentlich nur in der ersten Pandemiewelle ausgehen. Dieses Verhalten und seine Ursachen haben wir bereits unter dem Stichwort „Herdenverhalten" diskutiert. Ansonsten konnte man wenige Wochen nach dem Pandemieausbruch eine sehr dynamische, weil wechselnde Verhaltensausdifferenzierung in der Bevölkerung ausmachen. Mit anderen Worten: die Menschen haben sich zu unterschiedlichen Herausforderungen der Coronapandemie unterschiedlich positioniert. Eine einheitliche Steuerungslogik wurde dann der Verschiedenheit der Menschen nicht mehr gerecht. Erst bei dem Versuch, die Impfquote zu steigern, hat die Politik eine Ausdifferenzierung zugelassen: zwischen Geimpften und Ungeimpften. Sie stellte aber keine positive Ansprache der Verschiedenheit der Menschen, sondern eine bewusste negative Diskriminierung von Ungeimpften dar, um sie zum Impfen zu bewegen. Im Endergebnis hat diese aber die Abwehrreaktion der Ungeimpften verstärkt und die Suche nach einer am Gemeinwohl orientierten Lösung blockiert.

Die Pauschalmaßnahmen für die Pandemiebekämpfung hatten auf der einen Seite den Vorteil der relativ hohen Treffsicherheit. Auf der anderen Seite wurde aber versäumt, spezifische Strategien zu implementieren, um die Verschiedenheit der Menschen zu adressieren. So haben beispielsweise Schutzkonzepte für soziale und kulturelle

---

[30] Aus den Ausführungen von Dueck (2004, S. 34) kann man entnehmen, dass das kein coronatypisches Phänomen und auch kein exklusives Phänomen der Politik ist.

Brennzonen, für Menschen mit Migrationshintergrund, Wanderarbeiter, Anhänger alternativer Medizin usw. gefehlt. Dabei hätte es nicht nur darum gehen müssen, Sprach- sondern vor allem kulturelle Integrationsbarrieren zu überwinden. Ferner hat es an spezifischen Gestaltungs- und Handlungsrahmen für Gruppen mit einer unterschiedlichen Betroffenheitswahrnehmung gemangelt. Dazu gehörten beispielsweise die Gastronomie und der Kulturbetrieb, die selbst viel in innovative Schutzkonzepte investiert hatten. Schließlich ist das Vorhaben, eine hohe Impfquote zu erreichen, nicht zuletzt an der Undifferenziertheit der Impfkampagne gescheitert, an seinem Versäumnis, die Verschiedenheit des Menschen mit Hilfe von *„positive actions"* zu adressieren. „Niedrigschwellige Angebote" waren sicherlich sinnvoll, sie reichten aber bei weitem nicht aus. Es wäre notwendig gewesen, spezifische Maßnahmen zu implementieren, um die kulturelle Integrationsbarrieren durchlässiger zu machen, Verschwörungsmythen und *Fake News* entgegenzutreten und den Einfluss von (quasi) *Peer Groups* zumindest zu neutralisieren. Alle diese Beispiele deuten auf ein grundsätzliches Versäumnis der Coronapolitik hin: Globalsteuerung nicht mit spezifischen Maßnahmen flankiert zu haben, um die Verschiedenheit der Menschen zu adressieren.

Mit weniger Demokratie gegen das Virus?

Es gibt keinen Grund dafür, dass Bürokraten und Politiker,
egal wie gut sie es meinen, Probleme besser lösen können
als die Menschen vor Ort, die den stärksten Anreiz haben,
die Lösung richtig hinzubekommen
Elinor Ostrom

Bürgerbeteiligung ist vor allem dann erfolgreich,
wenn Bürger daran beteiligt sind
Andreas Paust

Schlüsselwörter Demokratische Legitimation · Selbstgenügsamer Staat · Abwägen · Politik und Wissenschaft · Expertokratie

Die Novellierung des Infektionsschutzgesetzes durch den Bundestag Ende März 2020 hat auch die gesetzliche Grundlage für das staatszentrierte, hierarchische Regieren als Ansatz für die Pandemiebekämpfung geschaffen. Auf dieser rechtlichen Grundlage hat der Bund die *Lockdowns* im März 2020 sowie im Herbst und Winter 2020/21 verhängt – gerade jene Maßnahmen, die die schwerwiegendsten Eingriffe des Staates in die Freiheitsrechte der Menschen während der Coronapandemie darstellten. War diese grundsätzliche Entscheidung eine notwendige Reaktion auf eine Bedrohung für Leib und Leben der Menschen, die nur durch die Kappung zwischenmenschlicher beziehungsweise sozialer Kontakte einzudämmen war? Oder war sie eine Überreaktion der Politik, die sich nicht getraut hat, auch in der Coronapandemie „Demokratie zu wagen", eine Politik, die wenig Wert auf eine ausreichende demokratische Legitimation staatlichen Handelns und die Potenziale eines kooperativen Multi-Akteure-Ansatzes zur Bekämpfung der Coronapandemie nicht erkannt oder sich nicht getraut hat, diese zu nutzen? Hat die Pandemie Handlungsspielräume für eine demokratischere Coronapolitik wirklich zugelassen? Das wollen wir in diesem Kapitel diskutieren.

Die demokratische Legitimation der Coronapolitik

Es war zweifellos nachvollziehbar, dass die politisch Verantwortlichen in Situationen von hoher Dynamik, Unsicherheit und Nichtwissen zunächst sicherstellen wollten, im Stande zu sein, die Lage zu stabilisieren und ein Abdriften ins Chaos zu vermeiden. Und das hieß für sie zuallererst: schnelle und treffsichere Entscheidungen zu treffen, die ungeachtet regionaler Unterschiede bundesweit einheitlich gelten sollten. Das Instrument, das dies ermöglichen sollte, war die „epidemische Notlage nationaler Tragweite". Das Regierungshandeln entsprach damit allem Anschein nach den Erwartungen der überwiegenden Mehrheit der Menschen. Darauf wiesen die Umfragen hin, sie dokumentierte lange Zeit eine hohe Zustimmung für das Regierungshandeln. Offensichtlich sah eine große Mehrheit der Bevölkerung einen hohen Nutzen in den politischen Maßnahmen zur Bekämpfung der Coronapandemie und war bereit, Einschränkungen der Freiheitsrechte und die „Kollateralschäden" der Eindämmungsmaßnahmen in Kauf zu nehmen. Demokratiepolitisch hatte das Regierungshandeln also eine hohe inhaltliche Legitimität. Alle Umfragen und Untersuchungen belegen zudem, dass diese Bereitschaft auch deswegen groß war, weil die übergroße Mehrheit der Bürger und Bürgerinnen die Zusicherung der Regierenden vertraute, dass die Freiheitseinschränkungen vorübergehend und verhältnismäßig sein sollten. Das zeugte für großes Vertrauen in die politisch Handelnden.

Doch die Zustimmung der Mehrheit, egal wie groß sie auch immer sein mag, ist keine ausreichende Legitimation für einschneidende Eingriffe in die Freiheitsrechte. Sie bedürfen auch eine formale Legitimation – das heißt: ein Zustandekommen politischer Entscheidungen, das prozedural ausreichend demokratisch legitimiert ist. Weil die Eingriffe in die Freiheitsrechte so schwerwiegend waren, hätten sie folgerichtig mit der höchstmöglichen Zustimmung der gewählten demokratischen Organe entschieden werden müssen: des Bundestags und der Landesparlamente. Durch das Aufrufen der „epidemischen Notlage nationaler Tragweite" hat sich der Bundestag hingegen selbst entmachtet, die Landesregierungen und -parlamente gleich mit, um politische Entscheidungen zu ermöglichen, die sich nach den Erfordernissen der Pandemiebekämpfung – so die Annahme – richten sollten: Schnelligkeit, Treffsicherheit und Einheitlichkeit. Gerade hier lag ein substantielles demokratiepolitisches Problem. Denn das Regieren mit Hilfe exekutiver Verordnungen ging zu Lasten der formalen Legitimität des Regierungshandelns, das heißt: zu Lasten der Einbeziehung demokratisch gewählter Organe in die Entscheidungsfindung sowie der genauen Überprüfung und Begründung einzelner Maßnahmen, um ihre demokratische und rechtsstaatliche Kontrolle zu ermöglichen. Obwohl die Coronapolitik drastische Einschränkungen der Freiheitsrechte implizierte, hat die Bundesregierung bei der Entscheidungsfindung den Bundestag und den Bundesrat nicht oder nur im Schnellverfahren beteiligt. Und das replizierte sich auf Landesebene. Solche Schnellverfahren genügten aber den Anforderungen demokratischer Mitwirkung gewählter Organe nur unzureichend. Von ihrem Ursprung her hatte also die Coronapolitik eine deutliche Legitimationshypothek. Das änderte sich graduell nach dem Ende des ersten *Lockdown*, an der Dominanz exekutiven Handelns und der unzureichenden Ausübung von Mitwirkungsrechten seitens gewählter politischer Akteure hat sich aber nicht grundlegendes geändert – zumindest solange die „epidemische Notlage nationaler Tragweite" in Kraft war.

Insofern stellte die Coronazeit demokratiepolitisch eine Ausnahmesituation dar, weil die Grundregeln formaler Legitimation staatlichen Handelns zumindest teilweise außer Kraft gesetzt waren. Weder die Bürger noch die Volksvertreter konnten ihre Mitwirkungsrechte bei der politischen Entscheidungsfindung und der Kontrolle staatlichen Handelns angemessen ausüben. Die empfundene Notwendigkeit, Entscheidungsprozesse zu beschleunigen, sowie die naheliegende Erkenntnis, dass eine stichhaltige Problemanalyse und eine detaillierte Überprüfung von Handlungsalternativen aufgrund der hohen Dynamik, Unsicherheit und Nichtwissen weder möglich noch erstrebenswert waren, haben die Politik dazu bewegt, die Entscheidungsbefugnisse bei den Exekutiven im Bund und Ländern zu bündeln. Das hat sie auch durch eine weitere Entscheidung verstärkt: die Entscheidungsfindung in die Bund-Länder-Konferenzen – die Treffen der Ministerpräsidenten und -präsidentinnen mit der Bundeskanzlerin – zu verlagern. Das hat die demokratische Regierungsführung und die parlamentarische Demokratie substantiell verändert, mit negativen Auswirkungen für den demokratischen Prozess. Ein kleiner Kreis traf Beschlüsse mit weitreichenden Auswirkungen für die Freiheitsrechte, obwohl er dazu nicht oder nur bedingt demokratisch legitimiert war. Das hat zu einer bis zum Ausbruch der Pandemie nicht gekannte Machtzentralisierung bei den Regierungschefs und -chefinnen von Bund und Ländern geführt. „Es entstand ein neues informelles Entscheidungssystem, eine Art Super-Coronaregierung, das in unserer Verfassung nicht vorkommt", wie es der Politik- und Verwaltungswissenschaftler Stephan Bröchler in einem Gastbeitrag im *Der Tagesspiegel* von 11. Januar 2021 formuliert hat. Diese „Super-Coronaregierung" trat an die Stelle von Bundestag und Bundesrat in der primären Phase der Gesetzgebung. Erst nachdem dieser Kreis Beschlüsse gefasst hat, wurden Bundestag, Bundesrat und die Landesparlamente eingebunden. Sie konnten die Beschlüsse, wenn überhaupt, nur im Nachhinein und im Schnellverfahren abnicken. Doch in der parlamentarische Demokratie sind nicht nur die Ergebnisse – zum Beispiel die verabschiedeten Gesetzen—, sondern auch die Prozesse – also der Weg dorthin – von grundlegender Bedeutung.[1] Sie müssen die Mitwirkungsrechte demokratisch gewählter Organe und die Transparenz der politischen Entscheidungen sicherstellen. Und deswegen hätten die Debatten über Grundrechtseingriffe, wie Öffnung und Schließung von Restaurants, Kulturbetrieben, Schulen u. ä., in den Bundestag und die Landesparlamente gehört.

War die drastische Veränderung demokratischer Regierungsführung wirklich „alternativlos"? Die Notwendigkeit, schnelle Entscheidungen herbeizuführen und Politiken zügig umzusetzen, waren die gängigen Begründungen für die temporäre Beschneidung parlamentarischer Mitwirkungsrechte. Diese Begründung unterstellte also, dass normale parlamentarische Verfahren und eine substantielle Einbeziehung von Bundestag, Bundesrat und Landesparlamenten in die Entscheidung und Kontrolle der Eindämmungsmaßnahmen das politische Handeln verzögern oder gar blockieren würde. Die Folge wäre demnach ein zumindest partieller Verlust an Handlungsfähigkeit der Exekutiven gewesen. Darüber hinaus wurde die „Super-Coronaregierung" mit der Notwendigkeit begründet, klare und konsistente Entscheidungen herbeizuführen. Fundiert lassen sich diese Begründungen weder bestätigen noch widerlegen, denn niemand kann wissen, ob eine abgewählte Alternative bessere oder schlechtere Ergebnisse erbracht hätte, weil sie eben nicht ausprobiert worden ist. Tatsache ist aber, dass die gewählte Alternative – nämlich die Machtzentralisierung bei den Regierungschefs und -chefinnen von Bund und Ländern – weder schnelle und rechtzeitige

---

[1] Siehe Höffe (2009); O'Donnell (2007); Levitsky und Ziblatt (2018). Auch Stephan Bröchler betont das in seinem Gastbeitrag im *Der Tagesspiegel* von 11. Januar 2021.

noch klare und konsistente Entscheidungen gewährleistete. Im Gegenteil, die Entscheidungsfindung in den Bund-Länder-Konferenzen war ein aufwändiger Prozess, der in der Regel verspätete und widersprüchliche Entscheidungen produziert hat. Wie im vorangegangenen Kapitel dargestellt, ist der Politik unter anderem deswegen selten gelungen, vor die Welle zu kommen. Sie hinkte dem Infektionsgeschehen meistens hinterher. Ferner waren die von den Bund-Länder-Konferenzen herbeigeführten Entscheidungen meistens wenig selbstverpflichtend, weil zahlreiche Bundesländer unmittelbar danach aus den gemeinsamen Beschlüssen ausscherten oder diese nach eigenen Kriterien und Vorstellungen umsetzten. Mit anderen Worten: die Bindungskraft der auf diesen Wegen herbeigeführten Entscheidungen war sehr gering. Das war ein deutlicher Hinweis dafür, dass der Nutzen der Entscheidungen den Aufwand des Entscheidungsprozesses auch in den Augen der unmittelbar Beteiligten nicht rechtfertigte. Einheitliche Beschlüsse in den Bund-Länder-Konferenzen schufen den Schein einer konsistenten Coronapolitik, ihre Umsetzung war aber von Widersprüchen, Ausnahmeregelungen und Sonderwegen gekennzeichnet.

Überraschend war das eigentlich nicht. Das Gremium ist nicht für bundesweit gesetzlich verbindliche Beschlüsse zuständig, das kann nur die Bundesgesetzgebung durch Bundestag und Bundesrat bewirken. Darüber hinaus hatte die Bundeskanzlerin in der Super-Coronaregierung im Unterschied zum Bundeskabinett keine Richtlinienkompetenz, so dass sie nicht in der Lage war, auf die Umsetzung gemeinsamer Beschlüsse zu pochen. Die Bund-Länder-Konferenz kann nur dem Austausch und der Abstimmung dienen, und ist bei der Verbindlichkeit von Beschlüssen auf die Selbstverpflichtung der Beteiligten angewiesen. Diese endet aber dort, wo die

Beschlüsse eigene Interessen negativ tangieren. Das wusste eigentlich jede und jeder Beteiligte. Niemand wollte aber das Gremium und das Entscheidungsverfahren an sich in Frage stellen. Es war eine Art interessengeleiteter professioneller Blindheit: kein Ministerpräsident und keine Ministerpräsidentin wollte etwas hinterfragen, was ihnen eine zentrale Rolle und die höchstmögliche Aufmerksamkeit in der Öffentlichkeit gewährleistete. Man hat lieber in Kauf genommen, die Bund-Länder-Konferenz mit Erwartungen an ihre Leistungsfähigkeit zu überfrachten, für die sie nicht gemacht ist, wie die Politologin Nathalie Behnke es im Deutschlandfunk am 02. April 2021 sinngemäß formuliert hat. Es ist also alles in allem plausibel anzunehmen, dass die parlamentarische Mitgestaltung der Coronapolitik im Vergleich zu den Bund-Länder-Konferenzen zumindest keine langsameren und schlechteren, auch keine inkonsistenteren Entscheidungen produziert hätte – dafür hätte sie für eine höhere demokratische Legitimität und Transparenz der Coronapolitik gesorgt.

Aus dieser Perspektive war es daher richtig, dass die neue Mehrheit im Bundestag – die Ampel-Koalition – die „epidemische Notlage nationaler Tragweite" im November 2021 auslaufen ließ. Damit sollte „die Rückkehr zum Normalbetrieb der parlamentarischen Demokratie"[2] bewerkstelligt werden. Doch die neue Mehrheit im Bundestag und die neue Bundesregierung blieben auf halber Strecke stehen. Auch sie wagten nicht, die politische Entscheidungsfindung „wieder ohne Vorschaltung einer informellen Super-Regierung"[3] zu organisieren, diese gänzlich in die „zuständigen

---

[2] Stephan Bröchler, ebenda.
[3] Ebenda.

Institutionen der parlamentarischen Demokratie"[4], in die Regierungen von Bund und Ländern, in den Bundestag und die Landesparlamente sowie in den Bundesrat zurück zu verlagern. Sie glaubte nicht, die Kritik aushalten zu können, dass sie dadurch die Länderinteresse missachten würde – als ob unsere bisherige parlamentarische und föderale Verfasstheit dies nicht gewährleisten würde. Und die Landesregierungen bewiesen noch einmal ihren Unwillen, die Verantwortung für die Pandemiebekämpfung vollends zu übernehmen. Sie wollten sich weiterhin hinter den Bund verstecken, teilweise zumindest, um politische Risiken für sich selbst zu minimieren.

Politik macht nur die Politik

Wie wir im Kap. 1 diskutiert haben, war die Coronakrise multidimensional. Sie schloss eine Vielzahl von Themen (ökonomische, technologische, ethische, politische, medizinische, psychologische, rechtsstaatliche) und Sektoren (Industrie, Außenhandel, Tourismus, Handel, Kultur) gleichzeitig ein. Als solches involvierte sie folglich auch eine Vielzahl kollektiver und individueller, staatlicher, privatwirtschaftlicher und zivilgesellschaftlicher Akteure (Individuen, Gruppen und Organisationen). Sie interagierten miteinander, beeinflussten sich in ihrem Verhalten gegenseitig und bestimmten dadurch den Politikprozess und die Politikergebnisse mit. Sie brachten unterschiedliche, oft divergierende Interessen, Perspektiven und Definitionen von Erfolg und Misserfolg in den Politikprozess ein. Und diese änderten sich

---

[4] Ebenda.

situativ und kontextabhängig laufend. Dadurch modifizierten sich auch die von den jeweiligen Akteuren präferierten Lösungsansätze unentwegt. Ferner waren auch die gesellschaftlichen Akteure Träger von Ressourcen und Handlungskompetenzen, die gebraucht wurden, um die Coronakrise in den Griff zu bekommen. Inwieweit hat die Coronapolitik dieser Multi-Akteuren-Konstellation Rechnung getragen? Inwieweit haben die politischen Entscheidungsträger bei der Abwägung divergierender Interessen die Vielfalt von Perspektiven einbezogen? Haben sie offensichtliche Zielkonflikte adäquat gemanagt? Sind die Ressourcen und Handlungskompetenzen gesellschaftlicher Akteure effektiv in Wert gesetzt worden? Inwieweit konnten zivilgesellschaftliche und privatwirtschaftliche Akteure an der Entscheidung und Umsetzung der Coronapolitik substantiell mitwirken? Die Befassung mit diesen und ähnlichen Fragen zeigt ein ausgeprägtes Inklusionsdefizit der deutschen Coronapolitik. Deren Ursachen sind aber grundsätzlich und seit Jahrzehnten für die Politik hierzulande prägend.

Wir müssen draußen bleiben!: Die gesellschaftlichen Akteure
Der erste *Lockdown* hat eine De-Mobilisierung gesellschaftlicher Akteure zur Folge gehabt: die Menschen verschwanden in ihre Wohnungen und Arbeitsstätten, die Zivilgesellschaft ging in Deckung und die Gremien der Privatwirtschaft und andere Interessengruppen agierten im Schatten der Politik. Es war die Stunde der Exekutive. Obwohl die Ansprache der Bundeskanzlerin an die Nation am 13. März einen anderen Eindruck vermittelt hatte, geschah am Ende des Tages das, was in einschneidenden Krisensituationen meistens geschieht: die Politik reagierte reflexartig mit einer Stärkung der zentralen, hierarchischen Steuerung. Die handelnden politischen Akteure taten so,

als sei diese alternativlos. Es etablierte sich eine Arbeitsteilung, die für die Krisenbewältigung über den Tag hinaus kontraproduktiv war: die Politik dachte, entschied und handelte, und die Menschen waren genötigt, ihr nahezu bedingungslos zu folgen. Selten war der politische Prozess in Deutschland so eindimensional wie in Zeiten des ersten *Lockdown*. Es war und ist heute noch erstaunlich, wie die deutsche Politik den politischen Prozess verengt hat: sie hat mit Hilfe von Verordnungen regiert, die Entscheidungsfindung in eine „geschlossene Gesellschaft" – die Bund-Länder-Konferenz – verlagert, andere Perspektiven ausgeblendet, im Wesentlichen dem Rat der Virologen gefolgt, den Entscheidungsprozess weitgehend zentralisiert und der Bevölkerung einschränkende Verhaltensregeln vorgegeben. Sie hat sich gewissermaßen in einer Komfortzone eingerichtet und versucht, die Pandemie hierarchisch und dirigistisch einzudämmen.

Unmittelbar nach dem ersten *Lockdown* geriet die künstliche Komfortzone, in der sich die Politik eingerichtet hatte, durch die Wiedergeburt des Politischen ins Schwanken (siehe Abschn. 2.2). Der politische Prozess nahm nach und nach seine gewohnt komplexe Gestalt an. Die Vormachtstellung der Politik gegenüber anderen Akteuren, die ihr während des *Lockdown* zugestanden wurde, schwächte sich zunehmend. Andere Akteure mit unterschiedlichen, oft konfligierenden Rationalitäten und Interessen brachten neue, häufig divergierende Ziele und Strategien in den Politikprozess ein. Eine stärkere Interaktion mit anderen Akteuren war für die Politik nunmehr notwendig, um Zielkonflikte und divergierende Perspektiven effizienter managen zu können und einen Grundkonsens über die zu verfolgenden Ziele der Coronapolitik zu erzielen.

Die Wiedergeburt des politischen hat allerdings an der Übermacht des Staates und an der schwachen Interaktion zwischen staatlichen und gesellschaftlichen Akteuren grundsätzlich nichts geändert. Es gab zwar eine Neuverteilung der Macht zwischen Bund und Ländern. Die Politik insgesamt blieb aber bei der hierarchischen und abgeschotteten Steuerung der Pandemiebekämpfung und dem Regieren auf dem Verordnungsweg. Während der Bundestag und die Landesparlamente nach und nach ihre Rolle wieder aufnahmen, auch wenn weiterhin im Schatten der in den Bund-Länder-Konferenzen versammelten Exekutiven, sind die gesellschaftlichen Akteure weiterhin darauf fokussiert worden, die staatlichen Vorgaben zu befolgen. Das Infektionsgeschehen und die Eindämmungsmaßnahmen haben die politische Artikulation divergierender Interessen erschwert, zumal die Politik keine Formate geschaffen hat, die eine Mitwirkung gesellschaftlicher Akteure an politischen Entscheidungen hätte ermöglichen können. Auch die Beratungsgremien der Politik spiegelten in keiner Weise die Vielfalt der tangierten Interessen und Betroffenheiten in der Gesellschaft wider. Die Politik hat offensichtliche Zielkonflikte ausgeblendet, die Perspektiven gesellschaftlicher Akteure ausgeschlossen, die Vielfalt erforderlichen Expertenwissen ignoriert und sie verengte die Entscheidungsfindung und die Gestaltung von Politik auf einen Akteur – den Staat – und versäumte es, anderen Perspektiven eine originäre Stimme zu geben. Somit blieben andere Erfahrungen, Werte und Interessen unberücksichtigt oder sie wurden lediglich aus der Sicht der Politik gedeutet. Das betraf vor allem die Bevölkerungsgruppen ohne große Lobbyismusmacht. Anstelle auf eine dynamische Interaktion mit anderen relevanten Akteuren zu setzen, entschieden sich die Regierenden für politische Eindimensionalität. Dadurch machte sich die Coronapolitik demokratiepolitisch angreifbar.

Wiederum war die Notwendigkeit, schnelle Entscheidungen herbeizuführen und Politiken zügiger umzusetzen, die gängige Begründung für die akteursmäßige Verengung des Entscheidungsprozesses. Wie im Falle des Bundestags, des Bundesrats und der Landesparlamente unterstellte diese Begründung, dass eine größere Partizipation relevanter gesellschaftlicher Akteure die Entscheidungs- und Umsetzungsprozesse verlangsamt hätte, ohne einen kompensierenden Mehrwert zu generieren. Sie unterstellte also, dass eine substantielle Einbeziehung gesellschaftlicher Akteure – zum Beispiel Eltern, Gastronomen, Künstlern, Pflegekräften, *Peer Groups* – in spezifische Entscheidungs-, Dialog- und Konsultationsformate, dass die Nutzung bestehender Einrichtungen in der Gesellschaft (Sportvereine u. ä), um Dialogprozesse auf lokaler Ebene zu organisieren, dass die Einbeziehung eines breiten Spektrums von Experten in die Regierungsberatung, dass die Mobilisierung von Ressourcen und Handlungskompetenzen gesellschaftlicher Akteure – dass all dies das politische Handeln verzögern oder gar blockieren würde, ohne die Qualität der Coronapolitik zu verbessern.

Auch diese Begründung lässt sich fundiert weder bestätigen noch widerlegen, denn es handelt sich um eine abgewählte, nicht ausprobierte Alternative. Tatsache ist aber, dass die Politik, als sie sich mit dem – womöglich scheinbaren – Dilemma zwischen hierarchischer Steuerung und stärkerer Partizipation anderer Akteure konfrontiert sah, sich reflexartig für das erstere entschied, ohne Alternativen in Erwägung zu ziehen. Die Entscheidungen wurden innerhalb des Regierungsapparats getroffen, die politische Entscheidungsträger haben in kleinen, geschlossenen Kreisen oder gar „privat" zurückgezogen abgewägt (siehe weiter unten), für die Umsetzung der Maßnahmen hat die Politik ausschließlich auf die staatliche Verwaltung gesetzt und die politisch Verantwortlichen haben sich überwiegend auf den Rat der Virologen verlassen.

Die Reduktion von Politik auf das Handeln eines Akteurs – des Staates – kann man allerdings nicht ausschließlich der Politik anlasten. Auch die gesellschaftlichen Akteure trugen Mitverantwortung dafür. Sie sind mit und während des *Lockdowns* sozusagen in Deckung gegangen und haben der Exekutive das politische Handeln überlassen. Wie der Soziologe Armin Nassehi in einem Essay in ZEIT ONLINE am 4. Mai 2020 schrieb, hat das Virus „auch Proteste, Diskurse, Bedenken und Gegenreden stillgelegt – nicht weil irgendjemand solches verboten hätte, sondern weil es unter dem Eindruck der Bilder aus Wuhan und Bergamo, später New York City plausibel erschien". Die Folge war das bereits diskutierte Herdenverhalten, welche auch eine De-Mobilisierung der Zivilgesellschaft zur Folge hatte. Und die Coronapolitik hat die Menschen in einem solchen Verhalten bestärkt. Es gab aber auch einen weiteren Grund, auf den Armin Nassehi in dem erwähnten Essay ebenfalls hinwies: Spätestens nach Ostern, als der gesellschaftliche Motor wieder ansprang, wurde klar, dass das Virus alles verändert hatte, nur nicht die Verhaltenskultur der Akteure. Als sie aus dem Dornröschenschlaf aufwachten und wieder politisch aktiv wurden, legten sie die gleichen Verhaltensmuster an den Tag, die uns aus der Vor-Corona-Zeit bekannt waren. Jeder vertrat seine eigenen Interessen in der ihm vertrauten Art und Weise. Das ist legitim und nicht zu beanstanden. Es war aber nun offensichtlich, dass es nicht ausreichend war, um die Coronapandemie als multidimensionales Phänomen gemeinschaftlich in den Griff zu bekommen. Es gab ein deutliches Defizit an kooperativem, gemeinschaftlichem Handeln. Jeder Akteur igelte sich in seinen Partikularinteressen ein. Und es gab auch jene Bürger, die vom Staat die Lösung aller Probleme erwarteten und vor allem vom Staat entlastet und nicht zur Verantwortungsübernahme aufgefordert werden wollten. Auch das war in der Coronapandemie legitim. Allerdings sind alle diese sozialen Verhaltensmuster beeinflussbar. Doch die Politik hat darauf verzichtet. Auch sie fiel nach dem *Lockdown* in ihre alten Automatismen, Rituale und Gewohnheiten und war nicht in der Lage, als *„honest broker"* und Organisatorin kooperativer Aushandlungs- und Umsetzungsprozesse zu agieren. Sie unterließ, unterschiedliche Perspektiven in gemeinsames Handeln zu integrieren, ein gemeinsames Problemverständnis herzustellen, dafür zu sorgen, dass die berechtigten Ansprüche aller Beteiligten transparent gemacht und auf gleicher Augenhöhe ausgehandelt werden.

Der selbstgenügsame Staat
Das Infektionsgeschehen und die Coronapolitik haben nicht nur eine politische De-Mobilisierung gesellschaftlicher Akteure bewirkt, sie haben auch die Handlungsspielräume für Gemeinwohl orientierte Aktivitäten gesellschaftlicher Akteure extrem eingeengt. Und seitens des Staates hat es zudem keine nennenswerten Programme gegeben, um solidarisches Engagement von Menschen und Organisationen zu fördern. Es ist daher nicht allzu erstaunlich, dass beispielsweise der „Tübinger Weg"[5]

---

[5] Als „Tübinger Weg" wurde eine relativ eigenständige Strategie der Universitätsstadt Tübingen in der Bekämpfung der Coronapandemie bundesweit bekannt. Die Ziele waren, die besonders gefährdeten Risikogruppen zu schützen und mit flächendeckenden Schnelltests unerkannte Infektionen aufzuspüren. Mitinitiatorin war die Präsidentin des Tübinger Deutschen Roten Kreuzes (DRK), Dr. Lisa Federle, die später auch beim Impfen unkonventionelle Wege ging.

lange Zeit medial bundesweit große Beachtung, aber wenig Replizierungsunterstützung in Politik und Verwaltung fand. Und die Beispiele ließen sich beliebig fortsetzen: Warum war die Produktion von Alltagsmasken in Deutschland lange Zeit weitaus schleppender als beispielsweise in New York, wo die Menschen in kleinen Zimmern und Hinterhöfen solche unmittelbar nach dem Ausbruch der Pandemie spontan und massenweise hergestellt haben? Warum sind die Impfbegleiter-Initiativen in mehreren Landkreisen und kreisfreien Städten nicht schneller, unbürokratischer und flächendeckend unterstützt worden? Warum hat der Staat die Kompetenzen und Erfahrungen der Veranstaltungswirtschaft bei der Vergabe von Impfterminen nicht genutzt? Warum hat der Staat den Gastronomen, den Hoteliers und den Kulturschaffenden nicht stärker ermöglicht, gute Hygienekonzepte auszuprobieren, um den Betrieb ihrer Stätte coronakonform aufrechtzuerhalten? Warum hat die bundesweite „Notbremse", die Ende April 2021 in Kraft gesetzt worden ist, gut organisierte und wissenschaftlich begleitete „Modellprojekte" in der Gastronomie und dem Kulturbetrieb einfach beendet? Warum hat der Staat die Ressourcen und Kompetenzen solidarischer Bürgerinitiativen, Selbsthilfegruppen, Betroffenen, *Peer Groups* u. ä nicht stärker und systematisch genutzt?

Die Antworten auf diese Fragen fallen je nach Perspektive selbstverständlich unterschiedlich aus. Eine wesentliche Erklärung lautet aber: Die Fixierung der Politik auf den selbstgenügsamen Staat – den Staat, der in Zeiten von Corona meinte, alles allein machen zu müssen und zu können, ohne auf die Ressourcen und Handlungskompetenzen privatwirtschaftlicher und zivilgesellschaftlicher Akteure zurückzugreifen, den Staat, der in Zeiten von Corona meinte, dass gesellschaftliche Akteure am meisten beitrugen, wenn sie aktiv nichts beitrugen. Schon am Anfang hat die Politik die Weichen falsch gestellt. Die Ansprache der Bundeskanzlerin an die Nation am 18. März 2020 hat den passiven, ängstlichen und schutzsuchenden Bürger zum Leitbild der Pandemiebekämpfung erhoben. Gemeinwohl orientiertes, solidarisches Handeln der Menschen reduzierte sie darauf, die staatlichen Vorgaben zu befolgen. Mit dem ersten *Lockdown* wies sie die Menschen dazu, zu Hause zu bleiben. Das bewirkte aber gleichzeitig eine Einfrierung des politischen und gemeinschaftlichen Engagements gesellschaftlicher Akteure. Die Politik konnte auf den Verordnungsweg durchregieren und hat gleichzeitig für staatliche Selbstgenügsamkeit optiert. Sie hat die Menschen als reine „Opfer" und „Gefährdete" der Pandemie behandelt, und nicht als *„Agents"* – das heißt: als verantwortliche Bürger, die sich auch dafür entscheiden können, einen aktiven Beitrag zur Lösung von Coronaproblemen für sich oder der Gemeinschaft zu leisten. Sie hat zwar an die Selbstverantwortung und Solidarität appelliert, diese Appelle zielten aber in erster Linie darauf ab, die Menschen dazu zu bewegen, sich passiv an die Vorgaben der Politik zu halten – sie sollten einfach zu Hause bleiben, Abstand halten und das Handeln der Politik überlassen! Dass die politisch Verantwortlichen von sich aus die finanziellen Abfederungsmöglichkeiten Deutschlands als „wenn nötig unbegrenzt" einstuften, verstärkte ihre Neigung, die Bürger als „Opfer" zu behandeln: das Ziel war nicht, ihr Selbsthilfe- und Solidaritätspotenzial zu aktivieren, sondern sie zu entschädigen.

Insgesamt verhinderte die fehlende staatliche Politik zur Unterstützung von Bürgerinitiativen eine breite Aktivierung des in der Gesellschaft vorhandenen Potenzials an Gemeinschaftsengagement. Gerade in einer Situation, in der die Menschen angesichts der Bedrohung von sich aus vorsichtig agierten, hätten sie die aktivierende Unterstützung des Staates, aber auch von Verbänden und

Gremien gebraucht, um Risiken zu managen, Handlungssicherheit zu erlangen und besseren Zugang zu Schutz- und Hilfsmaterialien (Schnelltests, Masken, Transportmittel, Information usw.) zu haben.

Deutschland als Ganzes nutzte folglich seine Ressourcen und Handlungskompetenzen, seine Kreativität und Innovationsfähigkeit unzureichend, um gemeinschaftlich Coronaprobleme zu lösen. Es gelang der Gesellschaft auch eher schlecht, aus gemachten Erfahrungen kollektiv zu lernen, das Gelernte in innovative Initiativen umzumünzen, der hohen Ungewissheit und dem Nichtwissen einen Prozess von Experimentieren, *Co-Creation* und soziales Lernen entgegenzusetzen. Dass das möglich war, zeigen die vielen Beispiele in der Gastronomie, dem Einzelhandel und dem Kulturbetrieb, die innovative Hygienekonzepte entwickelt und umgesetzt haben, um einen der Situation angepassten Betrieb zu ermöglichen. Das belegen aber auch die beeindruckenden individuellen und gemeinschaftlichen Initiativen zur Nachbarschaftshilfe, zum Schutz von Risikogruppen, Obdachlosen, Opfern häuslicher Gewalt u. ä. sowie zum Impfen in sozialen Brennpunkten. Ähnlich hat es sich mit der Einbeziehung der Privatwirtschaft verhalten. Die Politik hätte beispielsweise bundesweit auf die Erfahrung und Kompetenz von Veranstaltungsfirmen zurückgreifen können, um das Terminmanagement beim Impfen besser organisieren zu können. Stattdessen hat der Staat durch Selbstgenügsamkeit viel Chaos erzeugt und die Überforderung von älteren Menschen in Kauf genommen, die in der Warteschleife oder vor dem Computer beim Versuch verzweifelten, einen Impftermin zu vereinbaren. Auch hier scheiterte der Staat an sich selbst, er überforderte sich selbst in dem unzeitgemäßen Glauben, alles selbst machen zu müssen. Deutschland hätte mehr von all diesen Initiativen gebraucht, und diese hätten mehr staatliche Unterstützung verdient gehabt. Es hat aber eine Gesamtstrategie gefehlt, um politisches, solidarisches und Gemeinwohl orientiertes Handeln stärker zu aktivieren.

Der Staat, der die politische De-Mobilisierung gesellschaftlicher Akteure förderte oder in Kauf nahm und fast ausschließlich auf die eigene Stärke setzte, verkannte einen entscheidenden Punkt: seine Abhängigkeit von gesellschaftlichen Akteuren – und den Menschen selbst – bei der Bekämpfung der Coronapandemie. Er verkannte, dass der Staat die Pandemie allein nicht in den Griff bekommen konnte, dass Gebote und Verbote alleine nicht ausreichend sein konnten, dass andere Akteure einen wesentlichen Einfluss auf den Politikprozess und die Politikergebnisse haben und dass es in einer modernen pluralistischen Gesellschaft *Top-Down*-Politiken niemals Eins-zu-Eins umgesetzt werden können – weder in normalen noch in krisengeschüttelten Zeiten. Interdependenz und breite Verteilung der Handlungskompetenz sind die entscheidende Eigenschaft eines politischen Systems, in dem die jeweilgen Akteure ihre Ziele allein auf sich gestellt nicht erreichen können. Sie müssen mit anderen interagieren und kooperieren, die wertvolle Ressourcen für die Bewältigung der Krise besitzen. Die Politik übersah auch, dass die Menschen nur dann selbstverantwortlich handeln, sich selbst verpflichten, wenn sie das Gefühl haben, dass sie den Lauf der Dinge um sich herum beeinflussen können, dass ihr Schicksal ein Stück weit in den eigenen Händen liegt. Hingegen wirkt sich hemmend aus, dass zentrale politische Instanzen über die Köpfe der Menschen hinweg entscheiden. Sie verhalten sich dann abwartend und delegieren bewusst oder unbewusst einen Teil ihrer Selbstbestimmtheit und ihrer Verantwortung an den Staat zurück, insbesondere während einer von Ungewissheit,

Nichtwissen und Orientierungslosigkeit geprägten gesellschaftlichen Disruption.

Das war nicht nur demokratiepolitisch höchst problematisch. Sie beeinträchtigte auch die Effektivität der Coronapolitik. Gerade in einem Zustand von hoher Dynamik, Ungewissheit und Nichtwissen wäre es dringender denn je gewesen, den Politikprozess für andere Perspektiven, Ideen und Lösungsansätze zu öffnen sowie die in der Gesellschaft fragmentiert vorhandenen Ressourcen und Handlungskompetenzen zu aktivieren und zu bündeln. Für die Pandemiebekämpfung wären die Vorteile einer solchen Öffnung groß gewesen: höhere Innovations- und Problemlösungsfähigkeit, schnellere Auflösung gesellschaftlicher und institutioneller Blockaden und Konflikte, gesteigerte Bereitschaft zur Selbstverpflichtung, größere und nachhaltigere Akzeptanz der Coronamaßnahmen. Letztendlich hat die Dichotomie „aktiver Staat – passiver Bürger" wesentlich dazu beigetragen, dass die anfängliche große Zustimmung für die Coronapolitik nach und nach in Stress ausartete: Die politisch Verantwortlichen haben viel Aufwand betreiben müssen, um zunehmend zermürbte und pandemiemüde Bürger mitzunehmen, bis sie einen Großteil von ihnen verlor.

Es ist allerdings ein grundsätzliches Problem. Kooperative Mitwirkungsmöglichkeiten gesellschaftlicher Akteure sowie kooperative Ansätze Staat-Zivilgesellschaft und Staat-Privatwirtschaft sind in Deutschland von der Zahl und dem Wirkungsgrad her sehr überschaubar, vor allem im Vergleich zu anderen Demokratien, die sich einer lebendigen Zusammenarbeit zwischen staatlichen, privatwirtschaftlichen und zivilgesellschaftlichen Akteuren erfreuen. In Deutschland wird diese Zusammenarbeit anhand geschlossener Formate organisiert, zu denen vor allem die verfasste Wirtschaft mit ihren etablierten Verbänden Zugang hat. Mehr Mitsprache und

Mitwirkung haben die Bürger und Bürgerinnen dadurch nicht erhalten. Im Gegenteil, das hat zu einer Übermacht von Verbänden und der Institutionalisierung des Korporativismus geführt, durch den Interessenverbände und Lobbygruppen direkten Einfluss auf die Politikgestaltung nehmen. Ein solcher Politikbetrieb, der auf die organisierten Interessen durchsetzungsfähiger Gruppen ausgerichtet ist, tendiert dazu, die Interessen weniger organisierter und durchsetzungsschwacher Gruppen zu vernachlässigen. Sie spielen in der Politikgestaltung und -umsetzung eine marginale Rolle. Diese Eigenschaft des deutschen Politikbetriebs hat die Coronapolitik maßgeblich geprägt. Dadurch hat das Zusammenspiel zwischen Staat, Zivilgesellschaft und Privatwirtschaft beim Krisenmanagement – von zwei „Autogipfeln" abgesehen, die wegen der Lobbyismusmacht der Autokonzerne zustande kamen – eine fast vernachlässigbare Rolle gespielt.

Staatliche versus gemeinsame Ziele

Es sei nochmal betont: In der komplexen Multi-Akteure-Konstellation der Coronakrise sind die erzielten Ergebnisse eine gemeinschaftliche Interaktionsleistung zahlreicher Akteure gewesen, die unterschiedliche Interessen, Wahrnehmungen und Präferenzen hatten. Es war daher zweifelsohne ein Fehler der Politik so zu tun, als ob es ausschließlich darum ging, die Ziele eines einzigen Akteurs, nämlich des Staates, durchzusetzen und zu erreichen. So verfahrend hat die Politik unterstellt, dass es ein einheitliches Verständnis vom „öffentlichen Interesse" gab und dass der Staat in der Lage war, es für alle zu definieren. Dadurch hat sie die Pandemiesteuerung auf eine Kontrollfrage reduziert, auf eine Frage der effizienten

Umsetzung und Kontrolle der Coronamaßnahmen, sowie auf eine Frage der Kooperation seitens jener, die die Vorgaben der Politik folgen sollten. Die Politik blendete aus, dass alle relevanten Akteure eigene Interessen verfolgen und dass es dann darauf ankam, gemeinsame Ziele auszuhandeln und umzusetzen – und zwar in dem Verständnis, dass alle Akteure sowohl die gemeinsamen als auch die eigenen Interessen realisieren wollten.

Das ist nicht das klassische Verständnis von Effizienz und Effektivität, bei dem es in der Regel darum gehen würde, ob und wie die Ziele der Coronapolitik erreicht worden sind. Die Messungsprobleme einer so verstandenen Effizienz und Effektivität waren und sind unter den Coronabedingungen kaum zu überwinden. Die Qualität der Coronapolitik muss vielmehr anhand der Zufriedenheit der relevanten Akteure beurteilt werden. Das heißt daran, ob sie mit der Qualität der Aushandlungsprozesse sowie mit dem gemeinsam und partikulär Erreichten zufrieden waren oder nicht. Die Coronapolitik ist letztendlich dann als effektiv anzusehen, wenn sie zu Ergebnissen geführt hat, die für alle involvierten Akteure im Lichte der eigenen und der ausgehandelten Ziele zufriedenstellend waren: konnten alle relevanten Akteure die Ziele der Coronapolitik mitgestalten und bereichern? Konnten die involvierten Akteure effektive Arrangements entwickeln, um ihre gegenseitigen Interaktionen zu managen und auszuhandeln? Haben alle relevanten Akteure das Gefühl, dass ihre Anliegen angemessen berücksichtigt und umgesetzt worden sind?

Hinzu kommt, dass es nicht um *a priori* beziehungsweise *ex ante* definierte Ziele gehen kann. In einem Zustand hoher Dynamik, Ungewissheit und Nichtwissen müssen die Ziele im laufenden politischen Prozess immer wieder neu ausgehandelt werden. Die Zufriedenheit der Akteure hängt daher weniger von der Erreichung von

Zielen, die in der Vergangenheit definiert worden sind, sondern vielmehr von jenen, die im laufenden politischen Prozess immer wieder neu ausgehandelt und vereinbart werden. Die Zufriedenheit mit den Multi-Akteure-Prozessen und der Erreichung multipler Ziele sind folglich geeignete Indikatoren für die Qualität der Coronapolitik und der dahinter liegenden politischen Prozesse. Qualität in diesem Sinne ist mindestens ebenso wichtig wie Schnelligkeit und Treffsicherheit der Entscheidungs- und Umsetzungsprozesse. Und in manchen Situationen hätte die Politik entstandene Zielkonflikte zwischen diesen Handlungsdimensionen aushalten müssen.

Die meisten Umfragen zur Zufriedenheit mit der Coronapolitik zeigen ein übereinstimmendes Bild: sie erodierte während der Pandemie kontinuierlich und nachhaltig. Im Frühjahr 2020 hielten rund 70 % der Menschen die Maßnahmen für angemessen und waren mit der Coronapolitik zufrieden. Das spiegelte die Lage während des ersten *Lockdown* wider. Die Menschen waren verunsichert, suchten Entlastung und Sicherheit im staatlichen Handeln und sammelten sich hinter den von der Politik vorgegebenen Zielen für die Pandemiebekämpfung. Mit den ersten Lockerungen hat sich die Stimmung substantiell verändert. Die Wiedergeburt des Politischen katapultierte divergierende Interessen und multiple Ziele in die öffentliche Diskussion. In der Folgezeit wurde zunehmend klar, dass die einseitige Ausrichtung der Coronapolitik auf die vom Staat vorgegebenen Ziele das Anliegen zahlreicher Akteure ausgrenzte. Die Zufriedenheit mit der Coronapolitik ging dann kontinuierlich auf rund 30 % Ende November 2021 zurück. Vergegenwärtigt man sich die Stellungnahmen, Forderungen und Klagen unterschiedlicher Berufsgruppen, gewinnt man den Eindruck, dass am (vorläufigen) Ende der Coronapandemie nur die Politik mit den Ergebnissen der Coronapolitik weitgehend uneingeschränkt zufrieden war. Sie wiederholte unentwegt das Mantra, Deutschland sei vergleichsweise gut durch die Pandemie gekommen und eine Überlastung des Gesundheitssystems sei durchweg vermieden worden. Doch die Liste der Berufsgruppen, die mit den Ergebnissen der Coronapolitik ganz und gar unzufrieden waren, ist lang: Gastronomen, Kunstbetreiber, Lehrer, Schüler und Studenten, Eltern, Einzelhändler, Solounternehmer usw. Sie alle waren deswegen unzufrieden, weil sie das Gefühl hatten, dass die Politik sie als Akteure nicht einbezogen und ihren Anliegen nicht Rechnung getragen hat.

Und dieses Gefühl lässt sich nicht einfach als subjektiv abkapseln. Dass es reale Grundlagen hatte, lässt sich daran erkennen, dass es nirgendwo gemeinsame Aushandlungen gab, um divergierende Interessen auszugleichen und gemeinsame Ziele auszuhandeln. Dafür reichte es nicht, dass politisch Verantwortliche vor die Haustür gingen, um mit protestierenden „Spaziergängern" zu reden. Das war mutig, aber politisch nicht zielführend. Dialog- und Aushandlungsmöglichkeiten hätten organisiert und professionell durchgeführt werden müssen. Die Politik hätte auch willens sein müssen, die Ergebnisse solcher Dialoge und Aushandlungen in politische Entscheidungsprozesse einzubringen und transparent Rechenschaft abzugeben, was damit letztendlich passiert ist. Corona hätte die Stunde der Lokalität werden können, wenn die Politik für solche Dialog- und Aushandlungsprozesse die vielfältige Infrastruktur genutzt hätte, die vor Ort in den Kommunen vorhanden ist: Sportvereine, Schulen, Jugendzentren, Kultureinrichtungen u.v.m. Anstelle diese Einrichtungen dafür umzufunktionieren, hat man sie geschlossen oder auf Notbetrieb gestellt.

Die Politik hätte dabei im Sinne eines *„honest broker"* agieren müssen. Sie hätte Vertrauen und Zusammenarbeit zwischen den Schlüsselakteuren aufbauen, Multi-Akteure-Prozesse effizient managen sowie die Aushandlung von Interessen und Perspektiven ermöglichen und moderieren müssen. Weil all das ausblieb, wurde eine Chance vertan, andere Perspektiven wertzuschätzen und neue Handlungsoptionen zu entdecken. In der Öffentlichkeit verfestigte sich rasch der Eindruck, dass die Politik die unterschiedlichen Interessen nicht ausreichend berücksichtigte und dass sich die Interessengruppen mit der stärksten Lobbyismusmacht mehr Gehör verschafften und direkteren Zugang zur Politik hatten. Und dieser Eindruck trog nicht, wie man am Beispiel der schwachen Interessenvertretung von „systemrelevanten" Berufsgruppen, Gastronomie, Kulturbetrieb, Schul- und Kita-Kindern beobachten konnte. Die deutsche Politik hat sich durch die zeitliche Verdichtung der politischen Prozesse verunsichern lassen und eher auf ein stramm hierarchisches und relativ eindimensionales Krisenmanagement gesetzt. Als wollte sie sicher gehen, dass zu viel Demokratie ihre Handlungsfähigkeit nicht limitiert. Auf jedem Fall war sie nicht der Lage, Multi-Stakeholder-Dialoge mit dem Ziel zu organisieren, für alle Akteure zufriedenstellende Lösungen kooperativ zu suchen und umzusetzen.

Abwägen oder: Die Kunst exklusiver Politik

Oft wird Politik als die Kunst des Abwägens definiert, so auch in Zeiten von Corona. Je heikler und kontroverser die Entscheidungen und je unsicherer die Entscheidungsgrundlagen waren, umso mehr wurde die Notwendigkeit des politischen Abwägens betont: zwischen Gesundheit und Freiheit, Gesundheit und Wirtschaft, Einzel- und

Gemeinwohlinteressen, Gegenwart und Zukunft, der Verhältnismäßigkeit der Mittel, den unterschiedlichen, oft widerstreitenden Interessen, individuellem und gesellschaftlichem Risiko, den Kosten und Nutzen der Eindämmungsmaßnahmen, aber auch zwischen Menschenleben und Menschenleben. Unter den Coronabedingungen war jedoch die mutmaßliche Königsdisziplin der Politik eine besonders schwierige Herausforderung, weil es zwei wichtige Voraussetzungen für ein systematisches Abwägen nicht oder nur unzureichend vorhanden war: Information und Zeit.[6]

Es ist daher nicht verwunderlich, dass sich die Politik bei der Verhängung des ersten *Lockdown* mit dem Abwägen offensichtlich nicht lange beschäftigt hat. Zu

---

[6] Zeit bedurfte es, um den Abwägungsprozess systematisch durchführen und Informationslücken schließen zu können. Informationen waren erforderlich, um die abzuwägenden Optionen und Bewertungskriterien zu hinterlegen und nachvollziehbar zu machen. Je anspruchsvoller das Abwägen war, umso größer waren eigentlich die Zeit- und die Informationslücke. Abwägen bedeutet nämlich, die Alternativen genau zu formulieren, eine Gewichtung der einbezogenen Aspekte vorzunehmen und Eintrittswahrscheinlichkeiten der Folgewirkungen einzuschätzen. Wenn man beispielsweise zwischen einzelnen *Lockdown*-Maßnahmen abgewägt hätte, um die Fallzahlen zu reduzieren, hätte man den Beitrag jeder einzelnen Maßnahme im Hinblick auf dieses Ziel gewichten, einen separablen Zielbeitrag jeder einzelnen Maßnahme ermitteln und zumindest eine Ordinalskala ihrer Wirksamkeit erstellen müssen. Für eine ausführliche Diskussion siehe Lübbe (2018). Wie sie richtigerweise darlegt, müssen die abzuwägenden Optionen „separabel" sein und ein anerkanntes gemeinsames Maß haben. „Separabilität" bedeutet, dass sie sich nicht widersprechen dürfen und voneinander unabhängig sind. Ferner impliziert Separabilität, dass die abzuwägenden Optionen einen getrennten Beitrag zu einem Ziel leisten. Sie dürfen also nicht additiv wirken und schon gar nicht nur additiv anwendbar sein. Die Existenz eines anerkannten gemeinsamen Maßes für die abzuwägende Alternativen ermöglicht die Vergleichbarkeit ihrer jeweiligen Beiträge und die Einschätzung der relativen Wichtigkeit derselbigen. Es macht dadurch ein eindeutiges Argumentieren möglich, das sich vom bloßen Behaupten abhebt. Zum Beispiel: ein Dissens über die relative Wichtigkeit ethischer im Vergleich zu sonstigen Aspekten lässt sich argumentativ nicht auflösen, es sei denn, dass alle abzuwägenden Aspekte auf einen gemeinsamen Nenner bezogen werden.

dynamisch und zu ungewiss war die Lage, zu groß das Nichtwissen. Sie ging davon aus, dass unter solchen Bedingungen ein systematisches Abwägen nicht möglich oder für das politische Handeln nicht nützlich genug war. Ihr ging es letztendlich nicht um die Abwägung von Alternativen. Sie hat schnell für sie entschieden, dass ein Abwägen zwischen „Gesundheitsschutz und Wirtschaftsinteressen" oder zwischen „Gesundheitsschutz und Freiheitsrechten" in der konkreten Situation von Mitte März 2020 nicht auf die Tagesordnung stand, dass es primär um die Abwehr von Risiken für Leib und Leben ging. Durch den *Lockdown* sollten die Zahl der Neuinfektionen und der intensivpflichtigen Patienten eingedämmt werden, um eine Überforderung des Gesundheitswesens vermeiden zu können. Das sollte im Endergebnis möglichst viele Menschenleben retten. In ihrer Rede an die Nation am 18. März 2020 hat die damalige Bundeskanzlerin Angela Merkel die Regierungsphilosophie gewohnt nüchtern erklärt: „Und wir sind eine Gemeinschaft, in der jedes Leben und jeder Mensch zählt". In *BILD Am Sonntag* vom 28. März 2020 betonte der damalige Vizekanzler und Bundesfinanzminister Olaf Scholz die Regierungsphilosophie mit deutlicheren Worten: „Die Einschränkungen sind sehr massiv. Aber es geht um Leben und Tod. Ich wende mich gegen jede dieser zynischen Erwägungen, dass man den Tod von Menschen in Kauf nehmen muss, damit die Wirtschaft läuft. Solche Abwägungen halte ich für unerträglich". Und weil die gesellschaftlichen Akteure ihre Interessen nicht oder nur unzureichend artikulieren konnten, musste sich die Politik auch nicht sonderlich anstrengen, um sich gegen anderen Interessen durchzusetzen. Am Ende des Tages war der erste generelle *Lockdown* deswegen „alternativlos", weil die Politik es nicht besser wusste oder musste.

Erst als sich die sozioökonomischen und psychosozialen „Kollateralschäden" des *Lockdown* für die privatwirtschaftlichen und gesellschaftlichen Akteure deutlich verdinglichten, rückten konkurrierende Interessen und Prioritäten immer mehr in den Vordergrund. Am vernehmbarsten hat Wolfgang Schäuble, damals Präsident des Bundestages, den anfänglichen Konsens aufgekündigt. In einem Interview im *Tagesspiegel* am 26. April 2020 gab er zu Protokoll: „Aber wenn ich höre, alles andere habe vor dem Schutz von Leben zurückzutreten, dann muss ich sagen: Das ist in dieser Absolutheit nicht richtig". Danach wurden vor allem die Zielkonflikte zwischen „Gesundheit und Wirtschaft" sowie zwischen „Gesundheit und Freiheit" in der Politik und den Medien kontrovers thematisiert. Sollten die *Lockdowns* zurückgefahren werden, um ihre wirtschaftlichen Folgeschäden zu verringern? Wie tief dürfen die Freiheitseinschränkungen sein, um den Gesundheitsschutz zu gewährleisten? Steht der Gesundheitsschutz über allen anderen Rechten? Die Intensität der öffentlichen Diskussion dieser Fragen hat eine deutliche Verschiebung der politischen Prioritäten bewirkt: Nicht die Rettung von Menschenleben bestimmte die Geschwindigkeit der Lockerung – und die Intensität der öffentlichen Diskussion—, sondern die wirtschaftlichen und sozialen Belange. Und immer wenn es der Politik darum ging, den Menschen zu suggerieren, dass sie alles in Griff hatte, dass sie alle Interessen und Präferenzen berücksichtigte, hat sie auf ihre vermeintlich ureigenste Aufgabe hingewiesen: das Abwägen. MP Armin Laschet beispielsweise wurde in den Medien unentwegt mit dem Satz zitiert: „Wir müssen ganzheitlich abwägen… alle medizinischen, sozialen, psychologischen, ethischen, wirtschaftlichen und politischen Implikationen".

Das Problem dabei: das Abwägen fand in der Regel hinter verschlossen Türen statt, in langen Sitzungen politischer Entscheider und oder unter den in der Öffentlichkeit kaum bekannten Beratern. Die Öffentlichkeit erfuhr nur das Ergebnis, meistens in Form eines Kompromisses, den die politisch Beteiligten stets als eine hohe Tugend der Demokratie darstellten. Nicht selten haben Politiker das Abwägen als eine Art Freizeitbeschäftigung betrachtet. Zum Beispiel MP Armin Laschet: Am Gründonnerstag 2021 verhieß er, über Ostern „nachdenken" zu wollen, wie man die Pandemie bekämpfen und „das Leben herunterführen" könnte. Am Ostermontag verkündete er das Ergebnis seines „Abwägens": den Brücken-*Lockdown*. Auch Markus Söder hat Mitte Januar 2022 verraten, dass er während des Jahreswechsels „viel nachgedacht" habe. Das Ergebnis verkündete er in zahlreichen Interviews und Pressekonferenzen: „Wir brauchen einen Kurswechsel in der Coronapolitik". „In Abwägung aller...", eine so einleitete Verkündung einer Entscheidung erweckte jedoch meistens den Eindruck, „dass diejenigen, die vom Abwägen sprechen, sich damit das Begründen ersparen wollten", wie der Philosoph Günzelin Schmid Noerr es in der *Frankfuter Rundschau* am 2. April 2020 formuliert hat. Sie ersparten sich das Begründen, warum sie sich für das eine und nicht für das andere entschieden haben. Was und wie gegeneinander abgewägt wurde, blieb oft im Dunkeln.

Abwägung als Exklusivangelegenheit der Politik? Dass der Abwägungsprozess intransparent ablief und auf einen kleinen Kreis politischer Entscheidungsträger beschränkt blieb, war demokratiepolitisch sehr bedenklich. Es ging mit der Einschränkung der Mitwirkungsmöglichkeiten von Bundestag, Landesparlamenten sowie gesellschaftlichen Akteuren einher. Das Vorgehen war aber auch bezüglich der Qualität des Abwägungsprozesses problematisch: es schränkte die Einbeziehung unterschiedlicher Perspektiven – und somit auch unterschiedlicher Informationsquellen und Problemwahrnehmungen – ein. Die Politik konnte folglich die Abwägungsergebnisse nicht „objektivieren", nicht als „objektive" Ergebnisse präsentieren. Der Referenzrahmen des abwägenden politischen Entscheiders war letztendlich maßgeblich. Seine Sicht des Problems und die Art und Weise, wie er die verfügbaren Informationen mental verarbeitete, gaben den Ausschlag dafür, welche Faktoren einbezogen und welche Gewichte ihnen jeweils zugeteilt wurden. An diesem Punkt wurden politische Entscheidungen normativ, das heißt: Wertorientiert und interessengeleitet. Wenn Politiker beispielsweise zwischen Gesundheitsschutz und Freiheitsrechten abwägten, war das Resultat maßgeblich davon bestimmt, welches Bild von Freiheitsrechten für sie leitend war und wie sie diese gegenüber dem Gesundheitsschutz gewichteten. Als die politisch Verantwortlichen ihre Entscheidungen unter Ausschluss relevanter Akteure trafen, haben sie nach Maßgaben ihrer eigenen Werte, Interessen und Präferenzen entschieden. Sie haben folglich den Weg zur Pandemiebekämpfung nicht abgewägt, sondern einseitig politisch definiert. Die Politik konnte dann das Resultat weder mit Fairness noch mit Objektivität begründen – und weil die Politik kein pluralistisch abgewogenes Ergebnis vorweisen konnte, war es selbstverständlich, dass der definierte Weg Gegenstand politischer Auseinandersetzungen wurde. Insofern war das Gefühl von Sicherheit, das die Politik mit dem Diskurs des Abwägens vermitteln wollte – nämlich, dass sie alle Aspekte des Coronaproblems unter Kontrolle hatte—, mehr als trügerisch. Der Diskurs suggerierte mehr Rationalität, als die Politik einlösen konnte, täuschte Konsens dort vor, wo Dissens vorherrschte oder zumindest ein großer Diskussionsbedarf bestand.

Dass das Abwägen keine Exklusivangelegenheit der Politik sein konnte, lässt sich auch daran ablesen, dass die abzuwägenden Güter uns alle vor höchst sensible politische und ethische Dilemmata stellen. Nehmen Sie das Beispiel der Abwägung zwischen „Gesundheit und Wirtschaft": Ist der Verlust von 100 Menschenleben für Sie hinnehmbar, um die Wirtschaft um 100 Mrd. Euro weniger einbrechen zu lassen? Oder sind für Sie maximal 50 Tote akzeptabel? Und würden Sie anders antworten, wenn Sie wüssten, dass Ihr noch junger Vater bei den 100 nicht, aber bei den 50 Toten dabei wäre? Und was ist dann, wenn es umgekehrt wäre? Wenn Sie wie ein ganz normaler, ethisch verfestigter Mensch denken und handeln, werden Sie ablehnen, sich von solchen Kategorien leiten zu lassen. Diesen Dschungel ethischer Dilemmas werden Sie nicht betreten wollen, zumal sich auf dieser Ebene nicht vernünftig argumentieren lässt. Diesen Dschungel betrat die Politik in Zeiten von Corona auch nicht. Wenn sie diesbezüglich Entscheidungen getroffen hat, dann waren diese keine Abwägungsentscheidungen – auch wenn sie diese als solche präsentiert hat—, sondern politische Entscheidungen, die wert- und interessengeleitet waren. Die Gesellschaft und das Parlament nahmen daran nicht teil. Die politischen Entscheidungsträger haben lediglich eine perspektivische Deutung der Mehrheitsmeinung in der Bevölkerung vorgenommen.

Bei der Abwägung „Gesundheit versus Wirtschaft" beziehungsweise „Leben gegen Geld" hat man ferner mit dem politisch-ethischen Problem zu tun, dass man zwei „Dinge" miteinander abwägt, die kein gemeinsames Maß haben. Ein wie immer geartetes Gleichgewicht wird man daher nicht finden, und die Diskussionen darüber haben sich daher zwangsläufig in einem Austausch von wert- und interessengeleiteten Behauptungen erschöpft. Die Diskussionen waren somit kaum zielführend. Die Kontrahenten haben am Ende des Tages nur den Dissens festgestellt und ihre perspektivischen Meinungen kundgetan.[7] Man hätte versuchen können, sich aus diesem politisch-ethischen Dilemma zu befreien, indem man Rechte abgewogen hätte, wie die Philosophin Weyma Lübbe vorschlägt. Man hätte also etwa das Recht auf Leben oder das Recht auf Gesundheit gegen das Recht auf Arbeit oder das Recht auf freie Berufsausübung abwägen können. Die Befürworter des Abwägens hätten argumentieren können, dass die arbeitenden Menschen auch das Recht haben, dass ihre Arbeitsplätze gesichert werden. Die Gegenposition hätte argumentieren müssen, dass sie das Recht auf Leben oder Gesundheit höher gewichten als das Recht auf Arbeit, dass das Recht auf Leben oder Gesundheit ein Menschenrecht sei. Dagegen sei die Rettung möglichst vieler Arbeitsplätze im nationalen Interesse, aber das Recht auf Arbeit sei kein Menschenrecht, so dass es zurückzutreten habe. Auch an diesen Beispielen zeigt es sich wieder: es bedarf einer politischen Entscheidung darüber, welchem Recht letztendlich den Vorrang eingeräumt wird.

Die Abwägung „Leben gegen Geld" ist aber auch dann problematisch, wenn wir uns auf ein gemeinsames Maß – ein Grundrecht – für beide Faktoren einigen würden, wenn wir uns beispielsweise darauf einigen würden,

---

[7] Auch manche Journalisten gingen nicht ganz professionell mit dieser Frage um. Am 27. März 2020 veröffentlichte zum Beispiel die Journalistin Christiane Hoffmann einen Leitartikel im SPIEGEL Online mit dem Titel: „Ja, man darf den wirtschaftlichen Schaden gegen Menschenleben abwägen". Sie machte sich nicht mal die Mühe, erst die Frage zu formulieren, sie machte dem Leser gleich klar, dass es diesbezüglich keine zwei Meinungen geben kann. Es gibt sie aber. „Leben gegen Geld" darf und kann man nicht ohne weiteres gegenüberstellen, weil zwei „Dinge" miteinander abgewägt werden, die kein gemeinsames Maß haben. Das Abwägungsergebnis lässt sich also nicht objektivieren, die Positionierungen bleiben daher subjektiv und perspektivisch.

dass wir das Recht auf Gesundheit gegen das Recht auf Berufsausübung abwägen würden. Dann stellen wir fest, dass es sich um Grundrechte handelt, die sich gegenseitig bedingen. Beide Grundrechte verhalten sich nur additiv zueinander. Anders formuliert: man wägt zwischen falschen Alternativen ab, weil gesundheitliche Sicherheit eine Voraussetzung dafür ist, dass die Menschen auch als Wirtschaftssubjekte aktiv werden. Dieses Prinzip wurde Anfang August 2020 im Zuge der Diskussion um die mögliche zweite Welle thematisiert. Einige Wirtschaftsvertreter und -politiker erkannten, dass ein Kontrollverlust bei den Neuinfektionen zu einem zweiten *Lockdown* führen könnte, der für die Wirtschaft und die Arbeitsplätze schwerwiegende Folgen haben würde. Mit anderen Worten: sie hatten ein Mehr an Recht auf Gesundheit als eine Voraussetzung für ein Mehr an Recht auf Arbeit oder ein Mehr an Recht an Berufsausübung erkannt. Sie erkannten also, dass medizinische Notwendigkeiten auch wirtschaftspolitische Voraussetzung sind, damit die Wirtschaft wieder gesunden kann. Vertrauen ist der Schlüssel für das Konsumentenverhalten, umso mehr in der Coronakrise. Nur wenn die Menschen sicher waren, dass Politik und Gesellschaft die Pandemie einigermaßen in Griff hatten, dass das Ansteckungsrisiko in öffentlichen Räumen beherrschbar war, haben sie sich als Konsumenten halbwegs normal verhalten. Wer sich Sorgen um die Wirtschaft machte, musste sich folgerichtig vehement für eine nachhaltige Eindämmung der Infektionszahlen einsetzen. Nur ein Mehr an Gesundheit konnte ein Mehr an Wirtschaft bringen. Man konnte also zwischen sich gegenseitig bedingenden Rechten nicht abwägen, man musste deren Interdependenzen erkennen und politisch managen.[8]

Betrachten wir schließlich das Beispiel der Abwägung „Leben gegen Leben". Die Begründung von Wolfgang Schäuble für seine obige Aussage war, dass wir alle sterben müssen. Insofern haben die Jungen, so Schäuble weiter, ein höheres Risiko als die Alten, da bei diesen das „natürliche Lebensende nämlich ein bisschen näher (ist)". Damit plädierte er dafür, auch Lebensjahre gegen Lebensjahre, also Menschenleben gegen Menschenleben, abzuwägen, weil die Rettung von jungen Menschen wertvoller sei als die Rettung alter Menschen. Noch provokanter kamen die Aussagen des Tübingers Oberbürgermeister Boris Palmer im *Sat.1-Frühstückfernsehen* zwei Tage später drüber: „Ich sage es Ihnen mal ganz brutal: Wir retten in Deutschland möglicherweise Menschen, die in einem halben Jahr sowieso tot wären – aufgrund ihres Alters und ihrer Vorerkrankungen". Und er fügte hinzu: „Der Armutsschock, der aus der weltweiten Zerstörung der Wirtschaft in der Coronavirus-Krise entsteht, bringe nach Einschätzung der Vereinten Nationen Millionen Kinder ums Leben". Wie Boris Palmer in der ZDF-Sendung *„Markus Lanz"* am 30. April 2020 erläuterte, hatte er den *Lockdown* in den Industrieländern als „Zerstörer der Wirtschaft" und Killer von „Millionen Kinder in Entwicklungsländern" gemeint. Damit wägte er Menschenleben gegen Menschenleben

---

[8] Ähnlich verhält es sich mit dem Demonstrations- oder dem Versammlungsrecht gegenüber anderen Grundrechten. Wenn das Demonstrationsrecht so ausgeübt wird, dass es ein Risiko für die Gesundheit der Allgemeinheit darstellt, dann gefährdet dessen Ausübung im Endeffekt die Wahrnehmung anderer Grundrechte. Auch hier kann es nicht um Abwägen, sondern um das Management von Interdependenzen gehen, was das Setzen politischer Prioritäten einschließt. Das hätte zumindest die Möglichkeit eröffnet, differenzierter zu handeln und Zielkonflikte effizienter zu managen. Ein solches Vorgehen hätte nicht nur die Effektivität, sondern auch die Akzeptanz der politischen Maßnahmen erhöht.

nicht nur aufgrund des Alters ab, sondern auch aufgrund der sozio-geographischen Zugehörigkeit.

Ist das Abwägen Leben gegen Leben zulässig? Ist es praktikabel in dem Sinne, dass es zu einem handlungsleitenden Ergebnis für die Politik führt? Steht dem Staat zu, bestimmten Menschen lebenserhaltende Maßnahmen zu verweigern, um das Leben Anderer zu schützen? Solche Fragen kann man nur bejahen, wenn man Menschen verdinglicht. So als würde man rote Äpfel gegen grüne Äpfel abwiegen. Man könnte die Präferenzen der Menschen abfragen und sich dann für ein Kilo rote Äpfel und gegen ein Kilo grüne Äpfel entscheiden. Bei Menschenleben funktioniert es aber nicht so, weil ethische Fragen ins Spiel kommen.[9] Was ist aber im Falle von Zeit- und

---

[9] Das ethische Dilemma ist eigentlich nicht neu. Es wurde zum Beispiel anlässlich der Verabschiedung des Luftsicherheitsgesetzes (LuftSiG) durch den Bundestag am 11. Januar 2005 intensiv diskutiert. Der § 14 III LuftSiG erlaubte den Abschuss von besetzten Passagiermaschinen, die —entführt und als Waffen umfunktioniert— zur Tötung einer noch größeren Anzahl von Menschen eingesetzt werden sollte. Die öffentliche Erregung war damals so groß, dass der Fall vor das Bundesverfassungsgericht landete. Mit seinem Urteilsspruch vom 15. Februar 2006 erklärte das BVerfG den § 14 III LuftSiG für unvereinbar mit dem Grundgesetz und deshalb für nichtig. In der Urteilsbegründung heißt es hierzu: „Dem Staat sei es untersagt, die grundgesetzlich garantierte Menschenwürde (Art. 1 I GG) und das ebenso geschützte Recht auf Leben (Art. 2 II 1 GG) durch eigene Maßnahmen zu verletzen. Die beiden Grundrechtsartikel seien Normen, deren Schutz jedermann umfasse, unabhängig von dessen gesundheitlichen oder sozialen Status, ja selbst unabhängig von der noch zu erwartenden Lebensdauer der einzelnen Person". Zitiert nach der Zusammenfassung von Steinforth (2008). Vor diesem Hintergrund ist die von Wolfgang Schäuble und Boris Palmer losgetretene Kontroverse eigentlich überraschend. Nach dem Urteil des Bundesverfassungsgerichts hat jeder und jede und jeder Corona-Infizierte den Anspruch auf die bestmögliche Behandlung, unabhängig vom Alter und von der ihr oder ihm potenziell noch verbleibenden Lebenszeit. Dem Staat oder sonst jemandem ist es untersagt, irgendeinem Menschen lebenserhaltende Maßnahmen zu verweigern. Auch nicht in dem Fall, dass das Recht auf Leben nicht das höchste Gut wäre, sondern die Würde des Menschen, wie Wolfgang Schäuble im oben erwähnten Interview sagte, könnte der Staat so handeln, da dies laut Bundesverfassungsgericht auch dagegen verstoßen würde. M.a.W.: Das Recht auf Leben und die Würde des Menschen sind keine separablen Optionen und können daher nicht gegeneinander abgewogen werden.

Ressourcenknappheit – zum Beispiel, wenn zwei Corona-Infizierte dringend gleichzeitig beatmet werden müssen, um ihr Leben zu retten, aber nur ein Beatmungsgerät zur Verfügung steht? Dieser Fall wurde während der Coronapandemie unter dem Stichwort *Triage* intensiv diskutiert. Auch hier müssen die Ärzte „Leben gegen Leben" abwägen, wobei die Entscheidung im Sinne des LuftSiG-Urteils des Bundesverfassungsgerichts (siehe vorstehende Fußnote) nicht nach persönlichen Gesichtspunkten gefällt werden darf – beispielsweise nach dem Alter oder nach der Wahrscheinlichkeit zu überleben. Würden sie sich auf Nicht-Handeln zurückziehen, würden beide Patienten sterben. Und was wäre das Ergebnis, wenn man das „Recht" beider Patienten auf ein Beatmungsgerät abwägen würde, ohne dass man nach persönlichen Gesichtspunkten entscheiden darf? Auch in dieser Situation hätte man kein Ergebnis. Soll man den Patienten überlassen, sich zu verständigen? Wohl ausgeschlossen, weil ebenso unethisch und in Notfällen auch nicht praktikabel. Soll der behandelnde Arzt die Entscheidung treffen, da er gemäß seiner Pflichte auf jeden Fall handeln muss? Und wenn ja, nach welchen Kriterien soll er entscheiden? Und sind diese Kriterien demokratisch legitimiert?

Ein Ausweg aus diesen Dilemmata besteht nur, wenn Rechte im Knappheitsfall nicht abgewogen, sondern umdefiniert werden.[10] In unserem Fall würde das Recht auf ein Beatmungsgerät durch das Recht auf ein faires Ver- beziehungsweise Zuteilungsverfahren ersetzt werden, das wiederum eine Entscheidung unabhängig von persönlichen Eigenschaften der Patienten erlauben soll. Die Patienten haben also nicht das Recht auf ein Beatmungsgerät, sondern auf ein faires Ver- beziehungsweise

---

[10] Siehe Lübbe (2018).

Zuteilungsverfahren. Das muss so sein – betont Weyma Lübbe—, weil Rechte mit Pflichten korrespondieren und niemand kann dazu verpflichtet werden, Unmögliches zu leisten. Das würde man von den Patienten verlangen, wenn man ihnen die Entscheidung überlassen würde, oder vom Arzt, wenn er nach eigenen Kriterien entscheiden müsste. Die von der Deutschen Interdisziplinären Vereinigung für Intensiv- und Notfallmedizin (DIVI) in Zusammenarbeit mit anderen Fachgesellschaften Ende April 2020 aktualisierten Entscheidungsempfehlungen für den Umgang mit der *Triage* folgen dieser Philosophie: Rechte werden nicht abgewogen, sondern in ein faires Verfahren umdefiniert. Leitlinien, die vom Gesetzgeber verabschiedet wären, würde die Legitimität eines solchen Verfahrens erhöhen.

Die obigen Beispiele verdeutlichen, dass Abwägungsentscheidungen zu wichtig sind, um von einzelnen Politikern oder kleinen, geschlossenen Politikerkreisen getroffen zu werden. Wenn Politiker vom „Abwägen" sprechen, wollen sie Fairness, Überlegenheit und Kontrolle vermitteln. Dabei verschweigen sie, dass es dabei um politische Entscheidungen geht. Es wird politisch entschieden, welche Entscheidungsoptionen in Betracht gezogen, welche Abwägungskriterien zugrunde gelegt, wie Folgewirkungen der unterschiedlichen Entscheidungsoptionen eingeschätzt und welche Prioritäten gesetzt werden. Vor allem wenn es sich um die Abwägung von Rechten und ethischen Fragestellungen handelt, bedürfen Abwägungsentscheidungen einer breiten parlamentarischen und gesellschaftlichen Diskussion, der Mitwirkung aller relevanten Akteure an der Entscheidungsfindung und einer hohen Transparenz des Entscheidungsprozesses. Es geht letztendlich darum, Entscheidungen demokratisch und gesellschaftlich zu legitimieren und unterschiedliche Perspektiven einzubeziehen. Die Exklusion gesellschaftlicher Akteure war nicht nur demokratiepolitisch höchst problematisch. Sie beeinträchtigte auch die Qualität der Coronapolitik. Gerade in einem Zustand von hoher Dynamik, Ungewissheit und Nichtwissen wäre es dringender denn je gewesen, die Abwägungsprozesse für andere Perspektiven, Ideen und Lösungsansätze zu öffnen. Wie bereits erwähnt, wären die Vorteile einer solchen Öffnung für die Pandemiebekämpfung groß gewesen: höhere Innovations- und Problemlösungsfähigkeit, schnellere Auflösung gesellschaftlicher und institutioneller Blockaden und Konflikte, gesteigerte Bereitschaft zur Selbstverpflichtung, größere und nachhaltigere Akzeptanz der Coronamaßnahmen.

Politik und Wissenschaft: Expertokratie versus Demokratie

Das Coronavirus hat eine bis dahin nahezu unauffällige Berufsgruppe ins Rampenlicht der Öffentlichkeit katapultiert: Die Virologen und Virologinnen. Sie waren lange Zeit das Gesicht und die Stimme der Coronakrise. Keine Talkshow, kein Nachrichtenprogramm und keine Tageszeitung ohne Interviews mit ihnen. Von ihren täglichen Podcasts ganz zu schweigen. Und viele von ihnen waren und sind international anerkannte Wissenschaftler und Wissenschaftlerinnen. Dass das Land so viel Fachkompetenz auf einem plötzlich so elementaren Gebiet besaß, wurde zu einer der wenigen beruhigenden Gewissheiten in der Coronakrise. Allerdings waren sie nicht nur in ihrer Kernkompetenz gefragt, sondern auch als zentrale Akteure an der Nahtstelle zwischen Wissenschaft und Politik. Sie fanden sich über Nacht in der Rolle der Politikberater und Pandemieerklärer wieder. Sie haben sich in der Öffentlichkeit nicht nur zu Fragen ihres Kerngebiets äußern müssen, sondern auch zu Fragen des strategischen und operativen Krisenmanagements, der Verhaltenspsychologie, der Ethik, der Kultur von Völkern, der wirtschaftlichen und sozialen Folgen der *Lockdowns* und vieles mehr. Freiwillig oder in diese Rolle gedrängt, versuchten sie sich als Berater und Erklärer einer allumfassenden Krise, wobei die Grenzen zwischen Wissenschaft und Politik, zwischen fachlicher Beratung und politischer Verantwortung zu oft verletzt wurden, und zwar von beiden Seiten. Dass eine solche Interaktion nicht konfliktfrei ablaufen würde, hätte man durchaus wissen müssen.

Wer regiert das Land?
Die ohnehin hohe öffentliche Aufmerksamkeit, die die Virologen nach dem Ausbruch der Coronapandemie genossen, sollte sich noch steigern, als politisch Verantwortliche öffentlich bekundeten, dass sie nur dem Rat der Virologen folgten[11], dass das Primat der Wissenschaft gelte[12]. Ab diesem Zeitpunkt war vielen nicht mehr klar, wer das Land tatsächlich regierte. Die ZEIT versah einen Artikel am 18. März 2020, erst eine Woche nach dem Beginn des ersten *Lockdown* – mit dem Titel: „Ist das unser neuer Kanzler?" und einem Porträt von Christian Drosten, dem Leiter der Virologie an der Berliner Charité – in der Tat wie kein anderer so etwas wie die Stimme und das Gesicht der Coronapandemie in Deutschland.

---

[11] Armin Laschet in der ARD-Sendung *„Bericht aus Berlin"* am 11. März 2020: „Das, was Jens Spahn heute gesagt hat, ist ja der Rat der Virologen. (...). Deshalb werden wir diesen Rat jetzt auch in den Ländern, bei uns in Nordrhein-Westfalen und anderswo, umsetzen".
[12] Armin Laschet in *„Anne Will"* am 15. März 2020: „Wir (leben) in einer Zeit, in der das Primat der Wissenschaft gilt".

Es folgten weitere besorgte Artikel: BILD am 20. März: „Werden wir jetzt von RKI-Virologen regiert? SPIEGEL ONLINE am 23. März: „Plötzlich regieren uns Virologen"; die „Stuttgarter Zeitung" ebenfalls am 23. März: "Plötzlich regieren Virologen das Land"; man könnte die Liste beliebig fortsetzen. Karl Lauterbach, Mediziner, Gesundheitsexperte und Bundestagsabgeordnete, fasste gegenüber der ZEIT am 18. März 2020 die Lage zutreffend zusammen: Noch nie habe er „eine so direkte Wirkungslenkung von wissenschaftlicher Expertise auf die Politik erlebt". Andere bemerkten zynisch oder neidisch: Hätte die Politik nur halb so viel auf die Klimaexperten gehört, wäre das von der Bundesregierung im September 2019 verabschiedete Klimapaket anders ausgefallen.

Es war anzunehmen, dass die Politik irgendwann versuchen würde, die Verhältnisse vom Kopf auf die Füße zu stellen. Spätestens als es sich abzeichnete, dass Deutschland vergleichsweise gut durch die erste Pandemiewelle kommen würde, als es darum ging, die Lockerungsagenda durchzusetzen, war für manche Politiker der Zeitpunkt gekommen, dem Wahlvolk eines klar zu machen: es gilt das Primat der Politik, wieder! Virologen können gerne beraten, aber die Entscheidungen treffen die gewählten Politiker. Eigentlich eine Banalität! Die Verhältnisse waren aber in der öffentlichen Wahrnehmung so verrutscht, dass aus der Sicht mancher Politiker eine Klarstellung dringend geboten war. Dabei griffen sie auf zweifelhafte Methoden, wahrscheinlich, weil es vor allem um die Definitionsmacht der Lockerungsagenda ging: anstatt die Leistungen der Politik selbstbewusst zu vermitteln – und auch die Verantwortung für das, was schief gegangen war, zu übernehmen – versuchten sie die gewachsene Autorität der Virologen zu unterminieren. In einem Gespräch mit Stephan Detjen im Deutschlandfunk am 19. April 2020 gab MP Armin Laschet die neue Tonlage an: „Mit

Mit weniger Demokratie gegen das Virus? 213

Verlaub, mir sagen nicht die Virologen, was ich zu (ent-scheiden) habe". Wenig später, am 26. April, griff er in der ARD-Sendung *„Anne Will"* die Virologen erneut scharf an: „Wenn Virologen alle paar Tage ihre Meinung ändern, müssen wir in der Politik dagegen halten". Er kritisierte auch vermeintlich irrtümliche Vorhersagen der Virologen in der Coronakrise. Manche Politiker, aber auch Journalisten haben auch massiv die Zahlen des RKI kritisiert und ihre „wissenschaftliche Güte" in Frage gestellt. Wolfgang Kubicki, Vize-Präsident des Bundestages, orakelte sogar, die RKI-Zahlen seien „politisch motiviert" und nicht „wissenschaftlich fundiert". Auch die bereits erwähnte Kritik vom FDP-Chef Christian Lindner gegenüber der *Passauer Neuen Presse* – die RKI-Zahlen würden „die wahre Lage" nicht wiedergeben – sowie vom MP Markus Söder in der ARD-Talkshow *„Anne Will"* am 3. Mai – man bräuchte „verlässliche Zahlen", da die RKI-Zahlen „manchmal auch für etwas Verwirrung sorgen"— gehörte zu der Strategie, die Autorität der Virologen in Frage zu stellen. Diese Art von Polemik ihnen gegenüber kam dem Kampf von Don Quijote gegen die Windmühlen gleich. Die Virologen und Virologinnen hatten nicht in Frage gestellt, dass allein die gewählten Politiker und Politikerinnen in einer demokratischen Gesellschaft dazu legitimiert sind, Entscheidungen zu treffen, die das gesamte Gemeinwesen betreffen. Daher war die „Klarstellung" nicht an die Virologen und Virologinnen gerichtet, sondern für die Öffentlichkeit bestimmt. Sie sollte sich bewusst sein, wer das Land tatsächlich regiert.

Die Polemik desavouierte allerdings eine Berufsgruppe, die bei der politischen Entscheidungsfindung weiterhin dringend gebraucht wurde. Dahinter verbarg sich eigentlich eine politische Instrumentalisierung der Wissenschaft. Als es nämlich darum ging, einschneidende Maßnahmen zu ergreifen, haben sich die politisch Verantwortlichen reflexartig hinter den Virologen versteckt – wohl um sich selbst zu schützen. Sie gaben einen Teil der Verantwortung für die einschneidenden Maßnahmen weiter, weil sie sich nicht sicher sein konnten, wie das ausgehen und wie das Wahlvolk darauf reagieren würde. Wenn Politiker die Risiken für eventuelle Fehlentscheidungen zu streuen versuchten, erweckten sie unweigerlich den Eindruck, dass sie nicht die alleinige Entscheidungsgewalt hätten, dass sie sich bei ihren Entscheidungen an den Erkenntnissen der Wissenschaft richten würden. Als es aber darum ging, zur „neuen Normalität" überzugehen, haben sie auf das Primat der Politik gepocht, weil sie ja viele Interessen abwägen müssten. Es war eine gewollt hybride Strategie. Und möglicherweise trat auch die gewollte Wirkung ein, weil sich die Virologen lange Zeit kaum noch mehr trauten, der Politik zu widersprechen. Der Preis war aber groß, möglicherweise zu groß: Autoritätsverlust der Virologen, Glaubwürdigkeitsverlust der Coronapolitik, und eine bedenkliche Einengung des diskursiven Ringens um geeignete Wege zur Pandemiebekämpfung – und das hieß wiederum: weniger Demokratie!

Unvereinbare Rationalitäten
Die Konflikte und die Missverständnisse zwischen Wissenschaft und Politik während der Pandemiekrise sind nicht überraschend. Diese lassen sich darauf zurückführen, dass sie aufgrund unterschiedlicher, zum Teil nicht zu vereinbarender Rationalitäten und Logiken handeln. Diese erklären sich wiederum dadurch, dass Wissenschaft und Politik „zwei relativ selbstständige gesellschaftliche Teilsysteme sind, die unterschiedliche Funktionen und an verschiedenen Leitwerten orientiert sind", wie die Politik-

wissenschaftlerin Renate Mayntz es formuliert hat.[13] Vor der Coronakrise koexistierten beide Teilsysteme in einer respektvollen, aber auch vom Unverständnis geprägten Äquidistanz; die zunehmende gegenseitige Entfremdung war nicht zu übersehen, auch wenn sie – wie sonst auch – aufeinander angewiesen waren.[14] Bei den unterschiedlichen Rationalitäten geht es nicht so sehr um das Selbstverständliche, dass es bei der Wissenschaft um den Erwerb und den Erhalt von Wissen und bei der Politik um den Erwerb und den Erhalt von Macht geht.[15] Die Konflikte und die Missverständnisse entstanden an einer Schnittstelle, die während der Pandemie, insbesondere für die Virologen und Epidemiologen, enorm an Bedeutung gewann: die Verwendung wissenschaftlichen Wissens für politische Steuerungsentscheidungen. Die Wissenschaft bot wissenschaftliches Wissen an und die Politik fragte steuerungsrelevantes Wissen nach – ein klassischer Fall von Politikberatung.

Doch Wissenschaft und Politik treffen sich fast immer jeweils ausgestattet mit „unvereinbaren Annahmen über das Wesen von Politik und von Wissenschaft und über das, was sie von der jeweils anderen Seite erwarten können".[16] Dieser Konfliktkern hat sich während der Pandemie potenziert. Die Politik begegnete der Wissenschaft mit der Erwartung, dass diese „klare Tatsachenfragen" beantwortet, indem sie „objektives Wissen" und die *eine* Wahrheit lieferte, die die Politik für Steuerungsentscheidungen verwenden konnte. Diese Erwartung verkannte sowohl die Natur wissenschaftlichen Wissens als

---

[13] Siehe Mayntz (1996, S. 1).

[14] Siehe Mayntz (1996).

[15] Siehe ebenda.

[16] Siehe ebenda, S. 2.

auch die Rolle, die dieses Wissen im politischen Prozess spielt. Wissenschaftliches Wissen – eher implizit in den Natur-, aber ganz explizit in den Sozialwissenschaften – ist nicht objektiv im Sinne von wert- und interessenfrei, und es hat immer normative Implikationen. Inmitten des ersten *Lockdown* hat dies zum Beispiel ausgerechnet ein Gutachten belegt, das als „Stellungnahme der Wissenschaft" angekündigt worden war, was die Erwartung an Wert- und Interessenneutralität nährte: die Leopoldina Ad-hoc-Stellungnahme „*Coronavirus-Pandemie – Die Krise nachhaltig überwinden*" vom 13. April 2020. Entgegen den Erwartungen war sie beladen mit Werturteilen, wertfundierten Prämissen und perspektivischen Deutungen der Wirklichkeit, die die soziale und wirtschaftliche Diskussion seit Jahrzehnten prägen und nicht konsensfähig waren. Das galt auch für weitere Leopoldina-Stellungnahmen im Verlauf der Pandemie, auch wenn die damalige Bundeskanzlerin Angela Merkel immer wieder versucht hat, die Leopoldina in den Rang des wissenschaftlich Objektiven und Unantastbaren zu erheben.

Ein weiteres Feld unvereinbarer Rationalitäten betrifft das Wesen wissenschaftlichen und politischen Arbeitens. Besonders während der Coronapandemie war wissenschaftliches Wissen stets vorläufig und folglich unsicher, hinterfragbar und revidierbar. Politiker mussten lernen, mit seiner Vorläufigkeit umzugehen. Und sie taten sich damit sehr schwer, mit der Folge, dass sie dabei wiederum den kreativen wissenschaftlichen Diskurs öffentlich desavouierten. Gerade wenn es sich um „Forschung an der Front" handelt, wie im Falle der sehr dynamischen Forschung des Coronavirus und seinen gesellschaftlichen Auswirkungen, sind vorläufige Erkenntnisse auch der Kritik der Wissenschaftler selbst ausgesetzt. Es gibt nicht die eine Wahrheit, weder in den Naturwissenschaften noch in den Sozialwissenschaften, sondern konkurrierende Wahrheiten, zumindest vorläufig, aber oft dauerhaft. Dieser kritische und selbstkritische wissenschaftliche Diskurs sorgt dafür, dass aus Nichtwissen Wissen und aus Ungewissheit Gewissheit wird, und zwar in einem mühevollen iterativen Erkenntnisprozess. Daneben gibt es auch den demokratischen Prozess. Die Wissenschaft liefert Erkenntnisse, die die Politik im demokratischen Prozess zu politischen Entscheidungen verarbeitet. Und dabei verändert sich oft der Charakter wissenschaftlicher Erkenntnisse. Die Verantwortung für die Folgen solcher Entscheidungen muss allerdings die Politik tragen. Das ist eine Aufgabe, die sie nicht weg delegieren kann. Insofern verkannte der Vorwurf der beratenen Politik an die Wissenschaftler, dass sie ihre Empfehlungen zu oft ändern würde, dass ihre Schlussfolgerungen nicht eindeutig seien, die Grenzen einer wissenschaftlichen Politikberatung unter Ungewissheit und Nichtwissen. In einem solchen Zustand rang die Wissenschaft um Wissenserwerb in einem „*trial and error*"-Verfahren, bei dem neues Wissen stets vorläufig war. Es war daher nicht überraschend, dass die Experten ihre Vorschläge stets an neue Erkenntnisse anpassten – und dass sich die Politik dadurch „schlecht" beraten fühlte. Aus Sicht der Politik müssen zudem politisch verwertbare Erkenntnisse auch rechtzeitig vorliegen, das heißt in der Regel: bevor die Entscheidungen getroffen werden. Auch diese Rationalität der Politik lässt sich nicht immer mit der Rationalität wissenschaftlichen Erkenntnisgewinns vereinbaren, zumal in einer dynamischen Entscheidungssituation wie der Coronakrise.

Andererseits trifft die Wissenschaft auf die Politik unter der Annahme, dass ihre Informationen dazu dienen, „unmittelbar die substantielle Rationalität politischer Entscheidungen zu verbessern"[17] – das heißt: die gewünschten Wirkungen mit vertretbaren Kosten zu erzielen, und möglichst ohne unerwünschte Nebenwirkungen. Das ist aber ein „rationalistisches Missverständnis", wie Renate Mayntz es nannte. Politische Entscheidungen sind selten rational im Sinne der *Rational Choice Theory*, da sie im demokratiepolitischen Prozess getroffen werden. Sie sind meistens das Ergebnis der Konkurrenz unterschiedlicher Interessen und Problemverständnisse. Sie spiegeln sowohl Wertvorstellungen der politisch Handelnden sowie etablierte Machtverhältnisse in der Gesellschaft wider. Sie sind also perspektivische Deutungen der Wirklichkeit, die im politischen Wettstreit miteinander konkurrieren.

Es ist nicht verwunderlich, dass die Coronapandemie Bedingungen für eine Politikberatung durch die Experten erzeugte, die zu gegenseitigen Frustrationen und Vorwürfen führten. Einerseits fühlte sich die Wissenschaft instrumentalisiert, weil wissenschaftliche Erkenntnisse von der Politik oft für die nachträgliche Rechtfertigung längst beschlossener Maßnahmen benutzt wurden. Ein Paradebeispiel dafür war die so genannte Heinsberg-Studie. Um mehr Klarheit über die Dunkelziffer zu schaffen – und auch über das Ausmaß der Fallsterblichkeit und die Übertragungswege des Virus—, haben Wissenschaftler unter der Leistung des Virologen Hendrik Streeck von der Universität Bonn in der Gemeinde Gangelt in der Kreisstadt Heinsberg eine umfassende Studie zur Coronapandemie durchgeführt. Die nordrhein-westfälische Kreisstadt war zu Anfang der Pandemie eine der Hotspots in Deutschland, nachdem sich dort nach einer Karnevalssitzung viele Einwohner mit Covid-19 infiziert hatten. Für ihre Studie haben die Wissenschaftler anhand des Melderegisters 919

---

[17] Siehe Mayntz (1996, S. 3).

Teilnehmer aus 405 Haushalten ausgewählt. Die Studie wurde in der 14. Kalenderwoche durchgeführt, alle Teilnehmenden wurden mit PCR-Tests auf das Coronavirus getestet und nach Symptomen, Kontakten und Vorerkrankungen gefragt. Darüber hinaus wurden sie mittels Antikörpertests nach bereits überstandenen Corona-Infektionen untersucht.

Obwohl das Wissenschaftlerteam erst am 6. April 2020 die letzten Daten in Gangelt erhoben hatten, stimmten sie zu, bereits am 9. April 2020 im Rahmen einer von der nordrhein-westfälischen Staatskanzlei organisierten Veranstaltung der Öffentlichkeit einen „Zwischenbericht" vorzustellen. Die Präsentation der vorläufigen Ergebnisse geriet allerdings zu einem Kommunikationsdesaster, weil der Eindruck entstand, dass die Experten sich vor den Karren der Politik haben spannen lassen. Die Landesregierung von Nordrhein-Westfalen hatte die Studie mitfinanziert und MP Armin Laschet hatte auf einen schnellen Termin für die Präsentation der Ergebnisse gedrängt. Er nutzte diese für einen PR-Event für seine Lockerungsagenda. Seine Botschaft war: die Heinsberg-Studie liefere Erkenntnisse, die für eine schnellere Lockerung der Restriktionen sprechen. Dieser Botschaft haben die Experten nicht widersprochen. Im Gegenteil, sie haben den Eindruck aufkommen lassen, dass die ungeprüften „Zwischenergebnisse" „repräsentativ" seien, wie Streeck wörtlich sagte. Diese ließen sich also mehr oder weniger eins zu eins auf ganz Deutschland übertragen, und seien folglich relevant für die anstehenden Entscheidungen der Bund-Länder-Konferenz. Scharfe Kritik und breiter Widerspruch waren die Folge, selbst von Mitgliedern des Forscherteams. Nachdem die Presse auch noch von Fehlern bei der Berechnung der Fallsterblichkeit in der Studie berichtete, war ihre Glaubwürdigkeit gänzlich dahin und ihre politische Verwertbarkeit minimal. In einem Interview von „ZEIT Online" am 10. April 2020 gab Streeck zu, dass die Studie „mit heißer Nadel gestrickt" sei. Die Heinsberg-Studie hat somit deutlich gezeigt, auf welches Minenfeld sich die Wissenschaft begibt, wenn sie bedingungslos die Erwartung der Politik bedienen will, politisch verwertbare Erkenntnisse auch „rechtzeitig" vorgelegt zu bekommen, obwohl die Erkenntnisse noch nicht valide genug sind. Das geht meistens zu Lasten der Seriosität wissenschaftlichen Arbeitens.

Andererseits sah sich die Politik „in ihrer legitimen Rolle in Frage gestellt, wenn Wissenschaftler sich mit Argumenten des Sachzwangs faktisch politische Entscheidungsfunktionen anmaßen"[18]. Das kommt der Politik einem Kontrollverlust gleich und sie mag keinen Kontrollverlust, sie will immer in der Hand haben, „was hinten rauskommt". Hinzu kommt, dass Wissenschaft und Politik von Natur aus lösungsorientiert sind, auch in einer Situation wie der Coronakrise, in der eindeutige Lösungen unrealistisch waren und es in erster Linie um die Stabilisierung disruptiver Dynamiken gehen musste. Es gab nicht die *eine* Wahrheit, sondern viele perspektivische Wahrheiten. Unterschiedliche Wissenschaftsfelder in einen Expertenrat einzubeziehen, löst das Problem fehlender eindeutiger Lösungen keineswegs, es kann die Frustration der Politik sogar erhöhen. Als die Politik Experten aus unterschiedlichen Fachgebieten fragte, ob Masken sinnvoll wären, hat sie verschiedene Antworten erhalten: eine von den Virologen, eine andere von den Hygienikern und wiederum eine andere von den Soziologen usw. Das gleiche Resultat hat sie geerntet, als sie wissenschaftliche Expertise hinsichtlich des Umgangs

---

[18] Ebenda, S. 2.

mit Kitas und Schulen nachfragte. Und ohne Zweifel hatten alle divergierenden Meinungen ihre Berechtigung. Der Politik, die auf Eindeutigkeit aus ist – Maske ja oder nein, Schulen schließen oder offen lassen—, konnte man beim Entscheiden nur Glück wünschen. Das Abwägen ist nur scheinbar der Ausweg, sie muss letztendlich politisch entscheiden. Auch das bringt das Primat der Politik mit sich. Die Sinnhaftigkeit von beratenden Expertengremien, die die Multidimensionalität der Coronakrise abbildeten, lag nicht daran, dass sie eindeutige Entscheidungen lieferten und dadurch die Politik entlasteten. Ihr Wert lag vielmehr darin, unterschiedliche Perspektiven und Interessen transparent zu machen und in den Entscheidungsprozess einzubeziehen. Sie machten – wenn man es so will – das Primat der Politik schwieriger, dafür hätten sie den politischen Entscheidungen mehr Legitimität verliehen können.

Die Selbstüberschätzung der Experten
In der „schweren Beziehung zueinander" haben nicht nur die Politiker, sondern auch die Experten Fehler gemacht. Es ist offensichtlich gewesen, dass insbesondere die Virologen und Virologinnen, für die eine Politikberatungssituation nicht alltäglich ist, ihre Rolle im Zusammenspiel mit der Politik aufgrund der enormen Geschwindigkeit der Ereignisse vorab nicht haben klären können. Es ist daher nachvollziehbar, dass ihnen dabei handwerkliche und kommunikative Fehler unterlaufen sind, die für das aufmerksame Publikum verwirrend waren. Der erste Fehler war, die Grenze ihrer Kernkompetenz nicht eindeutig und transparent gezogen zu haben. Gewollt oder ungewollt haben sie in der Öffentlichkeit eine übergreifende Kompetenz beansprucht, die sie nicht in ausreichendem Maße haben können, zumal oft unklar war, was sie als

Experten und was sie als nachdenkliche Bürger in den Talkshows und Interviews äußerten. Sie waren auf einmal in der klassischen Falle der Politiker und Politikerinnen gefangen, auf jede Frage eine (scheinbar) klare Antwort geben zu müssen – beziehungsweise nicht offen sagen zu können, dass sie für manche Fragen keine Spezialisten sind.

Der zweite Fehler – wiederum insbesondere der Virologen – bestand darin, mit einem Modell von Politikberatung zu operieren, das seit Jahrzehnten so nicht mehr funktioniert: Wissenschaftler liefern Fakten und „objektive Wahrheiten", Politiker fragen eindeutige Wahrheiten nach und setzen sie in Entscheidungen um. Wissenschaftliche Politikberatung ist heutzutage viel komplizierter. Sie findet in einem komplizierten kommunikativen Beziehungsgeflecht statt, indem wissenschaftliche Beratungsleistungen bei der Politik nur dann auf Akzeptanz treffen, wenn der Politikberater auch implizite Leistungen mit dem Ziel erbringt, eine gemeinsame Vertrauensbasis zu schaffen: er muss sich darum bemühen, aus den jeweiligen Perspektiven ein gemeinsames Wirklichkeitsverständnis mit der Politik zu konstruieren, er muss Komplexität vereinfachen und handhabbar machen, er muss bereit sein, sich der Rationalität der Politik anzunähern sowie eigene Werturteile und *„hidden agendas"* offen zu legen. In einem solchen Beratungsgeflecht kann der Wissenschaftler nicht erwarten, seine wissenschaftliche Unschuld zu bewahren. Wenn er sich in die hochrangige Politikberatung wagt, wird er selbst Teil des Politikprozesses. Er kann sich nicht davor schützen, indem er auf die Entscheidungshoheit der Politik verweist. Er wirkt, ob er will oder nicht, an der Formulierung politischer Ziele mit. Seine Exponiertheit ist umso größer, je mehr er die Öffentlichkeit sucht sowie je öfter und dezidierter er sich zu Politikfeldern außerhalb seiner Kernkompetenz äußert – beispielsweise zu den nicht-medizinischen Maßnahmen der Pandemie-

Bekämpfung und deren Folgekosten. Er wird dann unweigerlich in die politische Diskussion hineingezogen, und das macht ihn angreifbar und instrumentalisierbar.

Der dritte Fehler hat mit einer gewissen Naivität der Wissenschaftler zu tun: nicht erkannt zu haben, dass Politikberatung eine eigenständige Kompetenz ist. Sie erfordert eine spezifische Kommunikationskompetenz, Erfahrung im Umgang mit Politikern und politischen Verfahren sowie die Bereitschaft, die oben erwähnten impliziten Leistungen zu erbringen, ohne dabei in Widerspruch zu den eigenen Standards zu geraten. Möglicherweise hat MP Markus Söder das gemeint als er zu dem Konflikt mit den Virologen gefragt in der ZDF-Sendung *„Markus Lanz"* am 1. April 2020 antwortete: „Man muss eine Kernkompetenz für die Beratung der Politik entwickeln". Das war ein deutlicher Rat an die Virologen und andere Wissenschaftler. Der vierte Fehler wiegt ebenso schwer: in ihrem Bestreben, die Politik mit *„on-time"*-Lösungen zu versorgen, waren die Wissenschaftler oft überambitioniert und nicht selten unwissenschaftlich. Zu viele Meinungsäußerungen und Empfehlungen sind allein aus einzelnen, nicht generalisierbaren Fallstudien, oft mit kleiner Grundgesamtheit und einer geringen Repräsentativität der Stichproben, formuliert worden. Und allzu oft haben die Wissenschaftler auf den Abschluss gängiger Qualitätssicherung in ihren jeweiligen Forschungsgebieten verzichtet, um der Politik Ergebnisse rechtzeitig vorlegen zu können oder einfach um die Öffentlichkeit mit „Neuigkeiten" zu versorgen.

Auch diese Probleme sind deswegen aufgetreten, weil die Wissenschaft oft ihre eigene Rationalität und innere Logik nicht beachtet hat und sich ungeschützt in eine Welt begeben hat, die ihr ziemlich fremd war. Die als Politikberater agierenden Wissenschaftler haben übersehen, dass sie traditionellerweise in einer beschränkten

Öffentlichkeit agieren. Dies ermöglicht ihnen, ihre Erkenntnisse immer wieder selbst in Frage zu stellen, diese zu revidieren und immer wieder neue, eventuell sich widersprechende Schlussfolgerungen zu ziehen. Ohne dieses „*trial and error*"-Verfahren ist wissenschaftliches Arbeiten nicht möglich. Indem sie sich während der Coronakrise in eine unbeschränkte Öffentlichkeit begaben, beraubten sich die Wissenschaftler selbst einer ihrer wichtigsten Stärke, sie machten sich anfällig für Kritik und bezahlten diese Anfälligkeit mit Autoritäts- und Glaubwürdigkeitsverlust. Die unbeschränkte Öffentlichkeit ist hingegen das Wesen der Politik, zumindest in einer offenen Gesellschaft. Sie muss daher (scheinbar) eindeutige Antworten liefern, so tun, als hätte sie immer eine Lösung parat. Insbesondere in Krisensituationen müssen politische Entscheider Selbstsicherheit ausstrahlen. Ihnen ist es nicht gestattet, sich in aller Öffentlichkeit in einen Suchprozess zu begeben. Und deswegen kann die Politik mit der Ambivalenz von Wissenschaft nichts anfangen. Auch hier kommt ein wesentlicher Unterschied zwischen Wissenschaft und Politik zum Tragen: während der Wissenschaftler ein gut vernetzter „Eigenbrötler" ist, ist der Politiker eher ein „Rädelsführer", der Unterstützung und Mehrheiten organisieren muss. Er muss abwägen, wissenschaftliches Wissen politisch kontextualisieren, Interessen ausgleichen und Kompromisse finden, die seinen eigenen Werten und Überzeugungen nicht widersprechen. Verfügbares wissenschaftliches Wissen ist für ihn funktional oder gar instrumentalisierbar, solange es keine Sachzwänge schafft und solange es zumindest Teilwahrheiten liefert, die das bestätigen, was die Politik ohnehin entscheiden will.

Dennoch hat die Politik gut daran getan, in einer solchen extremen Krisensituation auf die jeweiligen Experten zu hören und deren Rat in die politischen

Entscheidungen einfließen zu lassen. Und die Wissenschaft hat gut daran getan, ihr Wissen proaktiv verfügbar gemacht zu haben. Ein enger Austausch zwischen Politik und Wissenschaft – zum Beispiel im Expertenräten – hat aber nicht nur Vorteile. Er kann den Eindruck verstärken, es werde im Hinterzimmer entschieden. Dagegen kann man nur mit der Transparenz der Entscheidungsfindung entgegensteuern. Es reicht nicht aus, dass die Öffentlichkeit konsensualisierte Stellungnahmen des Expertenrates zur Kenntnis nimmt, sie muss auch die unterschiedlichen Ausgangspositionen und, wie die Politik diese verarbeitet hat, mitgeteilt bekommen. Ferner barg die Fokussierung auf die Expertise der unmittelbar betroffenen Wissenschaft enorme Risiken für das Krisenmanagement und für die Bewältigung der langfristigen Folgen der Coronakrise. Bei einer multidimensionalen Krise müssen unterschiedliche Perspektiven und unterschiedliche Expertisen in die politischen Entscheidungsprozesse einbezogen werden. Nur so kann man gewährleisten, die Krise ganzheitlich zu verstehen und alle Belange bei der Entscheidungsfindung zu berücksichtigen. Die Politik kann aber nicht erwarten, dass ein Multi-Akteure-Ansatz ihr eindeutige und unmittelbar umsetzbare Empfehlungen liefert. Im Extremfall wird sie so viele Ratschläge erhalten, wie Perspektiven und Expertisen an der Entscheidungsfindung mitwirken. Und auch wenn die Politik sich für einen bestimmten Kurs festgelegt hat, ist für sie wichtig, sich mit unterschiedlichen Perspektiven auseinanderzusetzen, die Annahmen zu hinterfragen, die beratende Wissenschaftler zugrunde legen, unabhängig davon, ob diese den Regierungskurs bejahen oder nicht. Solche notwendigen Verfahren der Entscheidungsfindung mindern die Gefahr, dass die Politik blinde Flecken übersieht, falsche Prioritäten setzt und Scheuklappen anlegt, die dazu führen, dass sie ihr politisches Handeln für „alternativlos" ansieht. Sie entlasten sie aber nicht von ihrer ureigensten Funktion: Entscheiden.

Es ist infolgedessen nicht verwunderlich, dass es inmitten der Diskussion um die Verschärfung des zweiten *Lockdown* im Herbst 2020 die Kritik aufkam, die Bundesregierung lasse sich nur von „gleichgesinnten" Wissenschaftler beraten, sie setze sich mit abweichenden, alternativen Wegen der Pandemiebekämpfung nicht auseinander. Unabhängig davon, ob die Kritik berechtig war oder nicht, zeigte sie, dass es letztendlich um die Deutungshoheit der Coronakrise in einer Phase ging, in der unterschiedliche Interessen auf dem Spiel standen. Auch hier wurde klar, dass die beratende Wissenschaft für politische Zwecke instrumentalisiert wurde und dass sie Teil des Politikprozesses war, ob sie es wahrhaben wollte oder nicht. Am Endergebnis des politischen Prozesses hätte das Hören abweichender Perspektiven vermutlich nicht viel geändert. Die Denk- und Handlungsmuster der handelnden Politiker und Politikerinnen – ihre jeweiligen Referenzrahmen – waren bereits zu verfestigt, um für ein „*re-framing*" anfällig zu sein. Am Ende des Tages hätten sie bevorzugt jene Botschaften gehört, die sie in ihren Wünschen und Überzeugungen bestätigen. Das Hören abweichender Meinungen hätte aber die Glaubwürdigkeit der Politik gesteigert, und der Öffentlichkeit unnötige, weil ablenkende Diskussionen erspart.

Die exponierte Rolle der Virologen, als das „Gesicht der Coronakrise" und Hauptberater der Politik, hat ihnen nicht nur hohe Wertschätzung gebracht, sondern sie auch verwundbar gemacht. Das hat ebenfalls mit den Erkenntnissen der Sozialpsychologie zu tun, dass die Menschen bevorzugt jene Botschaften hören, die sie in ihren Wünschen und Überzeugungen bestätigen. In der *Lockdown*-Phase der Pandemiebekämpfung bestätigten die Botschaften der Virologen die Ängste und die Schutzbedürfnisse der Menschen. Zu Beginn der Lockerungen – sowohl nach der ersten als auch nach der zweiten und dritten Pandemiewelle – dagegen widersprachen die Botschaften vieler Virologen das subjektive Empfinden vieler Menschen, die das Virus weniger bedrohlicher als die wirtschaftlichen Folgen oder die Einschränkung von Freiheitsrechten ansahen. Die Virologen sind dann mehr oder weniger für die „Verschleppung der Lockerungen" und die hohen Kosten der *Lockdowns* verantwortlich gemacht worden. In der Sozialpsychologie wird dieses Phänomen als fundamentaler Attributionsfehler (Englisch: *„fundamental attribution error"*) genannt.[19] Er bezeichnet die Tendenz von Beobachtern oder Betroffenen, Personen als Ursache für ihre eigene Handlungen oder die Handlungen Dritter zu sehen. Damit kommt es zu einer Überbewertung von dispositionalen Faktoren wie Persönlichkeitseigenschaften, Einstellungen und Meinungen bei gleichzeitiger Unterbewertung von situationalen Faktoren. Irgendwann im Verlauf der Pandemie waren die Virologen und nicht das Coronavirus verantwortlich dafür, dass die Menschen im *Lockdown* leben mussten. Dieser Effekt hat die Virologen zum Sündenbock gemacht und manche Politiker dazu veranlasst, auf Distanz zu gehen. Die Gefahr war aber groß, das Kind mit dem Bade auszuschütten. Als die skalierende Kontroverse zwischen Politik und Wissenschaft das Vertrauen in einer rational handelnden Politik zu erschüttern drohte, sahen sich besorgte Politiker und Politikerinnen notgedrungen in der Pflicht, die Virologen in Schutz zu nehmen. Ein weiterer Beweis für die stets „schwere Beziehung"[20] zwischen Politikern und Wissenschaftlern.

---

[19] Siehe Ross (1977). Siehe auch Dobelli (2011, S. 149ff).
[20] Mayntz (1996).

Coronabekämpfung im real existierenden Föderalismus

Die Notwendigkeit, Autorität zu delegieren, nimmt auch zu,
wenn die von den Agenten verrichtete Arbeit
komplex ist oder ein hohes Maß an Urteilskraft
und Entscheidungsspielraum erfordert
Francis Fukuyama

Schlüsselwörter Föderalismus · Bund-Länder-Konferenz · Hotspots-Strategie · Mehr-Ebenen-System · Flickenteppich

Nach dem Infektionsschutzgesetz lag die Kompetenz für die Formulierung und Umsetzung von Infektionsschutzmaßnahmen bei den Bundesländern. Zwar hat die am 25. März 2020 erfolgte Novelle des Infektionsschutzgesetzes dem Bund mehr Kompetenzen in der Pandemiebekämpfung zugesprochen, an der primären Verantwortung der Bundesländer hat sie aber prinzipiell nichts geändert. Die dezentralen politischen und administrativen Instanzen – Landesregierungen, Landkreise, Kommunalverwaltungen und Gesundheitsämter – waren dafür prinzipiell mit genügend Autorität, Macht und Ressourcen ausgestattet. Und im Notfall war der Bund in der Lage, Befugnisse und Ressourcen schnell dorthin zu übertragen, wo diese knapp zu werden drohten. Diese Voraussetzungen sprachen dafür, die politische Steuerung der Pandemiebekämpfung von Anfang an in die primäre Verantwortung der dezentralen Instanzen zu delegieren. Das Leitprinzip hätte sein müssen: Entscheidungen auf der sachnächsten Ebene zu treffen, dort wo man nah am Geschehen und den betroffenen Menschen ist und die tatsächliche Lage am besten beurteilen kann. 16 Bundesländer hätten 16 Lernregionen sein können, wenn man von Anfang an die Vorteile der föderalen politischen und administrativen Organisation Deutschlands in Wert gesetzt und die Pandemiebekämpfung an den unterschiedlichen Infektionslagen der Bundesländer und Landkreise ausgerichtet hätte. Das war zweifelsohne der Fall, allerdings bevorzugt dann, wenn Lockerungen oder die Abwehr von harten Maßnahmen auf der Tagesordnung standen. Dann haben die Bundesländer auf ihre Selbstbestimmtheit und Verantwortung gepocht. Und dem Bund blieb nur die Rolle des Mahners und Antreibers übrig. Wenn *Lockdowns* und einschneidende Eindämmungsmaßnahmen die Mittel der Wahl waren, haben die Bundesländer ihre Verantwortung an den Bund zurück delegiert, ja sogar sich hinter dem Bund versteckt. Und der Bund hat in seinem Bestreben nach Einheitlichkeit alle regionale Unterschiede ignoriert. Schlussendlich ist die Geschichte der Bekämpfung der Coronapandemie in Deutschland auch die Geschichte des ständigen Tauziehens zwischen Bund und Ländern um die Pandemiehoheit.

Der föderale Kampf um die Pandemiehoheit

Im ersten *Lockdown* haben die Landesregierungen im Schatten der Bundesregierung agiert. Einige Ministerpräsidenten und -präsidentinnen erweckten sogar den Eindruck, dass sie nicht unglücklich darüber waren, dass die Bundesregierung an der politischen Frontlinie stand. Zu ungewiss war die Lage, zu unberechenbar die politische Gewinn- und Verlust-Rechnung. Kein einziger Ministerpräsident und keine einzige Ministerpräsidentin hat die Verantwortung für sich reklamiert. Sie haben geräuschlos akzeptiert, dass der Bund die Coronapolitik bestimmte und eine dominierende Rolle in dem neuen Machtzentrum der Republik einnahm: der Bund-Länder-Konferenz. Auch gegen die Feststellung der „epidemischen Notlage nationaler Tragweite" durch den Bundestag am 25. März 2020 haben sie sich nicht gewehrt, obwohl diese den Bund ermächtigte, Rechtsverordnungen ohne die Zustimmung des Bundestages und des Bundesrates zu erlassen. Umgekehrt hat die Bundesregierung nicht ernsthaft auf eine dezentrale Steuerung der Pandemiebekämpfung setzen wollen. Sie hat die Stunde der Bundes-Exekutive liebend gerne angenommen. Die politischen Akteure auf der Bundesebene taten so, als sei eine zentrale Steuerung der Pandemiebekämpfung alternativlos.

Die Wiedergeburt des Politischen und der sich anbahnende Übergang vom ersten *Lockdown* in eine Phase der Öffnungen haben die Spielregeln für das staatliche Handeln radikal verändert. Die Ministerpräsidenten und -präsidentinnen erkannten, dass sich eine neue Phase der Pandemiebekämpfung bahnbrach. Sie hatten nun die Chance, sich politisch zu profilieren, ohne dafür große Risiken einzugehen. Dafür mussten sie aber aus dem Schatten der Bundesregierung heraustreten und die Federführung bei der Pandemiebekämpfung an sich reißen. Bereits vor der gemeinsamen Video-Schalte mit der Bundeskanzlerin am 6. Mai 2020 – die erste nach dem langen *Lockdown* – haben einige Länderchefs daraufhin die Regierungschefin unter Druck gesetzt. MP Armin Laschet ging allen voran. Mit seiner gebetsmühlenartig wiederholten Forderung, zu „einer verantwortungsvollen Normalität" zurückzukehren, machte er sich zum Fürsprecher derjenigen, die eine schnelle Lockerung der strengen *Lockdown*-Maßnahmen durchsetzen wollten. In der oben erwähnten Video-Schalte haben die Ministerpräsidenten und -präsidentinnen dann vehement die Hauptverantwortung für sich reklamiert. Es war die Geburtsstunde der dezentralen Steuerung der Pandemiebekämpfung. Sie sollte die komparativen Vorteile dezentraler Instanzen endlich richtig in Wert setzen: schnelleren Zugang zur Information, bessere Einschätzung der Lage vor Ort, schnellere Reaktions- und Anpassungsfähigkeit, klarere Verantwortlichkeiten, direkteres Bürger-*Feedback*. Doch die Strategie ist an mehreren Stellen sehr ineffizient umgesetzt worden. Der Strategiewechsel spiegelte gleichzeitig eine Neujustierung der Machtverhältnisse zwischen Bund und Ländern wider. In der Video-Schalte hat die Bundeskanzlerin vergeblich versucht, ein vorsichtiges, zwischen Bund und Ländern koordiniertes Vorgehen zu verteidigen. Gegen ihren Widerstand – sie soll in der Diskussion sogar gesagt haben: „Ich bin kurz davor, aufzugeben" – haben die meisten Ministerpräsidenten und -präsidentinnen einen Strategiewechsel durchgesetzt und die Gewichte zu Lasten des Bundes – und des Gesundheitsschutzes – verschoben.

Nur einen Tag später überraschte MP Armin Laschet in der ZDF-Sendung „*Markus Lanz*" mit einer eigenwilligen Deutung der bisherigen Geschichte der Pandemiebekämpfung in Deutschland, eine Deutung, die die Rolle der Bundeskanzlerin verzwergte. Auf die Frage, warum jetzt die Länderchefs und Länderchefinnen die Hauptverantwortung übernehmen wollten, entgegnete er, dass die Länder diese auch in der *Lockdown*-Phase gehabt hatten. „Die Bundeskanzlerin hat ja nur koordiniert", sagte er und fügte hinzu: „Aber für Kitas, für Schulen, für das Seuchengesetz, für all die Dinge sind im Wesentlichen die Länder verantwortlich. Dieses Verfassungsgefüge wird seit Mittwoch wieder etwas besser in der Realität widergespiegelt". MP Stephan Weil ging sogar einen Schritt weiter und stellte die Strategie der Bundeskanzlerin zur Pandemiebekämpfung gänzlich in Frage. In dem bereits erwähnten SPIEGEL-Interview von 9. Mai 2020, indem er die Unzufriedenheit mit der Strategie des „Auf-Sicht-Fahrens" artikulierte, sandte er eine klare Botschaft an die Bundesregierung: Die Landesregierungen können es besser. Zur gleichen Zeit wurde Bundeskanzlerin Angela Merkel für ihr „umsichtiges und verantwortungsvolles" Handeln in der Pandemiebekämpfung international gefeiert. Ein Missverständnis? In Deutschland sprachen die Opposition und die Medien von einer verhängnisvollen Beschädigung der Autorität der Bundeskanzlerin und viele befürchteten, dass dieser Autoritätsverlust die Handlungsfähigkeit und die Effektivität Deutschlands bei der Pandemiebekämpfung schwächen würde. Von einem Kontrollverlust der Bundeskanzlerin und der Bundesregierung zu sprechen, wäre sicherlich übertrieben. Der Bund musste aber zur Kenntnis nehmen, dass ihm sowohl die gesetzliche Grundlage als auch die politische Durchsetzungsmacht fehlten, um sich gegen den „Aufstand der

Länder" zu wehren. Die Bundeskanzlerin und der Bundesgesundheitsminister haben fortan die Rolle des Mahners und Antreibers gespielt. Im Sommer hat die Bundeskanzlerin vor „Öffnungsdiskussionsorgien", im Herbst vor Zögerlichkeit gewarnt.

Auch im März 2021 spitzte sich die Konfrontation zwischen Bund und Ländern zu. In der Bund-Länder-Konferenz vom 3. März hatten alle Beteiligten Beschlüsse gefasst, die sowohl Lockerungen als auch Einschränkungen an bestimmte Schwellenwerte der Inzidenz verknüpften. Für den Fall eines regionalen Anstiegs der Infektionszahlen hatten alle Beteiligten eine „Notbremse" vereinbart, um schnell auf höhere Infektionsraten reagieren und Lockerungen wieder zurücknehmen zu können. Einige Bundesländer hatten aber mehr Gefallen an den Öffnungen, sie setzten auf „Testen und Bummeln" und verschleppten kontakteinschränkende Maßnahmen, obwohl die Inzidenzen bereits den vereinbarten kritischen Schwellenwert überschritten hatten. Daraufhin zeigte sich Bundeskanzlerin Angela Merkel bei *„Anne Will"* am 28. März unzufrieden, besorgt und ungeduldig, weil ihr das Krisenmanagement in der dritten Pandemiewelle zu entgleiten drohte. Sie mahnte: „Viel Zeit haben wir nicht", und drohte: „Ich werde jedenfalls nicht zuschauen, dass wir 100.000 Infizierte (pro Tag) haben" und gab den zögerlichen Landeschefs, die sich wieder hinter dem Bund verstecken wollten, eine klare Botschaft: „Deshalb brauchen wir im Moment keine MPK, sondern Handeln in den Ländern". Die „Notbremse" habe sie sich „nicht so gedacht", wie sie beispielsweise in Berlin und Nordrhein-Westfalen umgesetzt werde. Falls die Länder sie nicht rigoros umsetzen und auch Optionen wie regionale Ausgangssperren ziehen, drohte sie mit *Lockdown*-Maßnahmen des Bundes. Angedroht hat sie damit die „ultimative Machtprobe", wie Der Tagesspiegel schrieb.

Die Bundeskanzlerin fand sich in ihrer gewöhnten Rolle während der Pandemie: mahnen und öffentlichen Druck auf die Länderchefs und die Länderchefinnen aufbauen, damit sie im Sinne des Bundes handeln. Sie glaubte stets daran, das vorherrschende Chaos von „Uneinigkeit, eigenmächtiger Sonderwege und fehlendem Plan" damit zu beenden. Die Zuschauer erlebten auch eine etwas ratlose Kanzlerin, eine Kanzlerin, die am Ende ihrer Durchsetzungsfähigkeit angelangt zu sein schien. Sie konnte offensichtlich nur mahnen, drohen, die Verantwortung an die Landeschefs wegschieben, und zuschauen, wie diese aus ihrer Sicht gegen die Absprachen in der Bund-Länder-Konferenz agierten. Es sei eine Zäsur, räumte sie ein und kündigte an, „über neue Wege" der Pandemiebekämpfung nachzudenken.

Und diese „neue Wege" haben sich als doch nicht ganz neu entpuppt. Nach wochenlangem Chaos und rasch steigenden Infektionszahlen beschloss der Bundestag am 21. April 2021 auf Initiative der Bundesregierung die sogenannte „Bundesnotbremse". Das Gesetz verhängte einen bundeseinheitlichen *Lockdown,* um die dritte Welle in den Griff zu bekommen. Im Bundesrat hat MP Reiner Haseloff – wohl stellvertretend für viele Ministerpräsidenten und -präsidentinnen – das Vorhaben scharf kritisiert: „Insofern haben die Gesetzesinitiative und die sie rechtfertigende Diskussion unserem kooperativen Föderalismus, wie wir ihn seit Jahrzehnten erfolgreich leben, einen schwer heilbaren Schaden zugefügt". Und in der Tat: die Bundesnotbremse war eine kolossale Misstrauensbekundung dem Föderalismus gegenüber. Im Spätherbst 2021 sollten die Bürger und Bürgerinnen – wie so oft in der Coronapandemie – ein *déjà vu* erleben. Die vierte Welle rollte an und das bereits bekannte Verhalten der föderalen Akteure wiederholte sich, diesmal allerdings mit veränderten Positionen: Die neue Ampel-Mehrheit im Bund wollte die Bundesländer stärker in die Pflicht nehmen, eigenverantwortlich zu handeln. Sie schloss die Anordnung bundeseinheitlicher *Lockdowns* durch die neue Bundesregierung aus. Einige Landeschefs protestierten lautstark dagegen, obwohl sie selbst regionale *Lockdown*-Maßnahmen bis hin zu Ausgangssperren hätten beschließen können – was sie lange Zeit nicht taten. Sie pochten auf ein Einlenken der neuen Bundesregierung – was aber nicht geschah. Es war für die Ministerpräsidenten und -präsidentinnen eine ganz neue Lage: Sie mussten damit klarkommen, zumindest teilweise ohne den „Schutzschirm" des Bundes zu handeln.

Dieses Tauziehen und Wegschieben von Verantwortung prägten die Beziehungen zwischen Bund und Länder während der gesamten Coronapandemie, auch wenn die Allianzen zwischen den Bundesländern nicht immer identisch waren. Kritiker sprachen von „organisierter Verantwortungslosigkeit" im Hinblick auf die Rolle der Bund-Länder-Konferenzen. Ihre Beschlüsse erfolgten meistens zu spät und unter hohem Druck des Bundes und der Öffentlichkeit. Die Einheitlichkeit des Gremiums und seiner Beschlüsse hielten meistens nur bis zur nächsten Pressekonferenz eines Ministerpräsidenten – und mancher ging sogar noch vor dem Ende der jeweiligen Bund-Länder-Konferenz vor die Presse.

Die Notwendigkeit, ein bundesweit einheitliches Vorgehen sicherzustellen, war die gängige Begründung für die zentrale Steuerung der Pandemiebekämpfung. Die Bevölkerung sollte durch unterschiedliche regionale Regelungen und Maßnahmen nicht verwirrt werden. Zudem seien in den Phasen hoch dynamischen und diffusen Infektionsgeschehens die regionalen Unterschiede für das staatliche Handeln nicht maßgebend. Diese Begründungen wurden im Laufe der Pandemie immer fragwürdiger. Zum einen hatten auch die Menschen gelernt, mit dem „Regelungswirrwarr" umzugehen. Sie nahmen den Aufwand im Kauf, Reisen nach den regional unterschiedlichen Coronaregeln genauer zu planen – und manche vertrauten darauf, dass die Kontrollen ohnehin ziemlich lasch waren. Zum anderen war in allen Pandemiewellen das Infektionsgeschehen nicht so diffus und einheitlich, wie die politische Kommunikation es suggerierte. Die Spielräume für differenzierteres regionales Handeln waren somit größer, als die Politik bereit war, sie auszunutzen. Schließlich wäre es auch bei einem völlig diffusen Infektionsgeschehen möglich gewesen, dass die Bundesländer von sich aus ein bundeseinheitliches Vorgehen sicherstellten und durchsetzten. Dafür wären aber mehr Kooperation und weniger Wettbewerb unter einander notwendig gewesen. Und auch mehr Verbindlichkeit und Bindungskraft der gemeinsam getroffenen Entscheidungen.

Es deutet folglich einiges darauf hin, dass die wahren Gründe für die Entscheidung zugunsten einer zentralen Pandemiesteuerung andere waren. In der ersten Pandemiewelle fehlten wohl Erfahrungswissen, regional ausdifferenzierte Informationen sowie die notwendige Überzeugung, dass das Land angemessen auf eine Pandemie vorbereitet sei und dass sich die dezentralen Abwehrkräfte schnell aktivieren und stärken ließen. Das macht das bundesweit einheitliche Vorgehen während des ersten *Lockdowns* verständlich, bei weitem aber nicht „alternativlos". Das gleiche Vorgehen in den weiteren Wellen offenbarte aber, dass die Politik zu wenig in das eigene Lernen, die Verbesserung der Informationslage und die Ertüchtigung der dezentralen Akteure – insbesondere der Landkreise und der Gesundheitsämter – investiert hat. Der zweite Grund war noch entscheidender: Bund und Länder haben sich in einer

Strategie der Minimierung politischer Risiken vereint – eine Strategie, die sowohl jeder einzelne Landeschef und jede einzelne Landeschefin als auch die Bundeskanzlerin und den Bundesgesundheitsminister verfolgten. Je größer die Wellen auszufallen drohten, je politisch riskanter die Eindämmungsmaßnahmen waren und je unsicherer die politische Gewinn- und Verlustrechnung war, umso mehr neigten die Landesregierungen dazu, sich hinter dem Bund zu verstecken. Und die Bundeskanzlerin ging darauf ein, weil das ihre eigene Handlungsfähigkeit bei der Durchsetzung ihres erklärten Ziels absicherte: der Verhängung strenger Coronamaßnahmen. Die Strategie der Minimierung politischer Risiken war somit ein Deal zwischen Bund und Ländern. Sie sorgte dafür, dass alle kollektiv verantwortlich waren – und wenn alle und auch noch kollektiv verantwortlich sind, ist bekanntermaßen niemand verantwortlich. Es war letztendlich eine Strategie zur Unkenntlichmachung von Verantwortlichkeiten. Unter anderem deswegen hat die Politik in den Pandemiewellen auf ein stramm hierarchisches und relativ eindimensionales Krisenmanagement gesetzt, ohne ausreichend Alternativen geprüft zu haben, um regional und lokal differenzierter vorzugehen.

Umso mehr Eigenständigkeit und Gestaltungswillen wollten die Landeschefs und -chefinnen in den Phasen der Lockerungen dokumentieren. In solchen Phasen war das politische Risiko für sie geringer, sie hatten dann die Möglichkeit, sich gegenüber ihren Wählern zu profilieren. Das verschärfte den Wettbewerb zwischen den Bundesländern einerseits (horizontalen Wettbewerb) und zwischen Bund und Ländern andererseits (vertikalen Wettbewerb), und beides ging zu Lasten eines kooperativen Regierens im föderalen Mehr-Ebenen-System.

Der Bund: das 17. Bundesland

Weil die Bundeskanzlerin und auch der Bundesgesundheitsminister sich auf den vertikalen Wettbewerb eingelassen haben, hatten sie einen hohen Anteil am föderalen Machtkampf. Sie haben auf die Pandemiewellen nämlich so reagiert, wie zentralstaatliche Autoritäten in einer Mega-Krise normalerweise reagieren: sie taten sich mit einer Steuerungsdelegation schwer, weil sie Kontrollverlust befürchteten. Sie witterten die Gefahr, in einem großen Spiel zu Randfiguren degradiert zu werden. Es fiel ihnen schwer, loszulassen. Der Widerstand der Bundeskanzlerin in der Video-Schalte mit den Ministerpräsidenten und -präsidentinnen am 6. Mai 2020 offenbarte früh ihr Dilemma: Sie wollte sich nur auf eine zentrale Steuerung der Pandemiebekämpfung verlassen, sie hatte aber nicht die Macht, den Ministerpräsidenten und -präsidentinnen ihren Willen aufzuzwingen. Und dieses Dilemma hat sie erneut bei „*Anne Will*" am 28. März 2021 offen gelegt. Es war allerdings ein selbstkonstruiertes Dilemma, das auf eine Steuerungsillusion zurückzuführen ist: die Illusion, eine komplexe, dynamische, von Ungewissheit und Nichtwissen geprägte, regional/lokal ausdifferenzierte Disruption zentral steuern zu können.

Auf ihre „Machtlosigkeit" und ihre „Entmachtung" durch die Landeschefs hat die Bundeskanzlerin – und damit auch das Bundeskanzleramt – mit ihrer eigenen Verzwergung reagiert. Neben der Wahrnehmung unstrittig originärer zentraler Aufgaben, trat sie vor allem als Mahnerin einer „richtigen" Coronapolitik auf, sie hat öffentlich Druck auf die Bundesländer ausgeübt und versucht, ihren großen Rückhalt in der Bevölkerung gegen die Länderchefs zu kanalisieren. Dafür bediente sie sich unter anderem auch dem bereits analysierten subtilen Spiel mit der Angst. Vieles deutet darauf hin, dass viele Warnungen der Bundeskanzlerin vor einer „dramatischen Lage", der „Gefahr des Kontrollverlustes", dem „Kollaps des Gesundheitssystems" nicht nur auf die Bürger, sondern auch auf die Ministerpräsidenten und -präsidentinnen abzielten. Sie sollten den Angstpegel bei den politisch Verantwortlichen in den Ländern hochtreiben und damit ihre Bereitschaft steigern, in den Bund-Länder-Konferenzen „endlich" zu entscheiden, drastische Eindämmungsmaßnahmen zu ergreifen oder nur vorsichtig zu lockern. Das mag man als Notlösung nachvollziehen. Auf der Strecke geblieben ist aber die Glaubwürdigkeit des Föderalismus.

Mit der Strategie der Verzwergung haben Bundeskanzlerin Angela Merkel und das Bundeskanzleramt den Bund im Bund-Länder-Gefüge in ein 17. Bundesland verwandelt. Ein „Bundesland", das eigene Interessen einbrachte, für eigene Ziele vehement kämpfte und einen eigenen Ansatz der Pandemiebekämpfung durchsetzen wollte. Dabei ließen die Bundeskanzlerin und das Bundeskanzleramt zu, dass eine große Kooperationslücke entstand. Weil der Bund im Bund-Länder-Gefüge mit einer eigenen, partikulären politischen Agenda agierte, gab es keinen, mit übergreifender Autorität und umfassenden Handlungskompetenz ausgestatteten Akteur, der die strategische Kooperationsfähigkeit aller Akteure sichergestellt hätte. Es gab somit keinen Akteur, der die unterschiedlichen Interessen und Perspektiven der Beteiligten moderierte, frühzeitig die Felder gegenseitiger Abhängigkeit identifizierte und einen gemeinsamen Strategieprozess vorantrieb. Es gab auch keinen kompetenten Dienstleister, der zum Nutzen Aller strategische Wissensdefizite beseitigte: Wie hoch ist die Dunkelziffer beim Infektionsgeschehen? Wo finden die Infektionen tatsächlich statt? Wie wirken die einzelnen Eindämmungsmaßnahmen und unter welchen Bedingungen? Es war für die

Pandemiebekämpfung folglich bei weitem nicht ausreichend, dass sich der Bund als Mahner, Vertreter eigener Interessen und formaler Koordinator der Bund-Länder-Konferenzen betätigte.

Dadurch fiel er als *„Honest Broker"*, „Ermöglicher" und „Kümmerer" weitgehend aus. Damit ist die Chance auf ein kooperatives Management der Coronapandemie im föderalen System verspielt worden. Ein konstruktiver „Ermöglicher" und „Kümmerer" hätte – im Gegensatz zu einem destruktiven Mahner – dafür sorgen können, die Gesundheitsämter schneller und nachhaltiger zu ertüchtigen, die Schulen auf Präsensunterricht besser vorzubereiten, die Altenheime besser zu schützen, die Impfkampagne besser zu organisieren u.v.m. All das hätte maßgeblich dazu beigetragen, Deutschland besser durch die Pandemie zu steuern.

Auch bei der dezentralen Steuerung der Pandemiebekämpfung war der Anspruch bundesweiter Einheitlichkeit berechtigt. Die Politik hat die Diskussion allerdings auf die falsche Ebene verlagert: die der Maßnahmen. Bundesweite Einheitlichkeit wäre aber auf der Ebene der Steuerungsregeln notwendig gewesen. Gemeinsam vereinbarte, standardisierte Steuerungsregeln hätten die Bereitschaft der Landesregierungen erhöht, sich selbst auf gemeinsame Beschlüsse der Bund-Länder-Konferenzen zu verpflichten. Sie hätten die politische Kommunikation und die Nachvollziehbarkeit politischen Handelns erleichtert. Und sie hätten dadurch das Vertrauen in die Coronapolitik nachhaltig stärken können. Stattdessen hat die Politik der zermürbenden Diskussion um den „föderalen Flickenteppich" Vorschub geleistet. Natürlich war es richtig, nach der jeweiligen Infektionslage differenzierte Maßnahmen umzusetzen. Die Politik goss aber das Kind mit dem Bade aus, weil differenzierte Maßnahmen mit Sicherheit effektiver gewesen wären, wenn sie in einheitlichen Steuerungsmechanismen eingebettet gewesen wären.

Solche Versuche hat es durchaus gegeben. Man denke nur an die sogenannte „Hotspots-Strategie" – die Pandemie sollte dort bekämpft werden, wo besondere Ansteckungsgefahren bestanden beziehungsweise Infektionsausbrüche erfolgten – oder die „Bundesnotbremse". In diesen und anderen Fällen haben Bund und Länder Stufenpläne beziehungsweise „Ampelsysteme" für die Inkraftsetzung oder die Lockerung von Coronamaßnahmen vereinbart. Doch solche Vorstellungen wurden selten mit einem klaren Managementkonzept hinterlegt. Schwerwiegend war vor allem das Fehlen einer eindeutigen Beschreibung des *„case for action"*. Bund und Länder haben zwar kritische Grenzwerte vereinbart, sie haben aber versäumt, unzweideutig festzulegen, welche Handlungen bei ihrer Über- oder Unterschreitung zu erfolgen hatten. Die entstandene Unklarheit hat beispielsweise zu einem verspäteten Eingreifen bei den Infektionsausbrüchen in Landkreis Greiz Mitte Mai 2020 sowie in Gütersloh und Warendorf Ende Juni 2020 geführt. Die Greizer Landrätin Martina Schweinsburg hat sich tagelang hartnäckig geweigert, Kontaktbeschränkungen in Kraft zu setzen, obwohl die Infektionszahlen über mehreren Tagen hinweg die kritische Grenze gerissen hatten. Sie wollte sogar an den Lockerungen festhalten, die zuvor für ganz Thüringen beschlossen worden waren. Und so gab es tagelang kein Konzept dafür, wie Greiz mit der Überschreitung der Sieben-Tage-Inzidenz umgehen wollte. Dessen Vorlage wurde mit fragwürdigen Begründungen mehrmals vertagt – bis der benachbarte Landkreis Burgen in Sachsen-Anhalt seine Bürger vor Reisen nach Greiz warnte und die Landesregierung Thüringens Greiz mit einer Weisung des Landes drohte. Das dahinterliegende Problem blieb dennoch bestehen: eine klare Beschreibung des „*case for action*" und das Fehlen klarer Managementregeln. Als sich die Verantwortlichen zum Handeln entschlossen haben, war nicht klar, was sie konkret machen sollten: *Lockdown*? Teil-*Lockdown*? Oder doch nur Ausweitung der AHA-Regeln und Appelle an die Selbstverantwortung?

Dieser Fall war geeignet, die Glaubwürdigkeit und Ernsthaftigkeit lokaler Behörden nachhaltig zu beschädigen. Er lieferte den Befürwortern einer zentralen Steuerung Argumente für ihre Position. Die zentralistische Steuerungsillusion geht nämlich oft mit fehlendem Vertrauen in der Fähigkeit und Redlichkeit der lokalen Autoritäten und Behörden, ihrer großen Verantwortung gerecht werden zu können. Dass dieses Misstrauen nicht nur in der Politik, sondern weit darüber hinaus latent vorhanden war, hat der Physiker und Wissenschaftsjournalist Ranga Yogeshwar in der ZDF-Sendung „*Maybrit Illner*" am 8. Mai 2020 deutlich artikuliert. Er äußerte die Vermutung, dass die Behörden vor Ort die Fallzahlen „fälschen" oder zu lasch testen könnten, um die Infektionslage zu beschönigen und neue lokale/regionale *Lockdown* zu umgehen: „Niemand ist bereit, den Ast abzusägen, auf dem er sitzt", fasste er seine Bedenken zusammen. Der anwesende Chef des Bundeskanzleramtes, Helge Braun, widersprach pflichtgemäß, aber ohne große Empörung. Wenige Wochen später schienen die Vorkommnisse im Landkreisen Greiz dieses Misstrauen zu rechtfertigen. Auch die Unzufriedenheit und die Ohnmacht, die die damalige Bundeskanzlerin Angela Merkel bei ihrem Auftritt bei „*Anne Will*" am 28. März 2021 geäußert hat, hatten eigentlich ihre Wurzeln in diesem Defizit des Coronamanagements. Sie war unzufrieden damit, wie die Ministerpräsidenten die in der Bund-Länder-Konferenz vereinbarte „Bundesnotbremse" umsetzten, und sie konnte nichts dagegen machen – außer mahnen und drohen.

Eine weitere Unklarheit im dezentralen Coronamanagement bestand darin, bei wem die primäre Handlungspflicht lag, wenn es um eine Interaktion zwischen Regionen unterschiedlicher Inzidenzen ging. Bund und Länder haben versäumt, klar festzulegen, dass die primäre Handlungspflicht bei den Verantwortlichen der Hotspots lag. Eine Maßnahme wie beispielsweise das Beherbergungsverbot war unter anderem deswegen fragwürdig, weil sie die Handlungspflicht umkehrte. Wenn eine Urlaubszielregion ein Beherbergungsverbot für Personen aus Risikogebieten erließ, um sich vor der Einschleppung neuer Infektionen zu schützen, dann stellte das eine Ersatzhandlung dar. Sie ersetzte erforderliche Handlungen aller Akteure in den Hotspots, aus denen die Menschen in die Urlaubszielregion reisen wollten. Mehr noch: Ersatzhandlungen stellten perverse Anreize dar, weil sie der Passivität der Verantwortlichen in den Hotspots Vorschub leisteten. Die Politik hätte erkennen müssen, dass das Abwälzen der Verantwortung für das eigene Infektionsgeschehen auf Dritte regionale Konflikte hervorrufen würde, wie es tatsächlich geschah. Sich transparent zu der eigenen Verantwortung zu bekennen und vorsorglich zu handeln, wäre für die Akzeptanz der Maßnahmen entscheidend gewesen.

War der Föderalismus wirklich überfordert?

In weiten Teilen der Politik und der Gesellschaft scheint festzustehen, dass der deutsche Föderalismus mit der Bekämpfung der Coronapandemie überfordert war, dass er dabei an seine Grenzen gestoßen sei und sich als nicht krisentauglich erwiesen habe. Unklare Zuständigkeiten, Verweigerung von Verantwortungsübernahme, unsachgemäße Verteilung von Aufgaben und Ressourcen und vor allem die Machtkonflikte zwischen Bund und Ländern und den Wettbewerb zwischen den Bundesländern hätten die Pandemiebekämpfung erschwert und die Effektivität der Coronapolitik erodiert. Eine unglückliche Häufung von Landtagswahlen und die nahende Bundestagswahl seien ebenfalls nicht förderlich gewesen, weil sie die Machtkonflikte und die institutionellen Ineffizienzen verschärft hätten. Die allgemeine Wahrnehmung, der Föderalismus habe einer kohärenten Coronapolitik im Weg gestanden, hat letztendlich dazu geführt, dass die Deutschen mit dem Föderalismus fremdelten. Medien und Bürger haben vehement und in Dauerschleife den „föderalen Flickenteppich" angeprangert: das Nebeneinander von 16 Landesverordnungen mit teils unterschiedlichen Regeln, Maßnahmen und Eingriffstiefen.

Die Vehemenz der öffentlichen Diskussion setzte eine anti-föderale Dynamik in Gang, der sogar führende Landespolitiker nachgaben und urplötzlich für mehr Zuständigkeiten für den Bund plädierten — „nicht nur moralisch, sondern auch rechtlich". Der Vorschlag kam sogar zuallererst vom MP Markus Söder, „dessen Partei die Eigenständigkeit Bayerns geradezu zelebriert", wie das *Redaktionsnetzwerk Deutschlands* am 26. Mai 2020 zutreffend vermerkte. Auch das Interview, das der damalige Vorsitzende der Unionsbundestagsfraktion, Ralph Brinkhaus, der *Welt am Sonntag* am 21. Februar 2021 gab – „Wir brauchen eine Jahrhundertreform, vielleicht sogar eine Revolution" –, konnte man in Teilen wie einen Aufruf zu mehr Zentralismus interpretieren.

Es war und ist eine paradoxe Situation: obwohl das deutsche föderale System seit Jahrzehnten weltweit als Erfolgsmodell gilt, scheinen sich hierzulande manche Politiker, Bürger und Medien in Krisenzeiten unter einer starken Bundesebene wohler zu fühlen. Das hat sich in den *Lockdowns,* bei der „Bundesnotbremse" und dem lauten Ruf nach der „epidemischen Notlage nationaler Tragweite" deutlich gezeigt. Der Bund schien die Bedingungen der Möglichkeit, durchregieren zu können, zu begrüßen. Die politisch Verantwortlichen auf Landesebene schienen sich wohler zu fühlen, wenn der Bund bei einem dynamischen Infektionsgeschehen an der „Frontlinie" stand. Sie nahmen in den *Lockdowns* ein „vom Bund durchgesetztes einheitliches Vorgehen" gerne in Kauf – ja, sie riefen es sogar herbei—, während sie bei den Lockerungen „Uneinheitlichkeit" vorantrieben. Beide, Bund und Länder, vereinte das Ziel, für sich selbst die politischen Risiken zu minimieren. Am (vorläufigen) Ende der Pandemie blieb der Eindruck bestehen, dass der deutsche Föderalismus nicht mehr krisentauglich sei. Und weil Krisen in der Zukunft den Normalzustand zu werden drohen, brauche Deutschland mehr Zentralismus, um Krisen zu bewältigen. Ist das eine angemessene Schlussfolgerung? Vorsicht ist geboten.

Genau betrachtet liegt der Kritik an dem deutschen Föderalismus eine naive Vorstellung dessen zugrunde, was Föderalismus politisch bedeutet. In dieser naiven Vorstellung soll er die Effizienz staatlichen Handelns erhöhen, aber vom demokratischen Disput ferngehalten werden. Vor allem inmitten einer Krise läuft der Föderalismus dem Konsensdruck zuwider, den die Mehrheit der Bürger und Bürgerinnen sowie die Medien der hiesigen Politik auferlegen. Das Ergebnis ist durchaus paradox: viele wollen den Föderalismus, aber mit bundesweiter Einheitlichkeit der Problemlösungen und des politischen Handelns;

viele wollen starke und demokratisch legitimierte Bundesländer und Kommunen, aber ohne politischen Wettbewerb untereinander. Man blendet gerne aus, dass die Wurzel dieser Konflikte in der tatsächlichen Funktionsweise des deutschen Föderalismus liegt. In diesem weisen nämlich seine Akteure eine hohe Selbststeuerung und Autonomie, aber gleichzeitig eine hohe Interdependenz auf. Die drei wesentlichen Ebenen – Bund, Länder und Kommunen – sind mit unterschiedlichen Steuerungskompetenzen und -ressourcen ausgestattet, sie haben unterschiedliche Interessen und Präferenzen. Sie bringen folgerichtig unterschiedliche Perspektiven in den Politikprozess mit ein. Im politischen Handeln sind sie aber eng miteinander verwoben und voneinander abhängig. Kooperation und Wettbewerb, Konflikt und Aushandlung – und somit auch die permanente Zerrissenheit zwischen Differenzierung und Einheitlichkeit – kennzeichnen das Verhältnis zwischen den Ebenen (vertikale Interaktion) sowie zwischen den Akteuren auf jeder Ebene unterhalb des Bundes (horizontale Interaktion). Implizite und explizite, formelle und informelle, allgemein geteilte und ebenenspezifische Regeln sorgen dafür, dass die dezentralen Akteure auch ohne eine zentrale Koordinierung ihr Verhalten synchronisieren und sich so immer wieder neue Politik- und Lösungsmuster *button-up* herausbilden. Jeder Akteur reagiert auf das Verhalten der jeweils anderen. Durch gegenseitige Interaktion passt sich das gesamte System sich verändernden Rahmenbedingungen an, einschließlich Veränderungen, die durch politische Interventionen einzelner Akteure verursacht werden. Kooperationsbereitschaft wird mit Kooperationsbereitschaft honoriert, Wettbewerb wird mit Wettbewerb beantwortet. Das deutsche föderale System verhält sich in etwa wie Fischschwärme, die zusammen schwimmen, oder Vogelschwärme, die zusammen fliegen. Es hat eine hohe Fähigkeit, sich selbst und sein Umfeld zu regulieren, um homöostatisch – besser: homöodynamisch[1] – auch ohne eine zentrale Koordination zu bleiben. Aufgrund der unterschiedlichen Interessen und Betroffenheit sowie der Dynamik der *„feedback loops"*, die zwischen den Akteuren horizontal und vertikal bestehen, sind die Verhaltensmuster allerdings nicht vorhersehbar. Unsicherheit und Unberechenbarkeit sind daher – wie bei allen komplexen Systemen – auch inhärente Verhaltenseigenschaften des deutschen föderalen Systems, welche sich oft als unerwartete Überraschungen manifestieren, zumal inmitten einer gesellschaftlichen Disruption wie der Coronakrise. Für das Verhalten des komplexen Systems insgesamt ist daher entscheidend, ob die Kooperations- die Wettbewerbsanreize bevorteilen.

Der Machtkonflikt zwischen Bund und Länder um die Verantwortungshoheit in der Pandemiebekämpfung erklärt sich darüber hinaus auch durch eine konstitutive Funktion föderaler Systeme – insbesondere, wenn wie in Deutschland die dezentralen Autoritäten direkt gewählt werden: die Regelung der Machtausübung. Ein wichtiges Anliegen des deutschen Föderalismus besteht nämlich darin, die politische Macht gleichmäßiger zu verteilen, die Macht der Zentralregierung (Bund) zu begrenzen und die Macht der dezentralen Instanzen (Länder und Kommunen) zu stärken – natürlich zu Lasten des Bundes. Im Normalbetrieb nimmt die Öffentlichkeit diese Funktion kaum noch wahr, weil die Machtverteilung

---

[1] Homöostase bezeichnet die Aufrechterhaltung eines Gleichgewichtszustandes eines offenen dynamischen Systems durch einen internen regelnden Prozess. Sie ist damit ein Spezialfall der Selbstregulation von Systemen. Im Falle sozialer Systeme haben Niklas Luhmann und Humberto Maturana (siehe Literaturliste) dafür plädiert, eher den Begriff Homöodynamik zu verwenden, da die Stasis einen Stillstand und damit den Tod eines (selbstregulierten) Systems bezeichnen würde.

weitgehend geregelt und eingeübt ist. Und der Ausgleich von Interessen findet routinemäßig in den Vermittlungsausschüssen des Bundestags und des Bundesrates statt, wobei die Öffentlichkeit die oft unauffälligen Medienberichte über ihre Arbeit kaum zur Kenntnis nimmt. Diese politischen Mechanismen des Machtausgleichs waren aber in Zeiten von Corona teilweise dysfunktional. Deswegen war es eigentlich nicht verwunderlich, dass die Bekämpfung der Coronapandemie mit der Auslotung machtpolitischer Möglichkeiten auf allen Ebenen einherging. Verwunderlich ist eher, dass die Politik und die Bürger diese Tatsächlichkeit des Föderalismus meistens ausblenden und so tun, als wäre die Entscheidung für ein föderales System allein eine Frage der Verwaltungseffizienz. Insofern war das öffentliche Eingeständnis der Bundeskanzlerin, dass sie nicht die Macht habe, manche ihrer Vorstellungen gegen den Willen der Länderchefs und Länderchefinnen durchzusetzen, nicht anders als eine Beschreibung dessen, was Föderalismus politisch will: die Begrenzung der zentralen Macht. Dass die Bürger und die Medien in Zeiten von Corona mit dem Föderalismus fremdelten, ist folglich kein Grund für seine Schwächung, schon gar nicht für seine Abschaffung. Es geht vielmehr darum, ins föderale System mehr und stärkere Kooperationsanreize für alle politischen Akteure in Bund und Ländern einzubauen.

Vieles spricht dafür, dass in Zeiten von Corona nicht der Föderalismus, sondern das politische Handeln im deutschen Mehr-Ebenen-System versagt hat. Versagt haben die jeweiligen Akteure und die Bund-Länder-Konferenz, weil sie nicht in der Lage waren, Kooperationsblockaden zu überwinden und eine gemeinsame Vision für ein kooperatives Krisenmanagement zu verwirklichen. Stattdessen haben sie sich in kleinteilige und egoistische Machtkämpfe verstrickt. Sie waren nicht in der Lage,

Verbindlichkeit und Bindungskraft der gemeinsamen Beschlüsse zu gewährleisten. Versagt hat der Bund, weil er nicht in der Lage war, für sich eine für alle Beteiligten nutzbringende Rolle zu definieren und im konkreten Politikmanagement auszuüben: *„Honest Broker"*, „Ermöglicher", „Kümmerer". Versagt hat der Bund auch deswegen, weil er hierarchisch agierte und weil er das Misstrauen in die dezentralen Akteure und Strukturen vielfach gefördert hat. Der Bund übersah auch, dass die dezentralen politischen Instanzen, wie die gesellschaftlichen Akteure auch, nur dann selbstverantwortlich handeln, wenn sie das Gefühl haben, dass sie den Lauf der Dinge um sich herum beeinflussen können, dass das Schicksal „ihres Landes" ein Stück weit in den eigenen Händen liegt. Hingegen wirkt sich hemmend aus, wenn zentrale politische Instanzen über die Köpfe der Menschen und der dezentralen politischen Akteure hinweg entscheiden. Sie verhalten sich dann abwartend und delegieren bewusst oder unbewusst ihrer Verantwortung nach oben zurück, insbesondere wenn – wie in der Coronakrise – Handlungsunsicherheit vorherrschten. Versagt haben schließlich die Landesregierungen, weil sie sich in schwierigen Situationen liebend gerne unter den Schutzschirm des Bundes versteckt haben. Versagt haben schließlich alle staatlichen Akteure in der politischen Kommunikation, weil sie nicht in der Lage waren, den Föderalismus kommunikativ zu stärken und zu legitimieren. Sie haben zugelassen, dass die Diskussion um den „föderalen Flickenteppich" den Föderalismus unnötig diskreditiert.

Das Grundproblem kann man so zusammenfassen: es hat eine gemeinsame Idee des kooperativen Regierens im politischen Mehr-Ebenen-System gefehlt. In einer Ausnahmesituation wie der Coronakrise waren Bund und Länder als eng verflochtenes und interdependentes System zur Kooperation und Konsens gezwungen. Weil aber das Management von Kooperation und Interdependenz ineffizient und zum Teil nicht vorhanden war, überwog der konflikteskalierende Wettbewerb. Am Ende des Tages hat das gesamte System an Handlungsfähigkeit eingebüßt. Dabei muss man berücksichtigen, dass jedes Bundesland für sich genommen eine „elektorale Demokratie" ist, wie die Politologin Nathalie Behnke im Deutschlandfunk am 02. April 2021 es zutreffend beschrieben hat. Dabei sind die Landesregierungen primär ihren jeweiligen Landesparlamenten und ihrer jeweiligen Bevölkerung rechenschaftspflichtig. Und die sie tragenden Parteien müssen sich dem Parteienwettbewerb zuallererst innerhalb der jeweiligen Landesgrenzen stellen. Man kann also nicht erwarten, dass eine Landesregierung über die Landesgrenze hinaus automatisch – das heißt: unabhängig von der jeweiligen Landessituation – am Gemeinwohl orientiert kooperativ handelt. Es braucht eine „neutrale", mit übergreifender Autorität ausgestattete Instanz, die Interessen ausgleicht, Konflikte minimiert, Kooperationsanreize setzt sowie Kooperation und gemeinsames Handeln organisiert. Im deutschen föderalen System kann das nur der Bund sein. In den Bund-Länder-Verhandlungen trat er aber viel zu oft als „17. Bundesland" auf, er artikulierte dezidiert eigene Interessen und Ziele. Er war folglich nicht in der Lage, divergierende Interessen zu moderieren und Entscheidungen so vorzustrukturieren, dass dadurch sowohl problemadäquate als auch robuste Lösungen – also Lösungen, die eine hohe Wahrscheinlichkeit hatten, im Sinne der Entscheidung auch überall umgesetzt zu werden – herbeigeführt wurden. Bei offenen Konflikten hat der Bund des Öfteren versucht, eine Situation des „Einigungszwangs" zu erzeugen. Dabei hat er zu oft den Weg über die Öffentlichkeit gesucht. Die Folge war, dass alle Beteiligten die Entscheidungen formal mittrugen, diese waren aber nicht robust genug, sie wurden überall anders interpretiert und umgesetzt, was zu dem berühmt berüchtigten „Flickenteppich" geführt hat. Der Bund und die Bundesländer hätten erkennen müssen, dass das politische Handeln aufgrund der Diversität von Interessen und Perspektiven nicht nur hierarchisch, sondern auch von unten nach oben und horizontal organisiert werden musste. Um die Kooperationsbereitschaft zu stärken, waren finanzielle Anreize unter den Coronabedingungen notwendig, aber nicht ausreichend. Der Bund hätte Prozesse unterstützen müssen, um gemeinsame Ziele zu entwickeln und umzusetzen, Konflikte zu schlichten, Perspektiven zu ändern und das gemeinsame Lernen zu fördern. Und er hätte seine originären Aufgaben beispielsweise bei der Digitalisierung der Pandemiebekämpfung und der Impfstoffbeschaffung effizient wahrnehmen müssen, weil diese auch Vorleistungen für die dezentrale Steuerung der Pandemiebekämpfung darstellten.

Staats- und Politikversagen in der Coronakrise?

Das Schwere ist nicht zu verzeihen,

sondern wieder zu vertrauen

Unbekannt

Schlüsselwörter Politische Fehler · Politische Verantwortung · Rechenschaftslegung · Verzeihen · Fehlerkultur

Die Liste der politischen und managerialen Fehler, die Politik und Verwaltung bei der Coronabekämpfung angelastet werden, ist lang und länger: die inkompetente Beschaffung von Masken, der unzulängliche Schutz von Risikogruppen, insbesondere von Bewohnern und Bewohnerinnen von Altenheimen, die klägliche Vorbereitung von Kitas und Schulen auf die jeweils nächste Pandemiewelle, die schleppende Ertüchtigung der Gesundheitszentren, die unprofessionelle Beschaffung von Schnelltests und Impfstoffen, die dilettantische Organisation des Impfens, die tatenlose Hinnahme gravierender, aber behebbarer Informationslücken, die chaotische Kommunikation und das misslungene Erwartungsmanagement. Hinzu kommt die in diesem Buch analysierten Versäumnisse der Politik: der Verschiedenheit der Menschen nicht Rechnung getragen, eine verwirrende, unstetige und konflikteskalierende Pandemiebekämpfung betrieben, die Bedingungen für die Möglichkeit einer demokratischeren Coronapolitik nicht konsequenter geschaffen und genutzt, das Potenzial für ein kooperatives Management im föderalen System verspielt zu haben. Mit den Fehlern und Versäumnissen hat sich die Politik Handlungsoptionen beraubt, so dass ihr am Ende des Tages nur die zermürbende Abfolge von *Lockdowns* und Öffnungen übrig blieb – sowie das Warten auf die erlösende Wirkung der Impfung, die am Ende des Tages nicht ganz so erlösend war, wie man sich ausgedacht hatte. All das hat vermutlich viel mehr Menschenleben gekostet, als es vermeidbar gewesen wäre, und es hat die Kollateral- und Langzeitschäden der Coronakrise unnötigerweise erhöht.

Als das Krisenmanagement selbst zum Krisenfall zu werden drohten, sprachen manche Kritiker von „Politikversagen", ja sogar vom „Staatsversagen" – einem Begriff, den Experten bislang meist nur im Zusammenhang mit zerfallenden Staaten in Krisenregionen der sogenannten Dritten Welt verwendet hatten. Der Vorwurf wiegt schwer, er ist aber in seiner Undifferenziertheit ganz sicher überzogen – wie viele andere Kritiken an das Coronamagement nach zweijährigen zermürbenden Kampf gegen die Pandemie. Zweifelsohne ist die Liste der Fehler lang und viele sind unstrittig. Aber: Ist jeder Fehler gleich ein Fehler? Kann man für manche Fehler mildernde beziehungsweise entlastende Umstände geltend machen?

Welche Fehler waren vermeidbar und welche nicht? Und wie sollte man mit den eigentlichen Fehlern der Politik im demokratischen Prozess umgehen?

Ein differenzierter Blick auf politischen Fehler

Wie wir bereits diskutiert haben, sind Vergangenheitsanalytiker besonders anfällig dafür, politische Vorkommnisse rückblickend als eine einsichtige Abfolge logischer und zwingender Ereignisse darzustellen, auch wenn es sich dabei um voneinander unabhängige Ereignisse gehandelt hat, die zufällig parallel oder konsekutiv stattfanden. Solche Narrative sind das Ergebnis kognitiver Wahrnehmungsverzerrungen und Trugschlüssen, denen wir alle mehr oder weniger unterliegen. Das Phänomen ist in der Kognitionspsychologie als „Rückschausyndrom" (Englisch: „*Hindsight Bias*") bekannt.[1] Es bezeichnet die Beobachtung, dass Menschen oft erst *nach* einem Ereignis weise sind. Man kann es umgangssprachlich – aber treffend – als „*Ich hab's-schon-immer-gewusst*"-Syndrom bezeichnen. Politische Analysten, Journalisten und Politiker erweisen sich auch bei der Bewertung der Coronapolitik als die Berufsgruppen, die besonders anfällig für das Rückschausyndrom sind. Wenn sie vermeintliche Fehlentscheidungen der Politik in der Rückschau analysieren, erwecken sie bei den

---

[1] Der Rückschaufehler wurde erstmals 1975 von Baruch Fischdorf an der Carnegie Mellon University in Pittsburgh untersucht, der auch mehrere Forschungsprojekte dazu durchgeführt hat. In einem 2007 erschienenen Artikel mit dem Titel „*Hindsight Bias: On Being Wise After The Event*" haben Hartmut Blank (University of Portsmouth), Jochen Musch (University of Düsseldorf) und Rüdiger Pohl (University of Mannheim) den Stand der Forschung zusammengefasst. Eine kurze, populäre Zusammenfassung des Rückschaufehlers findet sich auch in Dobelli (2011, S. 57 ff.).

Lesern und Leserinnen respektive den Zuschauern und Zuschauerinnen den Eindruck: sie haben immer Recht.

Eine besonders häufig anzutreffende Spielart des Rückschausyndroms ergibt sich daraus, dass man bei der nachträglichen Beurteilung von Entscheidungen und Handlungen des Coronamanagements Informationen und Erkenntnisse verwendet, die zum Zeitpunkt der Entscheidung den Verantwortlichen nicht zur Verfügung standen. Es kann nicht überraschen, dass die Beurteilten dies als unfair ansehen. Eine faire Beurteilung heißt für sie, dass die Beurteilenden sich in die Informationslage zum Zeitpunkt der Entscheidung hineinversetzen und alles Wissen ausfiltern und ausblenden, das sie nachträglich erworben haben. In der Politik wie im Journalismus ist es allerdings meistens so, dass die Beteiligten wenig Lust verspüren, nach diesem Muster zu handeln. Sie wollen stets Schuldige identifizieren, entlastende Umstände sind dabei wenig hilfreich. Sie gehen quasi berufsbedingt dem Rückschausyndrom auf den Leim, sie machen nicht transparent, dass sie erst *nach* dem Ereignis, dass sie bewerten, weise sind, dass sie mit Informationen und Erkenntnisse operieren, die sie im Nachhinein erworben haben.

Auch für diese Art des Rückschausyndroms bei der Bewertung der deutschen Coronapolitik gibt es viele Beispiele. Nehmen Sie die Kritik an der Bundesregierung und der Europäische Union, dass sie bereits in Januar 2020 den Luftverkehr mit China hätten einstellen müssen, um eine Einschleppung des Coronavirus nach Deutschland und Europa zu verhindern. Die Berechtigung der Kritik scheint uns heute nicht strittig zu sein. Hätten Sie aber ein Tagebuch während der und über die Coronakrise geführt, würden Sie heute wahrscheinlich folgende Eintragung lesen: „9. Januar. ZEIT ONLINE berichtet über ein „neuartiges Erkältungsvirus" und darüber, dass „sich die Menschen nicht allzu leicht gegenseitig mit dem Erreger anstecken würden"; „17. Januar. ZEIT ONLINE berichtet, dass die Weltgesundheitsorganisation (WHO) keine klaren Beweise für eine Übertragung des Virus von Mensch zu Mensch sehe'". Weiter am gleichen Tag: „Auch das Robert Koch Institut (RKI) schätzt das Risiko für die Gesundheit der Bevölkerung in Deutschland ‚als sehr gering ein'"; „3. Februar. ZEIT ONLINE berichtet darüber, dass noch unbekannt sei, in welcher Phase Infizierte ansteckend sind. Die WHO gehe davon aus, dass Sars-CoV-2 hauptsächlich durch Infizierte verbreitet wird, die auch Beschwerden haben". „5. Februar. In einem ZEIT-Gespräch geht auch Christian Drosten davon aus, dass nur Menschen mit Symptomen das Virus übertragen können". Soweit Ihre Tagebuch-Eintragungen. Heute wissen wir es besser, und dieses Wissen verändert unsere Wahrnehmung hinsichtlich der Verantwortung handelnder Personen für das Ergebnis ihrer Entscheidungen, weil sie rückwirkend vorhersagbarer erscheinen, als sie es tatsächlich waren. Darunter litt im Januar 2021 auch die Diskussion um die Beschaffung von Impfstoffen durch die Bundesregierung und die Europäische Kommission. Im Juli 2020, als die Beschaffung hätte anlaufen müssen, gab es zahlreiche Kandidaten und es war nicht klar, welche am Ende tatsächlich durch die Ziellinie gehen würden. Die Frage, ob es besser war, abzuwarten oder doch unter hoher Unsicherheit einfach zu beschaffen, ebenso ob, es besser war, auf einen oder mehrere Kandidaten zu setzen, war damals nicht eindeutig zu beantworten. Im Nachhinein wissen wir es treffsicher!

Und deswegen darf keine Bewertung der Coronapolitik vergangene Entscheidungen und Handlungen der politisch Handelnden rückblickend mit dem heutigen Wissen be- oder gar verurteilen. Gerade weil fast alles Wissen über die Pandemiebekämpfung vorläufig war und zum Teil noch ist, erscheinen uns viele politischen Handlungen vor dem Hintergrund unseres heutigen

Wissens rückblickend unverständlich, ja sogar falsch, manche wiederum richtig, obwohl wir sie anfangs für falsch gehalten haben. Bei der Bewertung der Pandemiebekämpfung müssen wir uns daher eines vor Augen führen: Unser jeweils aktuelles Wissen wird stets unsere Ansicht der Vergangenheit verändern, mehr denn je müssen wir mit der „Vorläufigkeit historischer Deutungen" leben.[2]

Ein häufiger Vorwurf an die Coronapolitik bestand und besteht immer noch darin, dass es ihr selten gelang, vor die Welle zu kommen, dass sie nicht in der Lage war, Entscheidungen rechtzeitig zu treffen und die Menschen auf kommende Pandemiewellen im jeweiligen Herbst und Winter vorzubereiten (siehe Abschn. 3.1). Dieser Vorwurf gilt eigentlich uns allen. Auch wir Menschen haben in den Sommermonaten 2020 und 2021 die Weichen falsch gestellt, weil wir die Warnungen der Experten nicht an uns heran gelassen haben. Aber auch dafür gibt es „mildernde Umstände". Je länger die Pandemie mit ihrem zermürbenden wellenförmigen Verlauf andauerte, umso mehr stemmte sich die Natur des Menschen gegen die lang anhaltende Verfremdung des Lebens durch das Coronavirus. Sie hat evolutionsbedingte Verdrängungsmechanismen aktiviert, die uns daran hindern, auf nahende Bedrohungen präventiv zu reagieren. Einen dieser Verdrängungsmechanismen haben wir bereits kennengelernt: die Wirkungsweise des eigenen Referenzrahmens. Wir sortieren unangenehme, nicht nützliche Informationen aus und nehmen nur das wahr, was uns gerade bestätigt. Ein zweiter evolutionsbedingter Verdrängungsmechanismus wird von der sogenannten Frosch-Metapher beschrieben: Wirft man einen Frosch

---

[2] Siehe Rödder (2015, S. 12–13).

in einen Topf mit kochendem Wasser, springt er sofort heraus; setzt man ihn hingegen in einen Topf mit Wasser auf Zimmertemperatur und bringt man es langsam zum Kochen, dann erschreckt er nicht, er versucht nicht zu entkommen, weil er den allmählichen Temperaturanstieg kaum spürt – bis es zu spät ist. Der Frosch wird immer benommener und stirbt einen langsamen Tod. Niemand und nichts hat den Frosch daran gehindert, aus dem Topf zu springen. Warum tut er es dennoch nicht? Wir können die Frage auf die Menschen und die Politik ummünzen: warum reagieren sie anders auf eingetretene Katastrophen als auf mittelbare Bedrohungen? Die Antwort lautet: Wie bei dem Frosch ist das Frühwarnsystem des Menschen, das sein Überleben sichert, darauf konditioniert, eher auf unmittelbar erlebbare und weniger auf potenzielle oder sich schleichend ankündigende Bedrohungen zu reagieren. An schleichende Bedrohungen gewöhnen sich die Menschen. Sie arrangieren sich damit und reagieren nicht darauf, solange kein erschütternder Anstoß von außen sie dazu zwingt. In Zeiten von Corona wirkte dieser Verdrängungsmechanismus auch kurzfristig und hinderte uns und die Politik daran, uns bereits im Sommer auf den Corona-Winter vorzubereiten. Wir haben ihn mental ausgeblendet beziehungsweise weit weg verortet.

Ein dritter Verdrängungsmechanismus kann man mit dem erklären, was Peter Senger in seinem 1990 erschienen Buch „*The Fifth Disziplin*" unsere Fokussierung auf Ereignisse genannt hat. Er hat darauf hingewiesen, dass wir in einer Welt des „Immer-Schneller-Höher-Weiter" darauf konditioniert sind, das Leben als eine Abfolge von Ereignissen zu betrachten. Wir fokussieren uns auf einzelne, oft vorübergehende Ereignisse – wie beispielsweise der Bundestagswahlkampf im Sommer 2021 oder die Flutkatastrophe im Ahrtal oder den Start der Impfkampagne im Winter 2020 oder die Lockerungen in den Sommermonaten – und sind nicht in der Lage, die komplexen Muster zu erkennen, die hinter evolutionären Prozessen wie der Coronapandemie liegen. Die Kommunikationsmedien verstärken die Konditionierung der Menschen auf einzelne Ereignisse, indem sie solche hochziehen und nach wenigen Tagen wieder fallen lassen, um sich dem nächsten Ereignis oder Thema zu widmen. Auch unsere Fokussierung auf unmittelbare Ereignisse hinderte uns daran, uns mit den Expertenwarnungen vor sich anbahnenden Pandemiewellen präventiv und ganzheitlich auseinanderzusetzen. Das widerspricht der Natur des modernen Menschen.

Bei der Bewertung, was ein Fehler der Politik war und was nicht, müssen wir berücksichtigen, dass auch Politiker Menschen sind. Auch sie haben ihre eigene Wahrheit, auch sie handeln nach ihren eigenen Erfahrungen, Betroffenheit, Werten und Interessen, auch sie haben wechselnde Präferenzen und werden von ihrem Umfeld beeinflusst. Sie sind keine auf Rationalität programmierten Roboter, die immer die optimalste Entscheidung treffen, auch sie tun sich schwer mit dem Umgang mit exponentiellem Wachstum und mit der Einschätzung von Risiken unter Unsicherheit. Auch sie sind nicht frei davon, Entscheidungen vor sich her zu tragen, sich vor unangenehmen Entscheidungen zu drücken – oft unter dem tatsächlichen oder selbstkonstruierten Bedarf, unterschiedliche Interessen abzuwägen. Wie wir alle unterliegen sie bei ihren Entscheidungen unter Unsicherheit und Nichtwissen auch kognitiven Fallstricken: Wahrnehmungsverzerrungen und Trugschlüssen, welche die Schnelligkeit und die Qualität ihrer Entscheidungen stark beeinflussen. Und sie tun sich schwer, gegen die Natur des Menschen anzukämpfen.

Zum demokratischen Umgang mit politischen Fehlern

Impliziert das oben Ausgeführte, dass wir auch nachsichtig, ja sogar hinwegsehend mit den Fehlern der Coronapolitik umgehen müssen? Heißt das auch, dass wir mit den Verantwortlichen für die politischen Fehler nachsichtig sein, sie sogar bedingungslos verzeihen müssen? Haben sie schließlich nicht in einem Zustand von hoher Dynamik, Ungewissheit und Nichtwissen entscheiden und handeln müssen, in einem Zustand also, in dem Fehler unvermeidbar und nur im Nachhinein feststellbar sind? Um demokratische Spielregeln zu wahren, macht die Antwort auf diese Fragen eine differenzierte Betrachtung politischer Fehler und des Umgangs damit notwendig, gerade in einem Zustand von hoher Dynamik, Ungewissheit und Nichtwissen. Es geht um die Frage, wie man sich zu politischen Fehlern aus der Perspektive demokratischer Regierungsführung (Englisch: *„Democratic Governance"*) verhält.

Schon am 25. April hat der damalige Bundesgesundheitsminister Jens Spahn vor dem Bundestag einen Satz ausgesprochen, der wie kaum ein anderer aus der Pandemiezeit in Erinnerung bleiben wird: „Wir werden in ein paar Monaten wahrscheinlich viel einander verzeihen müssen". Es war ein bemerkenswerter und rätselhafter Satz. Er war bemerkenswert, weil er moralisierend und kritikvorbeugend wirkte. Als wollte Bundesgesundheitsminister Jens Spahn allen, die im Umgang mit der Coronapandemie Fehler gemacht beziehungsweise Misserfolge produziert haben, vorab einer Absolution erteilen – insbesondere den politisch Handelnden und damit sich selbst. Bemerkenswert daran war auch, dass er mit der

Verwendung eines „überinklusiven Wir"[3] suggerierte, dass nicht nur das Volk den handelnden Politikern und Politikerinnen, sondern auch diese dem Volk etwas zu verzeihen haben. Das kann man als Versuch interpretieren, Verantwortung für Misserfolge und Fehler zu vergemeinschaften. Das entlastet alle handelnden Akteure, insbesondere die politisch Handelnden, weil – wie der Volksmund sagt – wenn alle verantwortlich sind, ist letztendlich niemand verantwortlich. Schließlich war der Satz auch deswegen bemerkenswert, weil er zu einem Zeitpunkt ausgesprochen worden ist, als die Bundesregierung im In- und Ausland für ihr umsichtiges Corona-Management gelobt worden ist, zu einem Zeitpunkt also, als die Bundesregierung wenig Anlass für Fehlerkritik gab. Hatte der Bundesgesundheitsminister Jens Spahn geahnt, dass das so nicht bleiben würde?

Das Rätselhafte daran war, dass das Zuverzeihende nicht benannt wurde. Im alltäglichen Zusammenleben der Menschen ist Verzeihen in der Regel aber dann eine Handlungsoption für die Beteiligten, wenn es nicht „um versehentliche Verletzungen, die sich bedauerlicherweise nicht haben vermeiden lassen", geht, wie die Philosophin Susanne Boshammer in ihrem Buch über die Philosophie des Verzeihens schreibt.[4] Es muss um „Unrecht und um moralische Schuld"[5] gehen. Hat Jens Spahn tatsächlich Unrecht und Kränkungen gemeint? Und wenn ja, welche? Oder sollen diese nicht konkret benannt werden, weil es um eine pauschale Entlastung nach der bekannten Redewendung „vergeben und vergessen" geht? Zweifels-

---

[3] Die Formulierung hat Peter Dabrock in dem Gastbeitrag „Wir werden uns manches nicht verzeihen können" in SPIEGEL Online am 5. Mai 2021 geprägt.
[4] Siehe Boshammer (2020, S. 9).
[5] Ebenda.

ohne ist das Verzeihen eine nützliche Handlung privater Konfliktregelung, es entlastet den einen von Schuld, den anderen von Groll und ermöglicht dadurch halbwegs stabile zwischenmenschliche Beziehungen; allerdings ändert es nichts an den gemachten Erfahrungen der Menschen, es macht das Geschehen nicht ungeschehen und gewährleistet keineswegs, dass die Beteiligten aus den Fehlern lernen.[6] Das Verzeihen ist auch als eine Leistung ohne Gegenleistung möglich –und so kommt es im Alltag der Menschen meistens vor.[7] Einerseits kann der Geschädigte von sich aus dem Schuldigen verzeihen, ihm „ein unerwartetes Geschenk, das nie in kalkulierender Erwartungssicherheit aufgehen kann"[8], machen. Der Schuldige muss sich weder erklären noch rechtfertigen, er muss nicht einmal um Entschuldigung bitten oder die Verantwortung für das Getane übernehmen.[9] Andererseits kann der Verantwortliche von sich aus um Verzeihen bitten, ohne dass der Geschädigte darauf antworten muss, er hat ja nichts zu *ver*-antworten.[10]

Ist dieser Mechanismus privater Konfliktregelungen, der im alltäglichen Zusammenleben der Menschen durchaus nützlich ist, ohne weiteres auf die Beziehung zwischen Politikern und Bürgern übertragbar? Kann man mit Fehlern in der Coronapolitik genauso umgehen wie mit Fehlern im privaten Bereich? Einen konkreten Anlass für diese Fragen lieferte überraschenderweise die damalige Bundeskanzlerin Angela Merkel höchst persönlich. In einer Pressekonferenz am 24. März 2021

---

[6] Für eine vertiefte Analyse und Diskussion siehe Boshammer (2015).
[7] Siehe ebenda.
[8] Peter Dabrock: a. a. O.
[9] Siehe Boshammer (2015).
[10] Siehe ebenda.

erklärte sie mit einer ebenso bemerkenswerten Aussage, warum sie die wenigen Stunden zuvor von ihr und den Ministerpräsidenten und Ministerpräsidentinnen getroffene Entscheidung, während Ostern dem Land eine „Osterruhe" zu verordnen, zurücknahm, da diese sich als Fehler erwiesen habe: „Dieser Fehler ist einzig und allein mein Fehler, denn am Ende trage ich für alles die letzte Verantwortung, qua Amt ist das so. (…) Ein Fehler muss als Fehler benannt werden, und vor allem muss er korrigiert werden, und wenn möglich hat das rechtzeitig zu geschehen. Gleichwohl weiß ich natürlich, dass dieser gesamte Vorgang zusätzliche Verunsicherung auslöst. Das bedauere ich zutiefst und dafür bitte ich alle Bürger und Bürgerinnen um Verzeihung". Zweifelsohne ehrt die Bitte um Verzeihung für eine Fehlentscheidung die Bundeskanzlerin a.D. So etwas kommt im Politikbetrieb nicht oft vor. Politiker und Politikerinnen wollen nämlich gegenüber dem Wahlvolk und der Öffentlichkeit stets konsistent erscheinen, weil sie das für eine Tugend halten, die vom Wahlvolk honoriert werde. Fehler öffentlich einzugestehen, ist ihnen fremd, weil es eben diesem Selbstbild zuwiderläuft. Und dennoch hinterließ die Erklärung der Bundeskanzlerin viele offene Fragen: War das wirklich ein unvermeidbarer Fehler? Oder war er aus mangelnder Vorausschau und Vorbereitung produziert worden? Warum hat sie die Verantwortungsübernahme *ent*-personalisiert, als sie sagte, sie sei „qua Amt" dafür verantwortlich? Was hat sie von den Bürgern und Bürgerinnen wirklich erwartet? Und wie sollte sie reagieren, wenn die Bürger und Bürgerinnen ihr nicht verzeihen?

Die Absicht des Verzeihens in aller Ehre! In einer demokratischen Gesellschaft wie der deutschen geht es im Verhältnis zwischen gewählten Politikern und Bürgern aber nicht um Entlastung durch Verzeihen, sondern um

Staats- und Politikversagen in der Coronakrise? 265

Rechenschaftslegung. Diese macht einen unverzichtbaren Kern demokratischer Regierungsführung aus. Und er kann in Krisensituationen wie der Coronapandemie nicht außer Kraft gesetzt werden. Im Gegenteil. Gerade wenn die Exekutive zwecks Risikoabwehr im Vergleich zu anderen Akteuren eine nahezu erdrückende Rolle einnimmt und in die Grundrechte der Bürger massiv eingreift, muss sie sich umso dringender der Kontrolle durch andere staatliche Organe – insbesondere Bundestag und Justiz – (*horizontale* Rechenschaftslegung) sowie der Kontrolle durch gesellschaftliche Akteure (*vertikale* Rechenschaftslegung) unterziehen. Sowohl in ihrer Eigenschaft als Bürger und Bürgerinnen, die an ihre gewählten Vertreter und Vertreterinnen Macht delegieren, als auch als Adressaten politischer Handlungen haben die Menschen einen verbrieften Anspruch darauf. Und die gewählten politischen Mandatsträger und -trägerinnen haben die Pflicht, sich den Bürger und Bürgerinnen gegenüber für ihre Handlungen und Unterlassungen sowie deren Folgen zu verantworten, sie müssen sich dafür erklären und rechtfertigen. Gerade inmitten einer gesellschaftlichen Disruption wie der Coronakrise ist die institutionalisierte Rechenschaftspflichtigkeit eine wesentliche Voraussetzung dafür, dass die Menschen den politisch Verantwortlichen vertrauen und der Politik folgen. Und Vertrauen war eine der wichtigsten gesellschaftlichen Ressourcen für die Bekämpfung der Coronapandemie.

Für die Wirksamkeit und die Akzeptanz der Coronapolitik von Bund und Ländern war daher entscheidend, dass die Gerichte ihre Rechtsstaatlichkeit und Verhältnismäßigkeit überprüfen, dass der Bundestag und die Landesparlamente ihre Verhältnismäßigkeit und Zweckmäßigkeit bewerten, dass die Presse das Handeln der politisch Verantwortlichen kontrollieren und dass die Bürger und Bürgerinnen den Regierenden *Feedback* geben konnten, und zwar mit Hilfe von Wahlen, Meinungsumfragen, öffentlichen Kundgebungen und den Medien. Die Landtagswahlen von Rheinland-Pfalz und Baden-Württemberg im März 2021 haben gezeigt, dass Wahlen auch unter schwierigsten Bedingungen eine zentrale Rolle beim *Feedback*-Geben der Bürger und Bürgerinnen an die Politiker und Politikerinnen zukommt. Gerade wegen dieser *Feedback*-Funktion waren die genannten Landtagswahlen ein wichtiges und unverzichtbares demokratisches Instrument auch in der Corona-Pandemie – und Wahlkämpfe gehören dazu, obwohl manche sie für das Krisenmanagement als „störend" empfunden oder das Störargument als Alibi verwendet haben, um Fehleranalyse und Kritik zu unterbinden.

Sind die Bürger und Bürgerinnen gegenüber der Politik ebenso rechenschaftspflichtig, wie die oben zitierte Aussage vom damaligen Bundesgesundheitsminister Jens Spahn suggeriert? Wenn man Maßstäbe von *Democratic Governance* zugrunde legt, lautet die Antwort: Nein! Die Pflicht zur Rechenschaftslegung entsteht in einer sogenannten *Principal-Agent*-Beziehung – das heißt, in einer Beziehung, in der der *Principal* den *Agent* beauftragt, in seinem Namen zu handeln, der *Agent* einen Informationsvorsprung gegenüber dem *Principal* hat und der *Principal* Kontrollaufgaben gegenüber dem *Agent* übernimmt. Das ist unter anderem der Fall bei der Beziehung zwischen gewählten Mandatsträgern („*Agents*") und Bürgern („*Principals*") in ihrer Eigenschaft als Wähler und Empfänger staatlicher Leistungen. Die Wähler und Wählerinnen ermächtigen die Politik durch die Stimmabgabe dazu, in ihrem Auftrag zu handeln, sie delegieren an sie Handlungsmacht auf Zeit. Als Gegenleistung haben sie das Recht auf Transparenz und Kontrolle staatlichen Handelns. Umgekehrt gilt das aber nicht, weil es dafür keine demokratische Legitimität gibt. Nur Autokratien können die *Principal-Agent*-Beziehung machtpolitisch umkehren. Innerhalb der Zivilgesellschaft – der Gesellschaft der Bürger und Bürgerinnen – kommen höchstens unterschiedliche Formen der Selbstreflexion und „*peer-to-peer*"-Rechenschaftslegung in Frage, bei denen zivilgesellschaftliche Organisationen (Interessen-, *Advocacy-*, Expertengruppen, Medien u.ä.) die Erfahrungen der zivilgesellschaftlichen Akteure evaluieren und sich gegenseitig *Feedback* geben. Im Vordergrund steht dabei aber nicht die gegenseitige Kontrolle, sondern das gesellschaftliche Lernen.

Die Übernahme politischer Verantwortung

Zum Ansatz des Verzeihens passte der während der Pandemie oft gehörte Vorschlag, mit Fehlern der Corona-Politik nachsichtig und pragmatisch umzugehen. „Wir wollen ja nicht nach hinten schauen, das bringt ja nichts für die Pandemiebekämpfung, lassen Sie uns lieber nach vorne blicken, die Probleme lösen". So oder so ähnlich klangen die Bemühungen von politisch Verantwortlichen und Experten, Brandmauern um die Vergangenheit zu errichten. Aufgeschlossenere Akteure plädierten dafür, die Fehleranalyse auf die Zeit nach Corona zu verschieben. Letztendlich lief beides darauf hinaus, die Diskussion um Fehler der Coronapolitik von vornherein zu unterdrücken. Auch die Suche nach „Schuldigen" wurde mit dem Argument abgeblockt, dass jeder Handelnde in einer derart ungewissen Situation wie der Coronapandemie zu jeder Zeit einen Irrtum begehen kann. Davor sei keiner gefeit!

Kann die von der Coronapandemie hervorgerufene Ausnahmesituation rechtfertigen, ganz oder temporär auf eine zeitnahe Fehleranalyse zu verzichten? Aus der Perspektive demokratischer Regierungsführung kann die Antwort nur ein klares Nein sein, und zwar aus zwei Gründen, die in Zeiten von Corona besonders schwer wogen. Der erste Grund ist, dass auch unter den Coronabedingungen nicht alle Fehler unvermeidbar waren. Es gab nämlich politischer Fehler, die die politisch Verantwortlichen aus mangelnder Voraussicht und Vorsorge begangen haben, und diese Fehler sind sie auf jeden Fall rechenschaftspflichtig. Das heißt: für jene Handlungen und Unterlassungen, für die sie sich entschieden haben, obwohl es ausreichende Signale für die Notwendigkeit alternativer Handlungen gegeben hat. Nehmen wir nochmals die Impfstoffbeschaffung als Beispiel. Die Bundesregierung hatte die Impfung bereits zu einem frühen Zeitpunkt der Pandemie als einen möglichen Ausweg erkannt und deren Forschung massiv gefördert. Im Juni 2020 verdichteten sich die Signale, dass einige Impfkandidaten den Durchbruch erzielen könnten. Daraufhin sind Länder wie die USA, Israel und Großbritannien ins Risiko gegangen und haben großflächig Impfstoff geordert. Im Spätsommer 2020 gab es unter den Experten kaum noch Zweifel daran, dass mehrere Impfkandidaten den Durchbruch schaffen würden. Trotz dieser Signale hat die Bundesregierung erst im November 2020 über die Europäische Kommission Impfkontingente für Deutschland gesichert. In dieser Kategorie von Fehlern – also Fehler aus mangelnder Voraussicht und Vorsorge – fallen weitere Kernfehler der Corona-Politik: die ungenügende Vorbereitung auf eine Pandemie, die mangelhafte Vorbereitung von Kitas und Schulen auf die zweite und dritte Pandemiewelle, der unzureichende Schutz von Altenheimen, der missglückte Start der Impf- und Schnelltestkampagnen – und auch der Fehler um die „Osterruhe", für den die Bundeskanzlerin um Verzeihung bat, fällt in diese Kategorie.

Der zweite Grund ist demokratiepolitisch noch bedeutender: Politik ist ein öffentliches Gut. Mit ihren Entscheidungen und Handlungen sollen politische Mandatsträger nicht ihr eigenes Leben, sondern das Leben von Millionen von Menschen steuern, sie handeln stellvertretend für Millionen von uns, weil wir ihnen die Handlungsmacht delegieren, unser Leben maßgeblich zu beeinflussen. Fehler in der Politik haben daher oft nachhaltige Wirkungen für unser heutiges und zukünftiges Leben. Sie sind selten nur vergangenheitsbezogen. Auch wenn ein politischer Fehler zeitnah korrigiert wird, bestimmt er noch lange Zeit unsere Gegenwart und unsere Zukunft. Und manche politischen Fehler können gar nicht korrigiert werden, so dass sie ständig negative Folgewirkungen erzeugen, die unser gegenwärtiges und zukünftiges Leben dauernd belasten. Das Gleiche gilt für politische Fehler, deren Korrektur eine Handlungslücke hinterlässt. Das war zum Beispiel der Fall, als die Bundeskanzlerin die „Osterruhe"-Entscheidung zurücknahm, ohne Ersatzhandlungen auf den Weg zu bringen, die das eigentliche Problem hätten adressieren können: das Anrollen der dritten Welle. Schließlich ist der von politischen Missmanagement verursachte Schaden oft immens, weil er eben das Leben von Millionen von Menschen tangiert, und am Ende des Tages tragen wir, die Regierten, die Hauptlast bei dessen Beseitigung. Weil politische Fehler unsere Gegenwart und unsere Zukunft mitbestimmen, muss Rechenschaftslegung auch auf die Aufarbeitung der Vergangenheit ausgerichtet sein. Der Vorschlag, wir sollten uns lieber den Zukunftsproblemen zuwenden und uns beispielsweise bei unseren Wahlentscheidungen schwerpunktmäßig an Zukunftsangeboten der Politiker und Politikerinnen orientieren, ist realitätsfremd. Er verkennt, dass vergangenes Regierungshandeln sich nicht in die Vergangenheit verbannen lässt.

Selbstverständlich haben auch Politiker und Politikerinnen das Recht, Fehler zu machen, zumal in einer gesellschaftlichen Disruption wie der Coronakrise, die von Unsicherheit und Nichtwissen geprägt war. Sie haben aber auch die Pflicht, Fehler aus Mangel an Vorausschau und Vorsorge möglichst zu vermeiden, wenn Mindestbedingungen für vorausschauendes Handeln vorliegen. Und das war der Fall in der Coronapandemie. Allein die Tatsache, dass Politiker und Politikerinnen als „politisch Verantwortliche" beziehungsweise als „politische Verantwortungsträger und -trägerinnen" bezeichnet werden, weist darauf hin, dass sie ihr Handeln und ihre Unterlassungen *verantworten* müssen, und zwar denen gegenüber, die sie durch Wahlen mandatiert haben. Im modernen Verständnis von *Democratic Governance* heißt das: Fehler schnell identifizieren, die Öffentlichkeit transparent informieren, sich gegenüber den Bürgern erklären, das *Feedback* der Bürger mit Demut akzeptieren und Verantwortung übernehmen, und zwar zunächst unabhängig davon, welche persönliche Konsequenzen die Verantwortungsübernahme hat.

Die Coronakrise hat uns erneut vor Augen geführt, dass manche Politiker und Politikerinnen persönliche Verantwortungsübernahme als eine Art „Wanderpokal"[11] verstehen, sie delegieren sie gerne, sie schieben sie gerne anonymen Akteuren oder den Umständen ab, sie verwischen sie gerne hinter einer diffusen kollektiven Verantwortung. Mehr noch: In der Coronapandemie hat sich überdeutlich gezeigt, dass die Politik bislang keine

---

[11] Die Analogie stammt im Zusammenhang mit Entscheidungen von Unternehmensmanagern von Sprenger (1999).

eigene, ihrem Wesen entsprechende Fehlerkultur entwickelt hat. Wenn es um den Umgang mit Fehlern bei der Pandemiebekämpfung ging, übernahm sie unreflektiert Umgangsformen mit Fehlern, die für die Unternehmenswelt gedacht sind. In den letzten zwei Jahrzenten hat die Managementliteratur nämlich eine regelrechte Glorifizierung des „Fehlermachens" in Unternehmen betrieben: Die größten Erfindungen der Menschheit seien das Resultat vieler Fehlversuche, Fehler zu machen, sei die Quelle des Erfolgs, Fehler seien Chancen, es beim nächsten Mal besser zu machen, Fehler seien Lernerfahrungen, Risiken zu vermeiden, führe zu Untätigkeit. Mit solchen Schlagworten hat sie ihrerseits unreflektiert ein Fehlerverständnis propagiert, die aus der Welt der Forschung und Innovation stammte – und für diese zweifelsohne nützlich und notwendig ist. Und die Ratschläge an die Unternehmensführungen klangen wie ein regelrechter Fehlerkult: Man soll sich mit den Fehlern anfreunden, jeder und jede hat das Recht Fehler zu machen, Fehler müssen gefeiert werden, jeder müsse für die Freundlichkeit dankbar sein, mit der andere mit seinen Fehlern umgehen!! Ungeachtet davon, ob diese Umgangsformen mit Fehlern eine wirkliche Weisheit für die Unternehmensführung darstellen, sind sie für den Politikbetrieb wesensfremd und kontraproduktiv. Sie liefen darauf hinaus, das demokratisch und rechtsstaatlich legitimierte Recht der Bürger, das politische Handeln zu kontrollieren, zu evaluieren und zu sanktionieren, auszuhebeln. Und sie fördert die im Politikbetrieb innewohnende Kultur, persönliche Verantwortungsübernahme als Wanderpokal zu betrachten.

Unsere Lernkurve: Ein Nachwort

*Meistens belehrt erst der Verlust uns
über den Wert der Dinge
Arthur Schopenhauer*

*Die Gegenwart hat stupendes Expertenwissen
über alles hervorgebracht – und zumeist auch
über das jeweilige Gegenteil
Andreas Rödder*

Schlüsselwörter Krisenmanagement · Lernkurve · Klima- und Coronakrise · Vorbilder · Politische Reformbedarf

Zu guter Letzt sollen einige Erkenntnisse und Lehren aus der Coronabekämpfung gezogen werden: die Erkenntnisse und Lehren des Autors. Sie, geehrte Leserin und geehrter Leser, haben selbstverständlich das Recht, Ihre eigenen zu ziehen. Diese sind genauso berechtigt, solange sie auf dem zentralen Substrat dieses Buches fußen: die Coronakrise war eine Zumutung für unsere Art zu leben und für jede und jeden von uns. Möglicherweise werden wir diese Zumutung in naher Zukunft nicht mehr bewusst wahrnehmen, sie wird aber da sein. Auch wenn wir irgendwann die Coronazeit aus unserem Gedächtnis entschwinden lassen, wird es dennoch ein Leben vor und eins nach Corona geben. Daran werden uns viele Alltagssituationen erinnern. Und vor allem: wir werden lange Zeit brauchen, um zu verinnerlichen, dass unsere Mitmenschen keine Bedrohung mehr für unsere eigene Gesundheit darstellen, dass Nähe und Gemeinschaft uneingeschränkt wieder möglich sind. Sicherlich werden neue Krisen – wie die Klimakrise oder der Ukraine-Krieg – unsere volle Aufmerksamkeit und Emotionalität für lange Zeit beanspruchen. Sie werden aber die tief eingegrabenen Spuren der Coronakrise nicht ausradieren können. Auch das Ringen damit, was wir und die Politik richtig und falsch gemacht haben, wird uns lange Zeit begleiten, und es wird widersprüchliche Antworten und Gefühle erzeugen.

Beim Lernen aus der Coronakrise kann es somit nicht darum gehen, im Nachhinein alles besser zu wissen, oder alte Gewissheiten wieder zurückzugewinnen. Wir dürfen uns nicht mit Binsenweisheiten und Plattitüden begnügen, nach dem Motto: wir haben einiges richtig, aber vieles falsch gemacht – oder umgekehrt. Das Anliegen muss vielmehr sein, Lehren und Erkenntnisse zu ziehen, die geeignet sind, eine demokratischere Krisenpolitik zu ermöglichen und die Gesellschaft im

Hinblick auf zukünftige Krisen ähnlicher Ausmaße und Komplexität resilienter zu machen. Das heißt vor allem: Grenzen und Möglichkeiten politischer Verhaltenssteuerung zu erkennen, der Verschiedenheit der Menschen Rechnung zu tragen, für eine ausreichende demokratische Legitimation politischen Handelns zu sorgen, die Bedingungen für die Möglichkeit eines kooperativen Multi-Akteure-Krisenmanagements und einer vorausschauenden Politik nachhaltig zu schaffen, solidarisches und selbstverantwortliches Handeln in der Gesellschaft zu stärken, die Menschen in Staat und Gesellschaft risikobereiter und kreativer zu machen und die Potenziale unserer institutionellen Verfasstheit beim Krisenmanagement entschiedener zu nutzen.

Krisenmanagement im Ausnahmezustand

Politik und Gesellschaft, wir alle, haben in kurzer Zeit eine steile Lernkurve hinter uns bringen müssen. Wir starteten Anfang März 2020 ohne wirkliche Kenntnisse dessen, was zu tun sei, ohne irgendeine zeitgenössisch relevante Erfahrung darin zu haben, wie eine Pandemie zu bekämpfen sei, ohne irgendeine maßgebliche Vorkehrung darauf gezielt getroffen zu haben. Was zu tun war, stand in verstaubten Manualen, die wahrscheinlich nach der spanischen Pest geschrieben worden waren, in literarischen Werken wie *Die Pest* von Albert Camus, in verstaubten Risikoberichten von Behörden und in Erfahrungsberichten ferner Länder, die wir bislang wenig beachtet hatten. Irgendwie vermochten aber alle überlieferten Praktiken der Pandemiebekämpfung auf unsere moderne komplexe Gesellschaft nicht so recht zu passen. Weil uns aktualisiertes Wissen, alternative Handlungserfahrungen und moderne Mittel fehlten, haben wir auf „mittelalterliche Werkzeuge" zurückgegriffen, um gegen das Unsichtbare vorzugehen. Die politisch Verantwortlichen haben weder den Mut noch die Weitsicht aufgebracht, um alternative Pfade auszuprobieren. Möglicherweise hatten sie auch keine echte Chance dazu, weil sie gefangen in Vergangenheitslasten und tradierten Politikroutinen waren.

Dabei wog besonders schwer, dass die Politik in der Vergangenheit keine vorausschauende und vorsorgende Politik betrieben und keine institutionellen Kapazitäten dafür aufgebaut hat. Sie hat sich der Kultur des „Auf-Sicht-Fahrens" verschrieben – wohl in der Überzeugung, dass Entscheidungen situativ und in der Unmittelbarkeit des Handelns zu treffen, die richtige Antwort auf die Komplexität unserer Welt sei. Eine schwerwiegende Folge davon war, dass das Land auf eine Pandemie unzureichend vorbereitet war, obwohl sich die Alarmzeichen seit Jahren weltweit zunehmend verdichtet hatten. Im Sinne langfristiger Vorsorge hätte die Bundesregierung in den letzten Jahren – spätestens seit der Vorlage der RKI-Risikoanalyse von 2012 – Vorkehrungen für den Ernstfall einer Pandemie konsequent treffen müssen. Das hätte geheißen: Klärung der Rolle der zentralen und dezentralen Akteure, Stärkung der Gesundheitsämter, Digitalisierung der Risikoabwehr, Notfallpläne für das Krisenmanagement in Krankenhäusern, Anlegen von Notfall-Reserven von Masken, Schutzkleidern und medizinischen Geräten, Einrichtung von Frühwarnsystemen, Aufwertung „systemrelevanter" Berufe und nur einiges zu nennen. Das Fehlen einer politischen Kultur der Vorsorge und des vorausschauenden Handelns hat während der Pandemie dazu geführt, dass die Coronapolitik nicht agil genug war, die politisch Verantwortlichen Entscheidungen verschleppten und verwässerten, chaotisch kommuniziert und sich alternative Handlungsoption beraubt haben. Eine weitere Folge davon war, dass Deutschland seine Managementkapazitäten, sein technisches Wissen und seine Kreativität nicht schnell genug mobilisiert hat, um die offenbarten Defizite und Engpässe inmitten der Pandemie schnell zu beseitigen.

Und dennoch: trotz aller Widrigkeiten und Unterlassungen haben wir in einer gemeinschaftlichen Anstrengung und mit einer großen Portion Glück wohl das denkbar Schlimmste abwenden können, obwohl das Unabgewendete schlimm genug und schwer zu ertragen ist. Vor allem in der ersten Phase der Pandemie haben wir uns auf zwei unserer wichtigsten Ressourcen verlassen, ja verlassen müssen: gegenseitiges Vertrauen sowie Vertrauen in Staat und Politik. Einerseits haben wir der Intuition und dem gesunden Menschenverstand unserer Mitmenschen vertraut, ihrem Verhalten gefolgt und dadurch sogar gehandelt, bevor die Politik dazu in der Lage war. Andererseits haben wir der Politik vertraut, dass sie richtige Entscheidungen treffen würde, obwohl sie mehr oder weniger im Blindflug entscheiden musste. Wir haben ihr dafür unser Vertrauen geschenkt, auch wenn eher von Hoffnung als von Gewissheit, von Angst als von Zuversicht getragen. Und die Politik hat ihrerseits darauf vertraut, dass wir uns und unseren Mitmenschen gegenüber verantwortlich handeln und der Politik folgen. In dieser Phase haben wir gelernt, dass entschiedenes und rechtzeitiges staatliches Handeln, solidarische Selbstverantwortung und Verlässlichkeit von Politik entscheidende Waffen gegen Mega-Krisen sind. Es war für uns alle eine Offenbarung, dass es sich lohnt, dass unser Gemeinwesen ausreichend Ressourcen darin investiert, die Resilienz und die Handlungsfähigkeit unseres Gesundheitssystems, unseres Wohlfahrtsstaates, unserer Demokratie und der Menschen selbst zu stärken. Wir haben gelernt, dass

Effizienz nicht alles ist. Es müssen Reserven aufgebaut werden, auf die das Gemeinwesen in einer Notsituation zurückgreifen kann.

Und weil wir, Politik und Gesellschaft, all dies in der Vergangenheit unzureichend gemacht haben, sind wir schnell an unsere eigenen Grenzen gestoßen. Wir haben uns richtigerweise auf einen Marathon eingestimmt, haben aber zu oft und unnötig das Tempo und die Richtung gewechselt, zu oft die Geduld und die Ausdauer verloren, und zwischendurch haben wir gemerkt, dass wir uns doch keine 42,195 km lang quälen wollten, dass wir, die Politik und die Gesellschaft, doch nicht so lange eine solche Belastung durchhalten. Als der erste große Schock gefühlt verflogen war, kehrten wir zu unseren alten Routinen und Ritualen zurück. Wir haben Risiken falsch eingeschätzt, Warnungen überhört, und die Politik verlor immer mehr die Kontrolle über die Pandemie, sie navigierte ohne Kompass beziehungsweise mit einem falschen Stadtplan in einer fremden Stadt. Die Politik ist dann an der Herausforderung, exponentielles Wachstum sowie Unsicherheit und Nichtwissen politisch angemessen zu handhaben, weitgehend gescheitert. Sie hat meistens zu spät entschieden und gehandelt, sich vom Virus immer wieder überraschen lassen und die Informations- und Wissensdefizite mehr oder weniger tatenlos hingenommen.

Experten empfehlen uns, zu „lernen, mit dem Virus zu leben". Doch das Leben mit dem Virus glich einem Ritt durch Höhen und Tiefen, Hochmut und Selbstverzweiflung, Orientierungslosigkeit und Selbstvergewisserung. Irgendwann stand der Verdacht eines kollektiven Versagens im Raum: Politikversagen, Staatsversagen, Menschenversagen! Der lange Kampf gegen die unsichtbare Zumutung hat die Menschen zermürbt, die Gesellschaft *ent*-solidarisiert, die Coronapolitik chaotisiert und unser Vertrauen in Staat und Politik erschüttert. Am Ende des Tages haben wir uns in einer frustrierenden Spirale von *Lockdowns* und Lockerungen wiedergefunden. Kann man wirklich lernen, damit zu leben? Eher nein, zu einer weitgehenden Entschärfung der Gefährlichkeit des Coronavirus gibt es wohl keine vernünftige Alternative. Und auch nicht dazu, unsere Fähigkeit zu steigern, mit epochalen Krisen fertig zu werden, unsere Resilienz zu stärken.

Die Pandemie war die Stunde der Exekutive, des starken und selbstgenügsamen Staates – des Staates, der meinte, alles allein machen zu müssen und zu können, ohne auf die Ressourcen und Handlungskompetenzen privatwirtschaftlicher und zivilgesellschaftlicher Akteure zurückzugreifen, des Staates, der meinte, dass gesellschaftliche Akteure am meisten beitrugen, wenn sie aktiv nichts beitrugen. Und ein Großteil der Menschen hat Schutz vom Staat gesucht, sie waren bereit, einschneidende Freiheitseinschränkung im Kauf zu nehmen, um ihre Gesundheit zu schützen. Dieses Einvernehmen zwischen Staat und der Mehrheitsgesellschaft hat dazu geführt, dass die Freiheitseinschränkungen und die „Kollateralschäden" der Pandemiebekämpfung möglicherweise höher als unbedingt erforderlich ausgefallen sind: der Staat hat der Gesellschaft, jedem Bürger und jeder Bürgerin, mehr zugemutet, als möglicherweise notwendig gewesen ist; und viele Menschen haben sich mehr eingeschränkt und isoliert, als es möglicherweise geboten war. Das war der Preis dafür, dass der Staat und die Menschen hierzulande im Kern risikoavers sind sowie dafür, dass wir uns in eine Gemeinschaft der gegenseitigen Verantwortungsweitergabe eingerichtet haben: die Menschen delegieren gerne Verantwortung an den Staat, der Staat wiederum an die Menschen, wenn er sich damit selbst von der Verantwortung relativ risikolos entlasten kann, und innerhalb des Staates wird Verantwortung horizontal und vertikal hin und her delegiert. Die Pandemie hat deutlich gelehrt, dass wir eine neue politische Kultur gemeinsamer, aber geteilter Verantwortung unbedingt brauchen, um zukünftige Herausforderungen meistern zu können.

Die Selbstverantwortung der Menschen war von der Politik – zumindest diskursiv – auserkoren, einen wichtigen Erfolgsfaktor der Pandemiebekämpfung zu werden. Das hat aber mäßig funktioniert. Das lag zum einen an den Coronabedingungen. Angesichts der Bedrohung für Leib und Leben, der Unsicherheit und Nichtwissen, war unser Verhalten nicht intrinsisch motiviert, nicht selbstbestimmt, nicht das Ergebnis einer freien Wahl. Unser Handeln war vielmehr von äußeren Reizen – den dramatischen Bildern einer herannahenden Katastrophe oder der Bedrohung von Virusmutanten – ausgelöst worden. Und auch Angst hat die Politik subtil ins Spiel gebracht. Unter solchen Umständen sind „Herdenverhalten" und *„Peer Group"*-Einflüsse maßgeblich für unser Handeln. Das hat zum anderen deswegen nicht funktioniert, weil die Menschen eben verschieden sind, weil nicht allen Selbstverantwortung zuzumuten und zuzutrauen ist. Schließlich hat der Staat selbst dem selbstverantwortlichen Handeln der Menschen entgegengewirkt. Er hat die Menschen nicht als *„Agents"* behandelt, als mündige Bürger, die aktiv einen Beitrag zum Krisenmanagement leisten können. Die Politik des „Zuhausebleibens" und des „Abstandhaltens" hat das Selbsthilfepotenzial in der Gesellschaft gelähmt, ihr Kreativität und Eigeninitiative beraubt. Die Pandemie hat erneut klargemacht, dass der Mensch nur sich selbst verpflichten kann, dass Motivation intrinsisch ist, dass also der Mensch nicht von außen motiviert werden kann, wenn er sich nicht selbst verpflichten will. Selbstverpflichtung ist aber nicht voraussetzungslos und funktioniert meistens nur in Unmittelbarkeit des eigenen Nutzens, sie braucht einen gemeinschaftlichen Kontext, der sie erlebbar macht, und einen Gestaltungs- und Handlungsrahmen, der sie praktizierbar macht. Und diese Voraussetzungen müssen Staat und Gesellschaft gemeinsam schaffen.

Wir haben gelernt, dass Solidarität eine fundamentale Ressource ist, dass sie aber in der Gesellschaft nicht selbstredend vorausgesetzt werden kann. Die Politik und die öffentliche Diskussion habe aber individuelle Freiheit und Selbstbestimmung verklärt, und das ging zu Lasten der Aktivierung der Solidarität. Mega-Krisen lassen aber keinen Platz für eine reine individuelle Auslegung von Freiheit und Selbstbestimmung. Gerade in solchen Situationen darf man nicht ausblenden, dass die Freiheit des Einzelnen dort endet, wo sie die Freiheit Anderer beschneidet und den Interessen der Allgemeinheit schadet. Es geht letztendlich um die gemeinsame Verantwortung. Das heißt: um die Verantwortung für sich selbst und die Mitmenschen. Ohne Solidarität ist selbstverantwortliches Handeln – nämlich das Handeln, das nur sich *selbst* gegenüber verantwortlich ist – ein gesellschaftliches Risiko und ein Hindernis für die Bekämpfung von Mega-Krisen. Es war für das Krisenmanagement in Zeiten von Corona extrem schädlich, dass die Politik die Ressource Solidarität sträflich vernachlässigt und fast ausschließlich auf den starken Staat einerseits und auf individualisierte Selbstverantwortung andererseits gesetzt hat.

Der Staat hat wie selten zuvor erfahren, dass er das Verhalten der Menschen nur dann effektiv steuern kann, wenn die Menschen es zulassen. Und sie haben es vor allem dann zugelassen, wenn sie ihre Sicherheit und ihr Leben unmittelbar bedroht sahen. Der hierarchische, autoritäre Ansatz zur Bewältigung der Coronakrise verkannte einen entscheidenden Punkt: die Abhängigkeit des Zentralstaates – ob in Bund oder Ländern – von dezentralen staatlichen sowie von zivilgesellschaftlichen und privatwirtschaftlichen Akteuren in der Gesellschaft – und den Menschen selbst. Er verkannte, dass der zentrale Staat eine beschränkte Steuerungsfähigkeit hat, dass Gebote und Verbote alleine nicht ausreichend sind, dass andere Akteure einen wesentlichen Einfluss auf den Politikprozess und die Politikergebnisse haben und dass es in einer modernen pluralistischen Gesellschaft *Top-Down*-Politiken niemals Eins-zu-Eins umgesetzt werden können. Interdependenz und breite Verteilung der Handlungskompetenz sind die entscheidende Eigenschaft eines politischen Systems, in dem die jeweilgen Akteure ihre Ziele allein auf sich gestellt nicht erreichen können. Sie müssen mit anderen interagieren und kooperieren, die wertvolle Ressourcen für die Bewältigung der Krise besitzen. Durch autonomes Handeln und Interaktion können sie den Politikprozess maßgeblich beeinflussen. Durch ihr Verhalten und ihre Handlungen, aber auch ihre Nicht-Handlungen beziehungsweise Verweigerung, bestimmen sie Erfolg und Misserfolg maßgeblich mit. Die Politikergebnisse sind folglich das Resultat der Interaktion zwischen staatlichen und gesellschaftlichen Akteuren einerseits (horizontale Interaktion) und zwischen zentralen und dezentralen staatlichen Akteuren anderseits (vertikale Interaktion). Wenn die Selbststeuerung der Menschen und der dezentralen politischen Akteure das Handeln des Staates ergänzt, erhöht sie die Wirksamkeit staatlicher Politik, und sie ermöglicht, die Eingriffstiefe staatlicher Maßnahmen zu mindern. Gerade dann hilft sie, Komplexität zu bewältigen und komplexe Probleme wie die Coronakrise in den Griff zu bekommen – und demokratische Mindeststandards aufrechtzuerhalten.

Die Politik übersah auch, dass die Menschen und die dezentralen politischen Instanzen nur dann selbstverantwortlich handeln, wenn sie das Gefühl haben, dass sie den Lauf der Dinge um sich herum beeinflussen können, dass ihr Schicksal ein Stück weit in den eigenen Händen liegt. Hingegen wirkt sich hemmend aus, dass zentrale politische Instanzen über die Köpfe der Menschen und der dezentralen politischen Akteure hinweg entscheiden. Sie verhalten sich dann abwartend und delegieren bewusst oder unbewusst einen Teil ihrer Selbstbestimmtheit und ihrer Verantwortung an den Staat beziehungsweise nach oben zurück, insbesondere während einer von Ungewissheit, Nichtwissen und Orientierungslosigkeit geprägten gesellschaftlichen Disruption. Selbstverantwortliches Handeln setzt daher voraus, dass die Politik ihre eigene Verantwortung wahrnimmt, dass sie diese nicht an die Menschen delegiert, sondern tatsächlich eine gemeinsame Anstrengung mit geteilter, aber komplementärer Verantwortungsübernahme organisiert.

Die Coronapandemie hat offenbart, dass Ehrlichkeit eine wesentliche Voraussetzung für die Effektivität von Politik in einer demokratischen Gesellschaft ist. Viele Dissonanzen und Widersprüche, Fehleinschätzungen und Misserfolge, unverständliche und unlogische Entscheidungen sind darauf zurückzuführen, dass Politik und Gesellschaft nicht ausreichend bereit waren, sich ehrlich zu machen. Die Beispiele sind erdrückend. Alle wussten, dass die meisten Infektionen im privaten Bereich geschahen, kaum jemand wollte aber dies ernsthaft verhindern. Man wusste, dass Urlaub ein Risikofaktor darstellte. Kaum jemand war aber bereit, darauf zu verzichten und die Politik hat die Menschen in den Urlaub geradezu getrieben. Niemand konnte seriös ausschließen, dass Kitas und Schule bedeutend zum Infektionsgeschehen beitrugen. Viele Politiker und Interessenvertreter haben aber nur die „Fakten" an sich rangelassen, die sie in ihrem Wunsch bestätigten, diese offen zu halten, Präsensunterricht um jedem Preis durchzuführen. Und die Politik hat als „Kompensation" (!) Restaurants, Hotels und Frisörsalons geschlossen, obwohl sie viel in innovative Hygienekonzepte investiert hatten. Man wusste, dass die ersten *Lockdowns light* wenig bringen würde, weil sie die Mobilität nicht genug reduzierten. Und dennoch hat man *Homeoffice* in der Wirtschaft nur zögerlich und letztendlich unzureichend eingeführt, obwohl der Gang zur Arbeit ein wesentlicher Treiber der Mobilität ist.

Demokratiepolitisch hatte die Pandemie ein enormes destruktives Potenzial. Sie ging mit einer massiven Einschränkung von Freiheits- und Mitbestimmungsrechten, der Ausweitung staatlicher Kontrolle und Aktivitäten sowie der Schwächung der Zivilgesellschaft und des selbstbestimmten Individuums einher. Unser politisches System war paradoxerweise gefühlt am effizientesten, als sich unsere Demokratie im Ausnahmezustand befand: im ersten *Lockdown*. Als wir das Wesen der Demokratie – das politische und gesellschaftliche Ringen um die besten Ideen, die Deutung des Gemeinwohls und die Durchsetzung von Interessen – in den Winterschlaf geschickt haben, hat die Politik einheitliche, kohärente Signale gesandt, den Menschen Orientierung und Sicherheit gegeben, ihnen das Gefühl vermittelt, dass sie endlich im Mittelpunkt waren, dass die Politiker nicht selbstreferentiell handelten. Die äußere Bedrohung hat unsere so lebendige und streitbare Demokratie eingefroren, aber gegen das Böse effektiver gemacht – zumindest für den augenblicklichen Bedarf. Als aber die äußere Gefährdung gefühlt nicht mehr oder kaum da war, kollabierten unsere Schutzmauern – zumindest in Teilen. Der Staat war kaum noch in der Lage, einheitlich und konsistent zu handeln, viele Menschen verlangten dennoch mehr Staat und andere wanderten in Parallelgesellschaften, um die Ohnmacht zu bekämpfen. Und es hat sich herausgestellt, dass die Fähigkeit der Menschen, solidarisch und zugleich selbstverantwortlich zu handeln, eine extrem knappe Ressource ist. Der moderne Mensch bestieg erneut sein Hamsterrad, allerdings orientierungslos, zermürbt und entzaubert, weil jeden Tag Gewissheiten zerplatzten, die unser Gemeinwesen jahrzehntelang ausmachten.

Zweifelsohne schwächt das unser politisches System. Die größte Gefahr ist aber eine unsichtbare: die Gewöhnung an den starken Staat und die Freiheitseinschränkungen. Es rächt sich nun, dass die Politik bei der Pandemiebekämpfung nicht in der Lage oder willens war, mehr Demokratie zu wagen, dass sie das Politische in den Dornröschenschlaf geschickt hat. Wir können zwar nicht wissen, ob nicht ausprobierte Alternativen besser funktioniert hätten, als das, was man tatsächlich gemacht hat. Vieles spricht aber dafür, dass eine demokratischere Coronapolitik kurzfristig mindestens genauso effektiv gewesen wäre, mittelfristig die Risiken einer Gewöhnung an undemokratischen Zuständen minimiert und somit unserer Gesellschaft resilienter gemacht hätte. Wir müssen uns dringend (wieder) darauf besinnen, dass einschneidende staatliche Maßnahmen ausreichend legitimiert sein müssen, dass man Politik nicht den Politikern allein überlassen darf, dass der Rat von Experten demokratische Prozesse nicht ersetzten kann, dass „gute" Lösungen nur dann zustande kommen, wenn alle Perspektiven sich aktiv einbringen können, wenn Werte und Interessen im politischen Diskurs offen gelegt werden, wenn Lösungen aus unterschiedlichen Perspektiven im demokratischen Prozess ausgehandelt werden und gemeinsam ausgehandelte Ziele zur Zufriedenheit aller Akteure verwirklicht werden. Wir müssen uns dagegen wehren, dass die Verschiebung der Machtverhältnisse zu Gunsten des Staates und zu Lasten der Parlamente, der Bürger und der Zivilgesellschaft dauerhaft bestehen bleiben. Davon wird es letztendlich abhängen, ob die Bürger und die Zivilgesellschaft ihre Freiheitsrechte zurückerlangen und den öffentlichen Raum für sich zurückerobern können. Es gibt mit Sicherheit ein Leben nach Corona. Und dann werden wir alle froh sein, dass Deutschland sich gegen eine epochale Disruption stemmte, ohne seine Werte und Institutionen dauerhaft preisgegeben zu haben. Das schließt nicht aus, dass man Zielkonflikte wie den zwischen Datenschutz und Gesundheitsschutz oder zwischen Freiheitsrechten und Gesundheitsschutz unterschiedlich austarieren kann, um die Effektivität des Krisenmanagements zu steigern. Insofern hat unsere aufgeklärte rechtsstaatliche Demokratie es nicht nötig, aus der Pandemiebekämpfung einen fragwürdigen, an Zahlen orientierten Systemwettbewerb mit autoritären Regimen zu machen oder sich darauf einzulassen.

Als die Menschen und unser Gemeinwesen immer mehr an die Grenzen ihrer Belastbarkeit stießen, kam die vermeintliche Erlösung in kleinen Fläschchen. Sie sollten unser Leben, aber auch unsere Art zu leben, vor Schlimmeres bewahren. Es war für die Politik selbstredend, dass wir uns alle impfen lassen würden. Es stand ja übergeordnetes auf dem Spiel: die Rückkehr zur alten Normalität. Dabei haben individuelle Befindlichkeiten zurückzutreten. Und dann erwachte die ganze Nation mit einer zu niedrigen Impfquote. Sie drohte, uns der alten und der neuen Mutante, „Delta" und „Omikron", schutzlos auszuliefern. Die Stimmung im Land war der Verzweiflung nahe. Ein Kulturkampf zwischen Geimpften und Ungeimpften überzog die Republik. Die Geimpften machten sich zum Boostern und reklamierten mit der dezidierten Unterstützung der Politik den öffentlichen Raum für sich allein, während sich die Ungeimpften in einer künstlichen Parallelwelt einrichteten und dem „traditionellen politischen System" den Rücken kehrten.

Mehr noch: ein kleiner Teil von ihnen radikalisierte sich und nahm den Kampf gegen den „Corona-Staat" auf. Das Fiasko mit dem Impfen hat uns gelernt, dass auch vermeintliche Selbstverständlichkeiten doch nicht selbstverständlich sind, dass die Menschen verschieden sind, dass sie unterschiedlichen, oft widerstreitenden Einflüssen ausgesetzt sind und dass das Verschiedensein eine Verschiedenbehandlung geboten macht. Dazu war die Politik nicht in der Lage, weil sie die Verschiedenheit der Menschen und den Einfluss von *Peer Groups* ignorierte. Aber auch die Mehrheitsgesellschaft war nicht willens, Verschiedenheit zu tolerieren.

Zweifelsohne müssen Politik, Wissenschaft und Gesellschaft die Bekämpfung der Coronapandemie aufarbeiten. Denn die Liste der Fehler und Versäumnisse ist lang, insbesondere die Liste jener Fehler und Versäumnisse, die vermeidbar waren. Aber auch deswegen, weil die Politik sich bewusst für bestimmte Wege entschieden hat, obwohl es möglicherweise bessere Alternativen gegeben hat. All dies hat Menschenleben gekostet, die Tiefe und Breite der Einschränkungen ausgedehnt und die „Kollateralschäden" der Pandemiebekämpfung erhöht. Und dennoch müssen wir berücksichtigen, dass es für viele Fragen keine *ein*-deutigen, keine kausal-logischen und keine definitiven Antworten gibt. Die Aufarbeitung muss die außergewöhnlichen Coronabedingungen für das politische und das gesellschaftliche Handeln mitdenken, sich bewusstmachen, dass unter solchen Bedingungen mehr als sonst überall kognitive Fallstricke lauern, Schein- und Halbwissen oft unbewusst gesichertes Wissen ersetzen, und dass wir im Nachhinein immer schlauer sind, weil unser aktuelles Wissen unsere Ansicht der Vergangenheit verändert. Konkurrierende Antworten und Narrative werden folglich lange Zeit den politischen und gesellschaftlichen Diskurs prägen.

Und dennoch kann es gegenüber der Politik nicht um falsch verstandene Nachsicht oder Verzeihen, sondern um demokratische Rechenschaftslegung gehen. Es ist unverzichtbar, dass sich gewählte politische Mandatsträger und -trägerinnen den Bürgern und Bürgerinnen gegenüber für ihre Handlungen und Unterlassungen sowie deren Folgen verantworten, sie müssen sich dafür erklären und rechtfertigen. Und sie müssen vor allem die Verantwortung übernehmen und die notwendigen Lehren für die Zukunft ziehen. Dass ist eine wesentliche Voraussetzung dafür, dass die Menschen den politisch Verantwortlichen auch zukünftig vertrauen. Es wäre auch sinnvoll, wenn die Politik die Erfahrungen aus der Pandemiebekämpfung nutzen würde, um eine eigene, ihrem Wesen entsprechende Fehlerkultur zu entwickeln.

Um die Bekämpfung der Coronapandemie aufzuarbeiten, ist eine Enquete-Kommission des Bundestages sicherlich notwendig, aber nicht hinreichend. Es muss eine breit angelegte sozialwissenschaftliche Forschung als Input für eine gesamtgesellschaftliche Diskussion gefördert und organisiert werden. Forschungseinrichtungen sowie privatwirtschaftliche und zivilgesellschaftliche Organisationen müssen zudem selbstreflexiv ihre eigenen Erfahrungen evaluieren, sich gegenseitig und vor allem dem Staat aus ihrer Perspektive *Feedback* geben. Im Vordergrund muss dabei weniger die Suche nach persönlichen Verantwortlichkeiten, sondern das gesellschaftliche Lernen über konzeptionelle und institutionelle Defizite des Politikmanagements stehen.

Was unterscheidet die Klima von der Coronakrise?

Klimaaktivisten fragten und fragen etwas argwöhnisch, warum Politik und Gesellschaft nicht genauso entschlossen und tatkräftig gegen die Klimakrise vorgehen, wie sie gegen die Coronakrise gehandelt haben. Was macht die Coronakrise so unterschiedlich? Wo liegen Gemeinsamkeiten? Schließlich geht es auch bei dieser um „Leben und Tod" und auch um ein komplexes *„system of problems"*. Die Antworten auf solche Fragen sind in der Coronakrise deutlich geworden: vieles liegt in der Natur des Menschen. Erstens kann die Politik das Verhalten der Menschen nur in sehr engen Grenzen steuern, und nur dann, wenn sie es zulassen, wenn sie sich selbst verpflichten und wenn die Politik der Verschiedenheit des Menschen Rechnung trägt. Zweitens ist Selbstverantwortung sehr voraussetzungsvoll, sie braucht einen gesellschaftlich akzeptierten Gestaltungs- und Handlungsrahmen und funktioniert meistens nur in der Unmittelbarkeit des persönlichen Nutzens. Drittens unterliegen wir Menschen langfristig noch mehr dem Frosch-Effekt, das heißt: wie beim Frosch ist unser Frühwarnsystem, das uns das Überleben sichert, darauf konditioniert, eher auf schlagartige und weniger auf schleichende Verschlechterungen oder Bedrohungen zu reagieren. An schleichende Entwicklungen gewöhnen wir uns, wir arrangieren uns damit und reagieren nicht darauf, solange uns kein erschütternder Anstoß von außen dazu zwingt. Viertens sind wir extrem auf kurzfristige Ereignisse fokussiert – wie beispielsweise einen Dürremonat oder ein Waldbrand oder einen extrem heißen Sommer – und sind nicht in der Lage, die dahinterliegenden komplexen Muster des Klimawandels zu erkennen und dessen nicht-offensichtliche Ursachen zu verstehen.

Schließlich hat die Coronakrise deutlich gemacht, wie groß die gemeinschaftliche Anstrengung sein muss, um den Klimawandel aufzuhalten. Die Folgen unseres Handelns oder die Wirkungen staatlicher Maßnahmen fallen aber weit jenseits unseres Lernhorizonts, so dass wir keine Möglichkeit haben, die Effektivität unserer Anstrengungen zeitnah zu erfahren. Unsere Motivation, aus unmittelbaren Erfahrungen zu lernen, und unsere Bereitschaft, einschneidende – selbstverantwortlich oder staatlich induzierte – Verhaltensänderungen dauerhaft aufrechtzuerhalten, nehmen folglich stetig ab. Aus diesem Grund sind sowohl selbstverordnete als auch staatlich induzierte Verhaltensänderungen zur Bewältigung der Klimakrise wenig nachhaltig und damit wenig effektiv – vor allem wenn diese in erster Linie mit individuellen Verzicht einhergehen.

Alle diese Faktoren und Verhaltensmuster wirken komplementär und erklären, warum es ein mühevolles Unterfangen ist, Vorsorgepolitik zu betreiben oder ein angemessenes Verhalten im Hinblick auf die Klimakrise oder zukünftige Pandemien an den Tag zu legen. Es sind eben Krisen, die sich schleichend ankündigen, Ereignisse produzieren, die schwer in unmittelbaren Zusammenhang mit einer weit in der Zukunft vermuteten Katastrophe zu bringen sind, bei denen das heutige Handeln erst in Jahren oder gar Jahrzehnten wirkt, es sind Krisen, die dauerhafte Verhaltensänderungen erforderlich machen. Dass uns in letzter Instanz die Technik vor dem drohenden Corona-Kollaps rettete, ist auch ein denkwürdiger Hinweis für die Bewältigung der Klimakrise. Im Lichte der Corona-Erfahrungen müssen wir letztendlich davon ausgehen, dass wir dringend auch technische Lösungen brauchen, um auch die Klimakrise bewältigen zu können. Alles andere scheint uns, Politik und Gesellschaft, auf Dauer zu überfordern.

Welches Land hätte Sie nun gerne?

Die offenbarten Vergangenheitslasten sowie die Fehler und Versäumnisse in der Pandemiebekämpfung veränderten den Blick vieler Menschen auf das eigene Gemeinwesen. Als das Krisenmanagement selbst zum Krisenfall wurde, haben viele Bürger, Politiker, Experten und Journalisten Gewissheiten, die jahrzehntelang Teil des Selbstverständnisses einer ganzen Nation waren, er- und verbittert in Frage gestellt: Deutschland habe das Krisenmanagement verlernt, der Staat sei zu bürokratisch, zu unflexibel, zu unkreativ, er bekämpfe die Pandemie nur von Montag bis Freitag, der Föderalismus sei nicht tauglich, mit komplexen Herausforderung fertig zu werden, zu viel Demokratie, Rechtsstaat und Datenschutz würden ein effektives Krisenmanagement sabotieren. Der Befund, wir würden einen „Staatsversagen" erleben, suggerierte, dass vieles hoffnungslos sei. Und dann bescherten uns Volksvertreter zu allem Überfluss eine lupenreine Korruptionsaffäre – verharmlosend als „Maskenaffäre" betitelt –, als wollten sie die gerade stattfindende Entzauberung unseres Gemeinwesens beschleunigen. Und inmitten der allgemeinen Larmoyanz beeilten sich manche Politiker und Politikerinnen, uns klar zu machen, dass wir eine „Revolution" brauchen, um unser Gemeinwesen wieder ins Lot zu bringen, dass wir unseren Staat neu erfinden müssen. Und sie schoben gleich nach: auch wir, die Menschen, müssen uns ändern. Wir seien weder zu selbstverantwortlichem noch zu solidarischen Handeln bereit, ja sogar unfähig dazu, wir würden nach einer hundertprozentigen Sicherheit streben, die es nicht geben kann, wir wollen, dass der Staat alle unsere Probleme löse. Nach einer gefühlten Ewigkeit der Einschränkungen und Frustrationen, aber auch der Disziplin und Geduld, schien die Pandemie nur verbrannte Erde zu hinterlassen, um Franz Kafka zu bemühen: Staatsversagen, Politikversagen, Menschenversagen.

Wie konnte es sein, dass ein winziges Coronavirus unser Gemeinwesen in wenigen Monaten *gefühlt* in einen Sanierungsfall verwandelt hat? Neue Narrative, die alles in Frage stellen, was den deutschen Wohlstand der letzten Jahrzehnte ermöglicht hat, sind dabei, sich fest zu etablieren, zu neuen Gewissheiten zu werden, die die entzauberten ablösen. Regeltreue, Verfahrenssicherheit, feste Abläufe, Gründlichkeit, Bürokratie, Konsensvorliebe, Kompromissfähigkeit – viele alte Erfolgsfaktoren bekommen in der öffentlichen Diskussion einen negativen Beigeschmack. Plötzlich sind demokratisch und rechtsstaatlich verbriefte Rechte wie der Datenschutz oder das Mitwirkungsrecht der Bevölkerung für die Langsamkeit der Entscheidungen und die Überbürokratisierung des staatlichen Handelns verantwortlich. Der Föderalismus wird zum Sinnbild für politisches Chaos und Kleinstaaterei. Es gibt einige Gründe dafür, solche Systemdiskussionen mit großer Skepsis zu begegnen. Unsere politischen und wirtschaftlichen Eliten neigten schon vor Corona dazu, in Phasen wirtschaftlichen Abschwungs oder bei schwierigen Krisen und Bedrohungen das deutsche System, das fast überall in der Welt als Erfolgsmodell galt (gilt?) und bewundert wurde (wird?), in Frage zu stellen. Anfang der 1990er Jahre sollten wir so werden wie die Japaner und Anfang der 2000er Jahre so wie die US-Amerikaner.[1] Rückblickend sind wir wohl alle froh, weitgehend Deutsche geblieben zu sein.

Auch in der Coronapandemie sind uns Vorbilder empfohlen worden, zumindest so lange sie Demokratien

---

[1] Siehe dazu Gürtler (2003).

waren: Taiwan, Südkorea, Schweden, Neuseeland, Finnland und andere. Doch es wurde schnell klar, dass die politischen, institutionellen, demographischen, geographischen, kulturellen und sonstigen Rahmenbedingungen in diesen Ländern mit denen in Deutschland nicht vergleichbar sind. Im Gegenteil. Sie sind so unterschiedlich, dass sie eher unterschiedliche politische Handlungen begründen. Man hat folglich schnell realisiert, dass die Nachahmung von Vorbildern einfach zu komplex ist – und nicht immer nützlich, weil Vorbilder auch Schwächen haben, die den Nachahmenswilligen gerade nicht passen. Es lag daher nahe, von Vorbildern Abstand zu nehmen und sich Vorbilder-Eigenschaften zuzuwenden. Wir sollten dann nach Möglichkeit eine Weltmischung werden: ein bisschen wie die US-Amerikaner und die Engländer (flexibel und pragmatisch), die Taiwaner und Japaner (diszipliniert, obrigkeitshörig und datenschutzunbekümmert), die Australier (entscheidungsschnell und konsequent), die Schweden (selbstverantwortlich und staatsdistanziert).

Die Liste ließe sich beliebig fortsetzen. Dabei stellt sich aber die Frage: Wie werden die Vorbilder-Eigenschaften ausgewählt, die wir nachahmen sollen? Die Antwort lautet wiederum: Mit Hilfe unseres Referenzrahmens. Das funktioniert auch bei der Auswahl der Vorbildereigenschaften: Jeder Akteur sucht sich das aus, was für ihn nützlich ist, seine Wertüberzeugungen bestätigt und seinen Interessen dient. Diejenigen, die den Datenschutz als hinderlich betrachteten – und es wahrscheinlich seit eh und je taten –, haben sich folglich den *Tracking App* Taiwans oder Südkoreas als Erfolgsfaktor bei der Pandemiebekämpfung ausgesucht. Diejenigen, die den Bund mit mehr Durchsetzungsmacht ausstatten wollten, haben sich das dezidierte staatliche Handeln in Neuseeland oder Taiwan als Erfolgsfaktor ausgesucht, und nicht wenige pflegten eine heimliche Bewunderung für die „Handlungsfähigkeit" des chinesischen Staates. Und diejenigen, die von Systemdiskussionen nichts wissen wollten, haben die Insellagen vieler Länder oder deren Erfahrungen mit früheren Pandemien als Erfolgsfaktor herausgestellt. Das entlastet, weil das ja nicht nachzuahmen ist. In Wahrheit liefern die Diskussionen um Vorbilder und um Vorbilder-Eigenschaften keine oder wenige handlungsleitende Erkenntnisse. Wenn Politiker und Analysten empfehlen, etwas nachzuahmen, selektieren sie das Nachzuahmende nicht primär, weil es irgendwo erfolgreich war, sondern weil es ihren eigenen Wertüberzeugungen und politischen Interessen entspricht.

Weil wir wahrscheinlich auch in zehn Jahren immer noch froh sein werden, deutsch geblieben zu sein, sollten wir keine Ressourcen darauf verschwenden, vermeintliche Vorbilder oder Vorbilder-Eigenschaften nachzueifern. Dadurch werden wir höchst wahrscheinlich an die Kernprobleme vorbei handeln. Stattdessen lohnt es sich, nach den eigentlichen Ursachen für die unstrittigen Fälle von „Politik- und Staatsversagen" hierzulande zu forschen. Bevor eine „Revolution", eine Systemveränderung aufgerufen wird, sollten wir den Blick auf die wirklichen politischen und institutionellen Defizite im Politikmanagement eines im Großen und Ganzen erfolgreichen Gesellschaftssystems richten – zumal diese Defizite in den letzten Jahrzehnten meist durch politische Handlungen oder Unterlassungen entstanden sind: der Mangel an demokratischer und vorausschauender Politik, die übertriebene Risikoaversion in der Gesellschaft und im Staat, der selbstgenügsame Staat u. ä.

In der Coronakrise hat sich gezeigt, wie fragil unsere Gesellschaft ist, wie schnell der Mensch in staatliche Abhängigkeit gerät, wie schnell er sich in die Komfortzone des staatlichen Schutzes einrichten und an die

Unsere Lernkurve: Ein Nachwort

Freiheitseinschränkungen gewöhnen kann. Das sind Schlüsselerkenntnisse für die Gestaltung der Zukunft. Wir müssen unsere Gesellschaft resilienter machen, die aktivierende Fähigkeiten des Staates stärken und dafür sorgen, dass der Mensch souveräner wird. Der souveräne Mensch kann mit Mega-Krisen besser umgehen, sich besser auf eine digitale Welt einlassen, gesellschaftliches Lernen beschleunigen und notwendige Transformationen mittragen. Er ist auch ein besserer Partner für den Staat im Hinblick auf die Bewältigung einer gemeinsamen Zukunftsaufgabe: Solidarität und Vorsorge in der Gesellschaft neu zu organisieren. Kann die Coronakrise Platz fürs Neue schaffen? Können wir unserer kollektiven Zukunft eine neue Bedeutung, eine neue Relevanz jenseits der bloßen Wiederherstellung des Status quo ante geben? Diese Fragen hallen in den Corona-Diskussionen nach. Die Antworten sind weder leicht noch naheliegend. Wir können sie nur in einem politischen und gesellschaftlichen Diskurs erfinden. Wir können nur hoffen, dass sich die Entzauberung unserer Gewissheiten positiv auf unsere zukünftige Einstellung und unser zukünftiges Handeln auswirkt: sie kann uns demütiger machen, weil sie uns zeigt, dass die Konstruktion und Bewahrung eines lebenswerten Gemeinwesens eine Daueraufgabe ist, und eine, die uns allen angeht. Dafür brauchen wir unbedingt eine lebendige und streitbare Demokratie und demokratiepolitisch engagierte Menschen. Die Hauptlehre aus der Coronakrise lautet: Wir müssen mehr Demokratie, mehr Dezentralisierung und mehr solidarische Selbstverantwortung wagen – auch und gerade in Krisenzeiten!

Literatur

Ackoff, Russel L. (1974): Redesigning the Future: A System Approach to Societal Problems. New York.

Banerjee, Abhijit V. und Duflo, Esther (2015): Poor Economics. Plädoyer für ein neues Verständnis von Armut. München.

Banerjee, Abhijit V. und Duflo, Esther (2020): Gute Ökonomie für harte Zeiten. Sechs Überlebensfragen und wie wir sie besser lösen können. München.

Baron, Jonathan and Hershey, John C. (1988): Outcome Bias in Decision Evaluation; in: Journal of Personality and Social Psychology, Vol. 54, No. 4, pg. 569–579.

Beck, Hanno (2014): Behavioral Economics. Eine Einführung. Wiesbaden.

Beendigter, Roland and Fathi, Karim (2017): What is a Resilient Society?; in: International Policy Digest, World News/17, September, https://intpolicydigest.org/2017/09/17/what-is-a-resilient-society/.

Berger, Peter L. und Luckmann, Thomas (2007): Die gesellschaftliche Konstruktion der Wirklichkeit. Eine Theorie der Wissenssoziologie. 21. Auflage, Frankfurt am Main.

Berkowitz, Leonard (Ed.) (1977): Advances in experimental social psychology, Vol. 10.

Blank, Hartmut, Musch, Jochen and Pohl, Rüdiger (2007): Hindsight Bias: On Being Wise After The Event; in: Social Cognition, Vol. 25, No. 1, pg. 1–9.

de Bono, Edward (1996): Serious Creativity. Die Entwicklung neuer Ideen durch die Kraft lateralen Denkens. Stuttgart.

Bonacker, Thorsten und Reckwitz, Andreas (Hrsg.) (2007): Kulturen der Moderne. Soziologische Perspektiven der Gegenwart. Frankfurt am Main.

Boshammer, Susanne (2020): Die zweite Chance. Warum wir (nicht alles) verzeihen sollten. Hamburg.

Brown, Rex V., Kahr, Andrew S. and Peterson, Varemon (1974): Decision Analysis for Manager (Series in qualitative methods of decision making), New York.

Davidson, James D. and Rees-Mogg, William (1997): The Sovereign Individual. New York.

Dobelli, Rolf (2011): Die Kunst des klaren Denkens. München.

Dueck, Gunter (2004): Wild Duck. Empirische Philosophie der Mensch-Computer-Vernetzung. 3. Auflage, Berlin.

Edwards, Ward (1984): How to make good decisions (Selected proceedings of the 9th research conference on subjective probability, utility and decision making); in: Acta Psychologica, 56, pg. 5-27.

Easley, David and Kleinberg, Jon (2010): Networks, Crowds, and Markets: Reasoning about a Highly Connected World. Cambridge.

Fragen, J., Greiner, U. und Vorauer, M. (Hrsg.) (2002): Menschenbilder. Zur Auslöschung der anthropologischen Differenz. Schriften der Pädagogischen Akademie des Bundes in Oberösterreich, Bd. 15, Linz.

Fukuyama, Francis (2000): Der Große Ausbruch. Wien.

Fukuyama, Francis (2004): Staaten bauen. Die neue Herausforderung internationaler Politik. Berlin.

Fukuyama, Francis (2020): The Thing That Determines a Country's Resistance to the Coronavirus; in: The Atlantik, March 30.

Giese, Hartmut M. (2016): Die soziologische Perspektive: Peers und ihre Bedeutung für die gesellschaftliche (Des-?) Integration; in: Köhler et. al. (2016, S. 55–73).
Goodman, Nelson (1984): Weisen der Welterzeugung. Frankfurt am Main.
Gürtler, Detlef (2003): Vorbild Deutschland. Warum die Amerikanisierung unserer Wirtschaft ein Ende haben muss. Frankfurt am Main.
Höffe, Otfried (2009): Ist die Demokratie zukunftsfähig? München.
von Holle, Vinzenz (2019): Eine ökonomische Revolution. Wie Verhaltensökonomie die Welt verändert. Wiesbaden.
Huettel, Scott (2014): Behavioral Economics: When Psychology and Economics Collide. USA.
John Hopkins Center for Health Security: Global Health Security Index, October 2019.
Kickert, Walter J.M, Klijn, Erik-Hans and Koppenjan, Joop F.M. (Eds) (1999): Managing Complex Networks. Strategies for the Public Sector. London/California.
Knorr Cetina, Karin (2007): Postsoziale Beziehungen: Theorie der Gesellschaft in einem postsozialen Kontext; in: Bonacker, Thorsten und Reckwitz, Andreas (Hrsg.): Kulturen der Moderne. Soziologische Perspektiven der Gegenwart. Frankfurt am Main, 2007, S. 267–300.
Köhler, Sina-Maaren, Krüger, Heinz-Hermann und Pfaff, Nicolle (Hrsg.) (2016): Handbuch Peerforschung, Opladen/Berlin/Toronto.
Kristol, Irving (1978): Where Have All the Answers Gone?; in: Think, pg. 12–14; wiederabgedruckt in: Bertram H. Raven (Ed.): Policy Studies, 1980, Vol. 4, pg. 125–127.
Langer, Ellen J. (1975): The illusion of control; in: Journal of Personality and Social Psychology, Vol. 32, Iss. 2, pg. 311–328.
Legatum Institut: Legatum Prosperity Index 2019.
Levitsky, Steve und Ziblatt, Daniel (2018): Wie Demokratien sterben. 4. Auflage, München.

Lorenzen, Paul (1974): Konstruktive Wissenschaftstheorie. Frankfurt am Main.
Luhmann, Niklas (1981): Politische Theorie im Wohlfahrtsstaat. München.
Luhmann, Niklas (1990): Soziologische Aufklärung 5. Konstruktivistische Perspektive, Opladen.
Lübbe, Herrmann (1977): Die Modernität der Vergangenheitszuwendung; in: Scholz (1977).
Lübbe, Wyema (2018): Abwägen. Warnung vor einer Metapher der normativen Urteilsbildung; in: Information Philosophie, Heft 2, S. 26–37.
Martinsen, Renate (2014): Auf den Spuren des Konstruktivismus – Varianten konstruktivistischen Forschens und Implikationen für die Politikwissenschaft; in: Markisen (2014, S. 3–41).
Martinsen, Renate (Hrsg.) (2014): Spurensuche: Konstruktivistische Theorie der Politik. Wiesbaden.
Maturana, Humberto R.: Erkennen (1985): Die Organisation und Verkörperung von Wirklichkeit. Ausgewählte Arbeiten zu einer Epistemologie. 2. Auflage, Wiesbaden.
Mayer, Christopher (2001): Illusion of Control. No One Can Control the Complexity and Mass of the U.S. Economy, September 1; in: fee.org/articles/illusion-of-control/.
Mayntz, Renate (1996): Politik und Wissenschaft – ein Spannungsverhältnis, 01.05.1996; in: spectrum.de., 01.05.
Mittel, Horst W.J. and Webber, Melvin M. (1973): Dilemmas in a General Theory of Planning; in: Policy Sciences, Vol. 4, pg. 155–169.
Mitterer, Josef (1999): Realismus oder Konstruktivismus? Wahrheit oder Beliebigkeit?; in: Zeitschrift für Erziehungswissenschaft, 2/4, S. 485–498.
Mosebach, Kai und Walter, Ulla (2006): Was vermag der Staat? Möglichkeiten und Grenzen politischer Steuerung in der Prävention und Gesundheitsförderung; in: Jahrbuch für kritische Medizin, Band 43, S. 8–24.
O'Donnell, Guillermo (2007): Disonancias. Críticas democráticas a la democracia. Buenos Aires.

Ostrom, Elinor (1990): Governing the Commons. The Evolution of Institutions for Collective Action. Cambridge.

Ostrom, Elinor (2005): Understanding Institutional Diversity. Princeton.

Ragnitz, Joachim (2021): Corona-Lockdown und Mobilität; in: ifo Schnelldienst, 3/2021, 74. Jahrgang, 17. März.

Reich, Kersten (2002): Grundfehler des Konstruktivismus — Eine Einführung in das konstruktivistische Denken unter Aufnahme von 10 häufig gehörten kritischen Einwänden; in: Fragen et. al. (2002, S. 91–112).

Rein, Martin and Schön, Donald (1996): Frame-critical policy analysis and frame-reflective policy practice; in: Knowledge and Policy 9, March, pg. 85–104.

Rein, Martin and Schön, Donald (1986): Frame-reflective policy discourse; in Beleidsanalyse, 15(4), pg. 4–18.

Richter, Christoph, Salheiser, Axel, Quent, Matthias, Wächter, Maximilian, Reinicke, Jost und Wjst, Matthias Wjst (2021): „Politische Raumkultur als Verstärker der Corona-Pandemie? Einflussfaktoren auf die regionale Inzidenzentwicklung in Deutschland in der ersten und zweiten Pandemiewelle 2020". Studie des Forschungsinstituts Gesellschaftlicher Zusammenhalt (FGZ) in Zusammenarbeit mit dem Helmholtz-Zentrum München; in: ZRex – Zeitschrift für Rechtsextremismusforschung, Jg. 1, Heft 2, 191–211

Rödder, Andreas (2015): 21.0 Eine kurze Geschichte der Gegenwart. München.

Ross, Lee (1997): The intuitive psychologist and his shortcomings: Distortions in the attribution process; in: Berkowitz, Leonard (Ed.): Advances in experimental social psychology, Vol. 10.

Schaap, L. and van Twist, M.J.W (1999): The Dynamics of Closeness in Networks; in: Kickert et.al (1999, S. 63–78).

Schoenmakers, Jan (2021): Explorative Analyse zur Wirksamkeit von Corona-Verordnungen in Deutschland bei der Eindämmung des Infektionsgeschehens. HASE & IGEL GmbH, veröffentlicht am 3. Mai.

Scholz, Gunter (Hrsg.) (1977): Historismus am Ende des 20 Jahrhunderts. Eine internationale Diskussion, Berlin.

Senger, Peter M. (2000): The Fifth Discipline. New York und London.

Simon, Herbert A. (1959): Theorie of decision making in economics and behavioral science; in: American Economic Review, Vol. 49, No. 3, pg. 253–283.

Sprenger, Reinhard K (1998): Das Prinzip Selbstverantwortung. Frankfurt am Main, 8. Auflage.

Steinforth, Alexander (2008): Ethik im Katastrophenfall. Utilitaristische Betrachtungen am Beispiel des Luftsicherheitsgesetzes; in: Anmerkungen zum Katastrophenrecht. Dokumentation der Arbeitsgruppe „Katastrophen und Recht". 2. Gesellschaftswissenschaftliches Kolleg der Studienstiftung des deutschen Volkes.

Stigler, George J. and Becker, Gary S. (1977): De Gustibus Non Est Disputandum: In The American Economic Review, Vol. 67, No. 2, March, pp. 76–90.

Tenbruck, Friedrich H. (1962): Jugend und Gesellschaft. Soziologische Perspektiven. Freiburg.

Terrier, C.J.A.M and Koppenden, J.F.M. (1999): Managing Perceptions in Networks; in: Kickert et. al. (1999, S. 79–97).

Thaler, Richard H. and Sunstein, Cass R. (2008): Nudge: Improving Decisions about Health, Wealth, and Happiness. New Haven.

Tversky, Amos and Kahneman, Daniel (1981): The Framing of Decisions and the Psychology of Choice; in Science, New series, Vol. 211 pg. 453–458.

Wehling, Elisabeth (2018): Politisches Framing. Wie eine Nation sich ihr Denken einredet –und daraus Politik macht. München.

Wikipedia: de.wikipedia.org/wili/Resilienz_(Soziologie)#cite_note-1.

GPSR Compliance
The European Union's (EU) General Product Safety Regulation (GPSR) is a set of rules that requires consumer products to be safe and our obligations to ensure this.

If you have any concerns about our products, you can contact us on

ProductSafety@springernature.com

In case Publisher is established outside the EU, the EU authorized representative is:

Springer Nature Customer Service Center GmbH
Europaplatz 3
69115 Heidelberg, Germany

www.ingramcontent.com/pod-product-compliance
Lightning Source LLC
La Vergne TN
LVHW011004250326
834688LV00004B/71